张居正 讲评

资治通鉴

陈生玺等 注评

皇家读本

下

上海世纪出版股份有限公司
上海古籍出版社

卷之二十一

宪　宗

名纯，乃德宗之孙。德宗崩，子顺宗立。顺宗即位之时已病不能言，遂传位于纯，自称太上皇。纯在位十五年，庙号宪宗。

唐宪宗（778—820）：李纯，顺宗长子，806—820年在位。锐意改革、平叛，政局稍振，后为宦官谋杀。

上与杜黄裳论及藩镇，黄裳曰："德宗自经忧患，务为姑息，不生除节帅；有物故者，先遣中使察军情所与则授之。中使或私受大将赂，归而誉之，即降旄钺，未尝有出朝廷之意者。陛下必欲振举纪纲，宜稍以法度裁制藩镇，则天下可得而理也。"上深以为然，于是始用兵讨蜀，以至威行两河，皆黄裳启之也。

宪宗即位之初，励精图治，见各处藩镇拥兵拒命，心甚不平，因与宰相杜黄裳计议，思有以处之。黄裳对说："人主制驭天下之柄有二：威、福而已。威福之柄在上则治，在下则乱。德宗初年，承肃、代之后也有意振作，只因经奉天之乱，忧患相仍，恐一有处分或生他变，乃务为姑息之政。各镇节度使见任在生前，并不别有除授更换，只待他有事故乃遣中使往彼军中访察众情，要立何人为帅，即因而授之。中使或受大将贿赂，归而称道之，说其人得众心可为主帅，朝廷即不问可否，降旄钺与之，未尝有出自朝廷本意者。如此，则威福之柄皆在于下，朝廷不能主张，纪纲安得不堕，藩镇安得不横。陛下必欲振举纪纲，宜及今日人心观望之时，独奋乾刚，稍立法度，裁制藩镇，使天下悚然知明主在上，无敢僭越，然后耳目新而心志定，天下可得而治也。"宪宗深以其言为是。是时西蜀刘辟正阻兵拒命，宪宗欲讨之，而群议未定，及闻黄裳之言，始决意用兵讨辟，卒至平蜀，而淮、蔡、淄、青、河南、河北诸镇亦以次威服，皆黄裳之言启之也。按姑息之政，不独德宗，节度使由军士废立，自代宗已然矣。当时建

宪宗

议之臣亦有言者,而二君皆不能听。宪宗一闻黄裳之言即断然排群议而用之,其后淮、蔡用兵又专委裴度,卒收成功。然则用谋善断,信非明主不能也。

今评 张居正很赞赏宪宗独排众议,用杜黄裳之策,以兵力平定了刘辟的叛乱,评价宪宗是"用谋善断的明君"。"以法度裁制藩镇"也成为宪宗时代解决藩镇的基本方针。

上与宰相论"自古帝王,或勤劳庶政,或端拱无为,互有得失,何为而可?"杜黄裳对曰:"王者上承天地宗庙,下抚百姓四夷,夙夜忧勤,固不可自暇自逸。然上下有分,纪纲有序;苟慎选天下贤才而委任之,有功则赏,有罪则刑,选用以功,赏刑以信,则谁不尽力,何求不获哉!明主劳于求贤而逸于任人,此虞舜所以能无为而治者也。至于簿书、狱市烦细之事,各有司存,非人主所宜亲也。昔秦始皇以衡石程书,魏明帝自按行尚书事,隋文帝卫士传食,皆无补于当时,取讥于后来,其耳目形神非不勤且劳也,所务非其道也。夫人主患不推诚,人臣患不竭忠。苟上疑其下,下欺其上,将以求理,不亦难乎。"上深然其言。

张居正讲评 衡,是秤,一百二十斤为一石。宪宗初年,锐于有为,因与宰相论说:"自古帝王所务不同,或不惮勤劳,亲理庶政,或端拱于上,无所作为,其劳逸不同如此。然其间亦各有得失,未能尽善,不知何为而可?"杜黄裳对说:"王者一身,上则承天地宗庙之重,下则抚百姓四夷之广,一日万机,固当早夜忧勤,不可自图暇逸。然君上臣下自有定分,大纲小纪自有次序,人君亦惟操居上之体,总其大纲而已。诚能虚心鉴别,慎选天下贤才分任其职,而又随事考成之,于称职而有功的,则加之以赏,不称职而有罪的,则加之以刑。选用既公,赏刑又信,则人有所劝惩,谁不各尽其力,凡君所欲为者,又何有不得者哉!是以明主始而求贤则甚劳,终而得人则甚逸。虞舜所以任用五臣,无为而天下治者,正以此也。若夫簿书期会,以至刑狱市井,一应烦细的事,所司各有任其责者,非人主所宜亲理也。昔者秦始皇每日省览文书都有课程,以衡石称量权以斤数,若课程未完,不肯止息。魏明帝亲至尚书省按行其事。隋文帝临朝每至日昃,卫士不得休息,往往传餐而食。此三君者或乱或亡,皆无益于当时,见讥于后世。其耳目形神非不勤且劳也,正因不能用人而喜于自用,失上下之分,昧纪纲之序,所务非其道故也。且夫人主不患事之不理,患不能推诚以任人;人臣不患不任事,患不能竭忠以事君。苟上不推诚而疑其下,下不竭忠而欺其上,则堂陛且不相孚,政事岂能修举,纵日勤劳于上,亦徒敝精神耳,将以求治不亦难乎。"于是宪宗深然其言。盖黄裳知宪宗锐于求治,恐不得其要,故以任贤之道告之。又欲其鉴德宗之猜疑,故终之以推诚之说要之,帝王致治之道实不外此。

【今评】 杜黄裳"明主劳于求贤而逸于任人"的观点,甚为张居正所重视。杜黄裳知宪宗"锐于求治,恐不得其要,故以任贤之道告之,又欲其鉴德宗之猜疑,故终以推诚之说要之。"其推诚与用贤之说对宪宗有一定影响,也有史鉴作用。

以户部侍郎武元衡为门下侍郎,翰林学士李吉甫为中书侍郎,并同平章事。吉甫闻之感泣,谓中书舍人裴垍曰:"吉甫流落江淮,逾十五年,一旦蒙恩至此。思所以报德,惟在进贤,而朝廷后进,罕所接识,君有精鉴,愿悉为我言之。"垍取笔疏三十余人,数月之间,选用略尽。当时翕然称吉甫为得人。

【张居正讲评】 元和二年,宪宗以户部侍郎武元衡为门下侍郎,翰林学士李吉甫为中书侍郎,并同平章事。吉甫一闻简命,感而泣下,与中书舍人裴垍说:"吉甫自贞元七年以罪贬谪,流落江、淮之间,今十五年矣。自分弃捐,无所复冀,乃一旦遭际圣明拔之罪废之中,擢居宰相之位,蒙恩至此,无可报称,思所以仰答知遇者,惟在进用贤才,使众职毕举,庶几称塞其万一耳。然而久居疏远,于朝廷后进之士相知者少,无凭荐举。君素留意人材,藻见精确,愿举所知,尽为我言之。"垍因取笔书三十余人,吉甫皆藏记之,以次推举,数月之间,三十余人选用殆尽,当时翕然称吉甫所用为得人。盖人主为天下择宰相,宰相为天下择庶官。《大学》称:"大臣之休休,能保子孙黎民者,亦惟在荐贤而已。"吉甫为相,首以此为急务,虚心访用,曾不猜靳,知人之明虽在裴垍,得人之誉乃归吉甫,可谓知为相之体矣。

【今评】 李吉甫确实是一位"可谓知为相之体"的人物,值得后世借鉴。

夏、蜀既平,藩镇惕息,多求入朝。镇海节度使李锜亦不自安,求入朝,上许之。锜实无行意,屡上表称疾,请至岁暮入朝。上以问宰相,武元衡曰:"陛下初即政,锜求朝得朝,求止得止,可否在锜,将何以令四海!"上以为然,下诏征之。锜诈穷,遂谋反。冬,十月,左右执锜,械送京师。有司籍锜家财输京师。翰林学士裴垍、李绛上言,以为:"李锜僭侈,割剥六州之人以富其家,今辇金帛以输上京,恐远近失望。愿以逆人资财赐浙西百姓,代今年租赋。"上嘉叹久之,即从其言。

宪宗

张居正讲评 夏,即今宁夏地方。镇海,即今镇江府。宪宗初年,裁制藩镇,不事姑息。其时杨惠林反于夏绥,兵马使斩之。刘辟反于蜀,高崇文擒之。两镇既平,朝廷威令始行。各藩镇平素跋扈,抗拒朝命的,始知危惧,都上表求请入朝。镇海节度使李锜最称强梁,亦不自安,求入朝,宪宗许之,遣中使慰抚,而令王澹署掌留务。然锜本无行意,见朝廷解其军务,心益不平,乃屡次上表称疾,请至岁终入朝。宪宗与宰相计议,武元衡对说:"陛下行政之初,四海观望所系,若使锜求朝入朝,求止便得止,则行止皆在于锜,朝廷不能主张,将何以号令四海乎!"宪宗以其言为是,乃下诏宣李锜入朝。锜前此本无行意,只是说谎支吾,至此情见计穷,遂令军士杀王澹以胁中使,因发兵谋反。冬,十月,锜将张子良等知锜必败,举兵缚锜,械送京师。有司籍没锜家财,输解来京。翰林学士裴垍、李绛上疏说:"李锜僭侈多无度,剥削浙西等处六州百姓之财,以富其家。陛下恶其害民,故讨而诛之。今辇金帛以输京师,是徒利其所有,非朝廷振肃纪纲之意,恐远近从此失望。愿即以逆人资财,还赐浙西百姓,当今年租赋,使天下知朝廷不重货财,且以慰百姓之望。"宪宗见其疏,称叹久之,即从其言。按唐自代、德以来,尚姑息而悦货财,威不行于节帅,惠不及于穷民久矣。宪宗鉴于覆辙,一听元衡之言,则李锜就缚,再从垍、绛之请,则六州复苏,中兴事业,此其肇端矣!

今评 这次讨伐李锜的战争,所调军队的规模不大,历时仅半个月,对后来裁制淮西、平卢等强梁藩镇,具有重要的政治和战略意义。特别是将叛逆者长期掠夺百姓的巨额财货,还之于民,意义重大。

此节不见于《通鉴》记叙,乃张居正选自《新唐书》卷152《李绛传》。

帝尝称太宗、玄宗之盛,欲庶几二祖之道德风烈,何行而至此乎?绛曰:"陛下诚能正身励己,遵道贵德,远邪佞,进忠直。与大臣言,敬而信,无使小人参焉;与贤者游,亲而礼,无使不肖与焉。如是,则可与祖宗合德,号称中兴,夫何远之有!"帝曰:"美哉!斯言。朕将书绅。"

张居正讲评 绅,是大带之垂者,欲其言不忘,故书之于绅。宪宗一日问于翰林学士李绛说:"我祖宗时如太宗贞观之治,玄宗开元之治,可谓极盛,朕甚慕之。今欲庶几比隆于二祖之道德风烈,不知何为而可以至此乎?"此宪宗有志于法祖致治也。绛对说:"二祖所以开创鸿业者,只有两端:修身、用贤而已。陛下诚能正身励己,不溺于怠荒,体道尚德,不杂于功利。修身既如此之纯,又鉴别贤否,于邪佞者远之,忠直者进之。与大臣讲求理道,敬而且信,不使小人参于其间;与贤者朝夕游处,亲而有礼,不使不肖者与于其侧,用贤又如此之专,则所行无非正道,所闻无非正言,所游无非正人,道德风烈既可配合祖宗,号称中兴之主矣。去贞观、开元之盛,夫何远之有。"宪宗感其言,乃叹说:"美哉斯言。真致治之要道,朕将书之于绅,佩服不忘也。"夫宪宗志在法祖,而

卷之二十一 唐纪

绛以修身用贤告之，可谓切至之语。然自古圣帝明主所以创业守成，致太平之盛者，举不外此。图治者所当留意也。

今评 张居正把李绛的对话，明确为"修身和用贤"两端，确可供后世治国者借鉴。

初，德宗不任宰相，天下细务皆自决之，由是裴延龄辈得用事。上在藩邸，心固非之，及即位，选擢宰相，推心委之，尝谓垍等曰："以太宗、玄宗之明，犹藉辅佐以成其理，况如朕不及先圣万倍者乎！"垍亦竭诚辅佐。上尝问垍："为理之要何先？"对曰："先正其心。"

张居正讲评 初，德宗性多猜忌，常恐臣下欺之，不肯委任宰相，虽天下琐细的事务，也都自家裁决。以此大臣日益疏远，那奸邪之徒如裴延龄辈因得以乘机用事，而蠹国害民，无所不至矣。宪宗在藩邸时已备知其故，心甚非之。及即位，痛鉴此弊，首以亲贤为急，选擢宰相，推诚委任之。尝与宰相裴垍等说："我祖宗致治，未有不须贤臣而成者，虽以太宗、玄宗这等明圣，当时亦藉房、杜、姚、宋诸臣辅佐，乃成贞观、开元之治，况如朕薄德，不及先圣万倍，所望于卿等者不尤切乎！卿等宜同心辅弼，以匡朕之不逮可以。"垍感宪宗知遇之厚，亦竭诚辅佐，惟恐有负上恩。宪宗尝问垍："为治之要，何者为先？"垍对说："君者天下之主，心者一身之主，心不正，何以正身，身不正，何以正天下！故必寡嗜欲，端好恶，先正其心，则正身以正朝廷，正朝廷以正百官万民，皆自此而推之。为治之要，信无先于此也。"夫人君非任相无以理万机，非正心无以宰万化。二者帝王之切务也。宪宗临御之初，即能推诚任相，几致太平，可谓知先务矣。而及其晚节，复信匪人以亏成业，则正心之学未讲耳。此纯心所以为用贤之本欤！

今评 张居正对"先正其心"一句作了精辟的解说，把正心与任相的关系作了有机的联系，认为二者心脉相通，只有心正了，即心纯了，才是用贤的根本。

垍器局峻整，人不敢干以私。尝有故人自远诣之，垍资给优厚，从容款狎。其人乘间求京兆判司，垍曰："公才不称此官，不敢以故人之私伤朝廷至公。他日有盲宰相怜公者，不妨得之，垍则必不可。"

宪宗

张居正讲评 京兆判司，是京府佐贰官。眼不见叫做盲。宪宗之时，裴垍为相，至公无私。史臣记其事说道，垍为人禀性刚方，其器量格局严峻整齐，不为世俗依阿之态，所以人见之莫不敬惮，无敢以私意干请于前者。曾有一故旧，特从远方来谒。垍念其平生，凡资助供给皆从优厚，与之从容款曲，不失故人之情。其人见裴垍待之厚，遂乘间求为京兆判司之官。垍回答说："京兆判司，乃是朝廷的官，不是宰相可私与人的，故必才干相称乃可居之。今公之才称不得这个官。我为宰相当为官择人，岂敢以故人私情伤了朝廷公道。倘后日有等瞎宰相，认不得人的，或有曲意怜公者，公他日不妨得此官；若垍今在位，断乎其不可也。"夫宰相之职全在用人，而心之公私则用人之当否系焉，故理乱之所关也。诚能至公无私，惟才是使，虽不避亲故，无害于公。若一从干请，则倖门遂启，虽公亦私矣。如垍者真可谓有唐之贤相也。

今评 故友来访，不因自己高居人臣之极而稍有怠慢，资助优厚，珍惜情谊；但故友求官则绝不徇私。裴垍其人有宽仁之德而绝非乡愿，张居正赞其"真可谓有唐之贤相也"，实当之无愧。

四年春正月，南方旱饥，命左司郎中郑敬德等为江、淮、二浙、荆、湖、襄、鄂等道宣慰使赈恤之。将行，上戒之曰："朕宫中用帛一匹，皆籍其数，惟赒救百姓，则不计费。卿等宜识此意，勿效潘孟阳饮酒游山而已。"

张居正讲评 唐制，尚书省设左右司郎中，稽勘文书，分理省事。江、淮，即今南直隶等处。二浙，即今浙江之东西。荆、湖、襄、鄂，即今湖广荆南等处一带地方。宣慰使，是安慰百姓的官。元和四年春正月，南方久旱，百姓大饥，宪宗闻而悯之，命左司郎中郑敬等为江、淮、二浙、荆、湖、襄、鄂等道宣慰使，分道赈济。敬等将行，宪宗特召至御前面戒，谕之说："朕性本俭约，凡官中自奉就是用一匹绢，也都登记其数，以便查考，不敢妄费。惟赒济百姓，则费用虽多，益所不计。盖自奉惟恐其过侈，惠民惟恐其不周也。卿等须要体朕之意，悉心区处，使百姓每困于饥馑的，都得以均沾实惠，如朕亲去赈济一般，庶几不负任使，慎勿学那盐铁转运副使潘孟阳，昔年宣慰江淮，只是饮酒游山，全不以民命为念也。"夫君民本同一体，民之困苦譬如疾痛在身，人君未有不欲济者。惟是奉行之人，或苟且塞责，因而侵渔；或牵制文法惮于多费，故虽蠲恤之诏累下，慰抚之使屡出，而民卒不被其泽也。宪宗戒谕敬等，可谓深知民瘼矣。而于潘孟阳辈不加显罚，则亦何足以示警哉。为君上者宜加意焉。

今评 张居正着眼历史，警告后世，赈救灾民的工作是一项关系民命的急务，必须选择清廉正直干练的官员担任，对不尽职者应当严惩不贷。

上欲革河北诸镇世袭之弊,乘王士真死,欲自朝廷除人;不从则兴师讨之。裴垍曰:"李纳跋扈不恭,王武俊有功于国,陛下前许师道,今夺承宗,沮劝违理,彼必不服。"由是议久不决。上以问诸学士,李绛对曰:"河北不遵声教,谁不愤叹,然今日取之,或恐未能。成德军自武俊以来,父子相承四十余年,人情惯习,不以为非。况承宗已总军务,一旦易之,恐未必奉诏。又范阳、魏博、易定、淄青以地相传,与成德同体。彼闻成德除人,必内不自安,阴相党助,未可轻议也。"

张居正讲评 唐自代、德以来,河北诸镇恃强结党,蔑视朝廷,节度使一故,其子即总领军务,因而世袭,朝廷并不得自除一人,其弊久矣。宪宗思裁制藩镇,以为必革此弊,庶可振肃纪纲。适成德节度使王士真死,欲乘此机会朝廷自除节帅,不许其子承宗替袭,若不从命即兴兵讨之。谋于大臣,裴垍谏说:"今之藩镇虽均为强梗,然其间亦有功罪不同,朝廷宜稍加分别,以服其心。昔,淄青节度使李纳拒命称王,最是跋扈不恭。王士真之父王武俊,曾与李抱真破朱滔,可谓有功于国。论罪则淄青当削,论功则成德可原。然陛下前已许纳子师道承袭,今独夺了承宗,是赦有罪诛有功,沮顺劝逆,背违常理,彼必执以为辞不肯心服,反伤朝廷威重,不可不慎也。"由是议久不决。宪宗又与翰林诸学士计议,李绛对说:"河北久肆强梁,不遵朝廷声教,有人心者谁不愤叹,思一举而灭之。然臣熟思今日时势,恐取之亦未易能也。盖成德军自王武俊传与士真,父子相继四十余年,人情惯习以为当然,不知其为非矣。况承宗父死之后,业已总领军务,为士心所戴,一旦夺而易之,恐未必便肯奉诏,那时国体所关,不得不调兵征讨。而范阳、魏博、易定、淄青诸镇,皆以地相传,与成德一体。彼见成德另除节帅,必恶伤其类,内不自安,外假讨罪之名,以縻爵赏,而实则按兵玩寇,阴为党助,胜负未定,而劳费之病,尽归国家矣。军旅之事,殆未可轻议也。"按垍、绛之论,皆老成谋国,曲中事情。然以朝廷节钺之臣,数十年不得自除一人,虽英明如宪宗,犹动多掣肘如此,岂一朝一夕之故哉。代、德之姑息,固有以酿成之矣。有天下者慎毋狃目前之安,而贻子孙以难制之患哉!

今评 追溯历史教训,叹惜代宗、德宗苟安姑息所酿成的后患,告诫有天下者慎勿只顾眼前一时的安宁,而给子孙遗下难治的祸患。

时吴少诚病甚,李绛等复上言:"少诚病必不起。淮西事体与河北不同,四旁皆国家州县,不与贼邻,无党援相助;朝廷命帅,今正其时,万一不从,可议征讨。愿赦承宗,以收镇、冀之心,坐待机宜,必获申、蔡之利。"

宪宗

张居正讲评 淮西,即今河南汝宁府。镇、冀、申、蔡,是四州名。镇、冀,即成德王承宗所据地方。申、蔡,即淮西吴少诚所据地方。宪宗前欲用兵河北以讨承宗,因大臣谏阻,议尚未决,时有淮西节度使吴少诚病甚,李绛等见河北难图,不如先取淮西为便。乃上疏,说:"少诚病甚,势必不起。臣观淮西事体与河北诸镇不同,河北四镇都是贼境,蟠结婚姻,互相党助,所以未可轻议。若淮西则四旁皆我国家州县,不与贼为邻,其势孤立,无党援相助,前此特忌少诚之强耳。今少诚已不起,朝廷乘其子之未袭,命一将帅往镇之,正在此时。万一不从,即可声其拒命之罪,兴师征讨。彼势孤力弱,克之必易,非若河北之难也。愿陛下舍成德难图之策,曲赦承宗以收镇、冀之心,就淮西易成之谋,坐行机宜,必得申、蔡之利,计无便于此者。不然,舍易图难,势既不可,二役并举,力又不能,岂不两失之乎。"按藩镇之患,河北为甚,而绛等欲先取淮西者,以为淮西一定,则河北破胆,可不烦兵而服耳。卒之元济就擒,而承宗亦献地质子,归命恐后。绛等之言,无弗验焉。老成之谋国,固如此。

今评 李绛等的上奏意见尚未得到宪宗批准时,王承完率先背叛朝廷,宪宗先出兵讨伐成德,放弃了先讨淮西的有利时机。河北几个藩镇的互援,历时一年无功而罢。直到元和十年初才又开始讨伐淮西,经过三年的奋战,平定淮西后,成德的王承宗才被迫向朝廷俯首称臣。可见李绛等这次的建议是正确的,这段平藩战争的曲折历程,值得后世借鉴。

五年,是时每有军国大事,必与诸学士谋之。尝阅月不赐对。李绛谓:"大臣持禄不敢谏,小臣畏罪不敢言,管仲以为害霸最甚。今臣等饱食不言,自为计得矣,如陛下何!"有诏:"明日对便殿。"

张居正讲评 元和五年,此时宪宗留心治理,每遇军国重大事情,必召见翰林众学士与之谋议,以此国事得失,皆得上闻。间尝经过一月,不赐召对学士,李绛恐上下从此间隔,因奏说:"朝政或有关失,为大臣的但知保守禄位,不敢直谏;小臣的但知畏避罪责,不敢进言,若此者甚非国家之福。昔管仲佐齐桓公图霸,曾有这两句说话,以为妨害霸业莫此为甚。今臣等享着朝廷大俸大禄,饱食终日,不出一言,自为一身之计则诚得矣,其如壅蔽聪明,耽误国事何哉!"宪宗闻说感悟,随有诏旨,宣翰林众学士于次日赴便殿奏对,令其指陈军国大事,一如平时焉。按持禄、畏罪二言,人臣不忠之病,全在于此。盖忠臣心在国家,故义所当言,虽万钟不顾,九死不回,岂肯持禄畏罪,以误朝廷。惟奸佞小人,富贵身家之念重,所以缄默苟容,一言不敢发,其弊至于欺君误国,皆由此一念所致也。明主知其然,能于犯颜敢谏者,谅其忠君爱国之诚而尊信之;于阿意顺旨者,察其持禄、畏罪之状而黜远之。庶于纳谏之中,兼得观人之术矣。

今评 李绛所讲的"持禄、畏罪"二语,仅见于《新唐书·李绛传》,当然是忠鲠有识之言。张居正把"持禄,畏罪"二言,视为"人臣不忠之病,全在于此。"值得后世为官者戒之。

翰林学士李绛尝从容谏上聚财。上曰:"今两河数十州,皆国家政令所不及。河湟数千里,沦于左衽。朕日夜思雪祖宗之耻,而财力不赡,故不得不蓄财耳。不然,朕宫中用度极俭薄,多藏何用耶!"

张居正讲评 河湟,即今陕西、甘肃等处地方。左衽,是夷狄之俗,衣襟向左掩,故叫左衽。此时宪宗见得府库空虚,颇务蓄聚财货。翰林学士李绛只道宪宗取供私用,尝从容规谏,劝上莫要积财。宪宗说:"朕今聚财不为私用,但念国家重镇如两河、河湟都是我祖宗疆宇,今河东、河北数十州郡都为强臣所据,朝廷政令久不奉行,河、湟一带地方,连接数千里都为吐蕃所侵,中国衣冠尽陷左衽。疆宇分崩一至于此,祖宗在天之灵,亦以为羞。朕因此昼夜思惟要为我祖宗除凶雪耻。怎奈仓库匮乏,财力不充,故不得不多积钱粮,预备兵食,其意良为此耳。不然,朕宫中饮膳服御一切用度,极其俭薄,分毫不敢华奢,多藏财货要他何用乎!"大抵人主所不宜聚财者,只嫌于重敛而妄费耳。若征输有额,制用有经,下不病民,上不损国,即聚财庸何伤乎!宪宗俭于宫中之费,急于军国之需,可谓知用财之大计矣,而李绛犹惓惓谏止之,况可加额外之征,以供无名之费哉。

今评 张居正把宪宗聚财问题解说得较为含混。本来李绛谏阻的是,宪宗大量接受地方大吏的进奉钱和朝贡财物,归入皇宫内库,而不是国库,为军国筹款是由户部、度支部门负责的,所以李绛这样参与讨论军国大事的学士要"惓惓谏止"。

李吉甫奏:"自汉至隋十有三代,设官之多,无如国家者。天宝以后,中原宿兵,见在可计者八十余万,其余为商贾僧道,不服田亩者什有五六,是常以三分劳筋苦骨之人奉七分坐待衣食之辈也。今内外官以税钱给俸者不下万员。天下二百余县,或以一县之地而为州,一乡之民而为县者甚众。请敕有司详定废置,吏员可省者省之,州县可并者并之,入仕之涂可减者减之。"于是命段平仲、韦贯之、李绛同详定。

宪宗

张居正讲评 是时官员冗滥，宰相李吉甫奏言："自汉以来，历魏晋南北朝以至于隋凡一十三代，若论设官众多，莫有如我唐朝者。自天宝以后，中原盗起，处处屯兵，见今实在可以数计的约有八十余万，其余有做商贾的、有做僧道的，总计不耕而食的人，大率什分之中有其五六，那吃受辛苦种地纳租的人才只三分而已，是常以三分劳苦筋骨的人奉养那七分不耕不种，坐待衣食之辈也。即今在京在外官员以租钱供给俸禄的，不下一万员名。天下县分才只有二百余县，其间又有那地方窄狭去处，止可做一县之地，或即升而为州，有那人民稀少去处，止够的一乡之民，或即建而为县。如此者甚多。以这二百余县供给那一万余官，租税安得不增，小民安得不困。请敕有司将今内外官员某项该减省，某项该存留，一一参详更订废置。如吏员冗滥，可以裁省的则裁省之；州县狭小，可以归并的则归并之；那杂流异道，非正涂入仕的，可减革者则减革之，庶乎官无冗员，民不重困。"于是宪宗依从其言，命给事中段平仲、中书舍人韦贯之与户部侍郎李绛公同参详定拟其废置之数焉。按唐太宗时，与房玄龄等议定文武职官，总计六百四十员，以宪宗时较之不啻增多十倍矣。盖国初吏能其官，百废修举，所以事少而官亦少。后来吏怠其职，百弊丛生，所以事多而官亦多。故欲省费莫若省官，欲省官莫若省事。然事无难省，能随事考成，则事皆奏效，而自不烦。官亦无难省者，能为官择材，则官皆得人，而自不冗。此又切要之论，李吉甫所未详也。

今评 从历史上看，越到封建社会后期，官僚统治机构越来越大，官员越来越冗滥，财政开支越来越庞大，办事效力越来越低下，这是社会难治的官僚肥胖病，直到近世亦是如此。当引以为戒。

卷之二十一 唐纪

七年，京兆尹元义方媚事吐突承璀，李绛恶其为人，出为郎坊观察使。义方入谢，因言"李绛私其同年许季同。"上曰："朕谙李绛必不尔。"明日，上以诘绛曰："人于同年固有情乎！"对曰："同年，乃四海九州之人，偶同科第，登科而后相识，情于何有！宰相职在量才授任，若其人果才，虽在兄弟子侄之中犹当用之，况同年乎！避嫌而弃才，是乃便身，非徇公也。"上曰："善。"

张居正讲评 京兆尹，即今之府尹。郎，即今陕西郎州。坊，即郎州所属中部县。同榜进士，叫做同年。元和七年，京兆尹元义方见内侍吐突承璀为宪宗所宠用，遂屈节事之，极其谄媚。李绛恶义方为人，不欲使在朝列，乃出之为郎坊观察使以远之。义方入朝谢恩，因在宪宗面前谮说："李绛私厚同年许季同，除京兆少尹，出臣郎坊，专作威福，欺罔聪明。"宪宗说："朕素知李绛公正，必不如此。"明日，宪宗诘问李绛说："人于同年，固有情分乎！"绛对说："人必平阶交深而后有情。同年乃四海九州之人，素非知识，一旦偶同科第，登科而后识之，何情之有！且陛下不以臣愚，备位宰相，宰相之职在于用人，必量其才之短长授以任之大小。若其人果才，足以办天下之事，虽在兄弟子侄之中，犹将不避嫌疑而用之，况同年之疏远者乎！若知其才有可用，徒以迹涉亲故避嫌而弃之，使在己幸逃于物议，而国家不免于乏才，是乃私便其身图，而昧于徇公之大义，臣不敢也。"于是宪宗益信绛之无私，乃说："卿言甚善。"遂趣义方之官。大抵人才甚难，幸有之，常患宰相之不知；宰相幸知之，又以避嫌之故而不用，则天下事谁当为者。此古人所以不避亲也。然必如李绛之无私，而后能不计毁誉，必如宪宗之信绛，而后能不惑谗言，斯亦一时君臣之盛矣。

【今评】 李绛所说因"避嫌而弃才，是乃便身，非徇公也"一语，充实了古人关于"举贤不避亲"的内涵。张居正也给予了肯定，但把宪宗处理这件事誉为"一时君臣之盛矣"，则誉之过当。

三月，上御延英殿。李吉甫言："天下已太平，陛下宜为乐。"李绛曰："汉文帝时，兵不血，木无刃，家给人足，贾谊犹以为厝火积薪之下，不可谓安。今法令所不能制者，河南北五十余州；犬戎腥膻，近接泾陇，烽火屡惊；加之水旱时作，仓廪空虚，此正陛下宵衣旰食之时，岂得谓之太平，遽为乐哉！"上欣然曰："正合朕意。"退谓左右曰："吉甫专为悦媚；如李绛，真宰相也！"

【张居正讲评】 延英殿，是唐之便殿。泾、陇，二州名，在今陕西平凉府地方。元和七年三月，宪宗退朝，御延英便殿，宰相随侍，李吉甫从容奏说："人主常患天下不得太平，以为忧虑。今国家西平刘辟，东擒李锜，干戈宁靖。天下既已太平了，陛下宜及时行乐，不必过为忧劳。"李绛面折吉甫说道："如今天下比汉文帝时如何？昔文帝时，匈奴和亲，休兵罢战，兵不带血，刀剑之类皆以木为之，不施锋刃，百姓安乐，家家给于资财，人人足于衣食，是何等治安。当时其臣贾谊尚以为忧，比说天下事势，如人堆积柴薪厝火于中，而寝卧其上，火未及燃，遂谓之安，有时而发，则祸不可救，至为之恸哭流涕。盖忧治世而危明主，忠臣之设心固宜如此也。当今河南、河北一带地方，多为强臣所据，朝廷法度号令所不能制者，不下五十余州。又西戎吐蕃腥膻之族，与我泾陇二州接近，屡次传报烽火，惊扰边疆。又加以水旱为灾，年年饥馑，仓廪积蓄在在空虚，较之汉文帝时不及甚远。臣窃谓此时，陛下正当未明求衣，日晏忘食，与臣等兢兢业业，思量修举法令，整搠兵马，储积钱粮，以振中兴之业，岂得谓之太平无事，而遽为逸乐之事哉。"宪宗闻李绛之言，欣然而喜说："朕意原是如此，卿所言者正与朕意相合也。"退还宫中因谕左右说："李吉甫每在朕前言事，专要奉承朕意，取朕喜悦，甚非宰相之体；如李绛者，事事尽言，忠诚正直，乃真宰相也。"夫自古人君任相，患在不能知人。宪宗鄙吉甫之谄媚，鉴李绛之忠诚，可谓有知人之明矣。然于吉甫则狎昵之，而不加黜逐；于李绛虽敬礼之，而信任不终，则岂能尽用舍之道者哉。故明君见贤要在能用，见不贤要在能退，不独贵于知之而已。

宪宗

> **今评** 其实李吉甫也是宪宗的忠臣和贤相，只是有点报恩悦上的缺点。为相时，常劝君上简朴勤政，自己也极简朴，不殖家财。李绛与他不和，遇事多争论，这次批评他的"太平"、"为乐"也是挑剔毛病之词。

上尝问宰相："贞元中政事不理，何乃至此？"李吉甫对曰："德宗自任圣智，不信宰相而信他人，是使奸人得乘间弄威福。政事不理，职此故也。"上曰："然此亦未必皆德宗之过，卿等宜用此为戒，事有非是，当力陈不已，勿谓朕谴怒而遽止也。"

> **张居正讲评** 宪宗一日问宰相说："德宗贞元年间，纪纲废弛，法度陵夷，奸轨肆行，百姓困敝，政事之不理，未有甚于此时者。不知何故乃至于此？"李吉甫对说："天下事至广，本非人主一人智识所能兼照，必须信贤相，事事咨谋，不使小人得以参之，然后天下可得而理。德宗性多猜忌，往往自任其聪明，不肯信任宰相，至于事有不达处反别访他人而信之，是使奸邪之人得窥见其意，乘此间隙，壅蔽聪明，播弄威福，人主日堕其计中而不知矣。政事不理，实由此之故也。"宪宗说："卿言固是。然此岂尽是德宗的过失，朕幼时在德宗左右，见德宗行事有失，当时宰相也都不肯再三执奏，皆怀禄偷安，以致朝政不理，大难屡作。卿等宜以德宗时宰相为戒，朕行事一有不当便须谏正；或朕不从须极力陈奏至于再三，必得请而后已，不可畏朕谴怒，遂止而不谏，如德宗之臣也。"夫上有纳谏之君，斯下有敢谏之臣。贞元间陆贽为相，非不谆谆切谏，而德宗耻屈于正论，反加摈黜，则忠言安得复闻。政事之不理，孰谓非德宗之过哉！宪宗擢用直臣，导之使言，有太宗赏谏之风焉。此元和之治，所以远迈贞元也。

> **今评** 从历史看问题，封建国家需要君臣共同努力，才能治理好朝政。但封建国家是君主专制，君为主，臣为辅，只有君主纳谏用人，臣下才敢进谏，臣下进谏，君主不纳，责任当然在君主。

李吉甫尝言："人臣不当强谏，使君悦臣安，不亦美乎！"李绛曰："人臣当犯颜苦口，指陈得失。若陷君为恶，岂得为忠！"上曰："绛言是也。"

> **张居正讲评** 宪宗之时，吉甫与李绛并为宰相，吉甫尝在上前奏说："为人臣者遇君上有过，固不可不谏，若谏之不从，亦不可再三强谏；强谏君既不喜，臣亦不得自安，何益之有。宜且顺从君意，使君心喜悦，臣心亦安。臣主之间情意和同，岂非至美之事乎！"李绛辩说："不然，人臣之于君休戚相关，情犹一体，故遇君上有过即当谏，谏而不从，亦当冒犯颜色，反复开导，如良药苦

口，期于攻拔其病，凡朝政某事为得，某事为失，一一指陈，无所隐讳，必求其从而后已，这才是尽心为国的忠臣。若只图谀悦取容，自求安便，使主德日损，国事日非，分明是陷君于有过之地也，岂得谓之忠臣乎！"于是宪宗称说："李绛说的是，如吉甫所言，只务面从，非引君当道之义矣！"夫忠臣爱君，本欲上下相安，岂是好为强谏。但国事利害，安危所系，有不容不激切直言者。人主能谅其忠爱之心，略其激切之迹，听之若流水，从之若转圜，则上无拒谏之失，下无能谏之名，主圣臣直，相得益彰，斯可谓之安矣。若如吉甫之言，君骄臣谄，丧亡无日，虽欲安，得乎！

今评 张居正对"强谏"的争论，似有贬斥李吉甫的成见。其实李吉甫所言"臣下不宜强谏"，是在宪宗鼓励臣僚应大胆进谏时说的，是指进谏时要注意方式，追求效果，最好做到使君主能乐于接受，臣下也达到了进谏的目的。不能把"强谏"看成唯一方式。

上尝于延英殿谓宰相曰："卿辈当为朕惜官，勿用之私亲故。"李吉甫、权德舆皆谢不敢。李绛曰："崔祐甫有言，'非亲非故，不谙其才。'谙者尚不与官，不谙者何敢复与！但问其才器与官相称否耳。若避亲故之嫌，使圣朝亏多士之美，此乃偷安之臣，非至公之道也。苟所用非其人，则朝廷自有典刑，谁敢逃之。"上曰："正如卿言。"

张居正讲评 宪宗尝御延英殿，面谕众宰相说："朝廷官爵所宜慎重，卿等当为朕爱惜官爵，选授贤才，切不可假此偏厚亲戚故旧，以市私恩。"于时，李吉甫、权德舆都谢说："臣等不敢徇私。"李绛独奏说："大臣用人，辨别贵审，举错贵公，固不可以亲故而私厚，亦不可因亲故而避嫌。臣闻先朝宰相崔祐甫，因德宗说他用人有私，他辩说，'用人之道，须是知其才之可用而后用之，若不是亲不是故，安能审知其才。'审知其才的尚不敢把官与他，那非亲非故，平素不相识的人，又何敢轻与之官。祐甫之言如此，可见选用官员不必论他是亲是故，只看他的才器与其官职相称否。其才能不称者断不可用；若才称其官本属可用，却仍拘泥亲故，避嫌不用，使堂堂圣朝遗弃贤才，亏损多士之美，此乃苟偷安便，自私自利之臣，非荡荡平平、至公无私之道也。若臣等果有徇私情弊，任用非人，则朝廷自有常刑。圣明在上，人臣谁敢逃死，一听朝廷处治耳。但因此远避嫌疑，以致贤才屈抑而不得用，则负国家不忠，且罪尤大，臣不敢也。"宪宗深然其言，说："大臣用人之道只在秉公，不在避嫌，正如卿所论也。"按李绛之言，虽大公无我之论，但自古人臣，公忠者少，偏私者多。奸邪小人，招权纳贿，贤否倒植者，固不足论，虽名为君子，而其好恶爱憎，一有所偏则用舍举错之间，亦有拂人心而违公论者。宪宗之戒，为人臣者皆当以之自省也。然人主之职，唯在于择相。相得其人，则一君子用而群贤类进，公道自尔其昭明。相

宪宗

非其人，则一小人用，而群邪满朝，私党渐从而盘据。故周公居冢宰，在位皆蔼蔼吉人；皇父为卿士，所用皆琐琐姻娅。忠臣不私，私臣不忠，自古然也。任相者当辨之。

【今评】 从历史上看，在以家族血缘为纽带的封建社会，又有过几个大公无私的宰相呢！"任官不避亲"，只是个别圣君贤相偶尔为之，也是弊多利少，并没有普遍的实践价值，不但应当提倡自觉回避亲故，而且还应制定为一种回避制度。

上问宰相："人谓外间朋党大盛，何也？"李绛对曰："自古人君所甚恶者，莫若人臣为朋党，故小人谮君子者必曰朋党。何则？朋党言之则可恶，寻之则无迹故也。东汉之末，凡天下贤人君子，宦官皆谓之党人而禁锢之，遂以亡国。此皆群小欲害善人之言，愿陛下深察之！夫君子与君子合，岂可必使之与小人合，然后谓之非党耶！"

【张居正讲评】 朋类私相交结，聚成党与，叫做朋党。宪宗时，有等小人欲害君子，因在宪宗面前说："近来朋党甚盛，宜加禁治。"宪宗疑之，乃问于宰相，说："人言外边朝臣都结成朋党，其势甚盛，这是何故？"李绛对说："自古人君，只要人臣奉公忘私，其所甚恶者，是交结朋党，紊乱朝政之人。故小人谮害君子者动必曰朋党，以触人君之所甚恶而中伤之，何也？盖谓之朋党则是彼此要结，相济为非，以坏国家之事。言之殊可痛恶，足以动人主之听。及寻问其实，则又无迹可求，易于罗织。此所以必指朋党以害之，正小人之巧于为计者也。昔东汉桓灵之世，凡天下贤人君子，如李膺、杜密辈，曹节、王甫等皆指为党人而禁锢之，相继死徙者数百人，遂使朝政陵夷，人心离散；黄巾诸贼一时并起，而国亡矣。往事昭昭，可为明鉴。故凡为朋党之言者，都是小人欲害善人的说话。愿陛下以东汉时为戒，深加体察，勿宜轻信，以蹈亡国之辙也。且夫君子与小人，各以类聚，故君子与君子，心一道同，自然相合，原不谓之党，岂可必使之与小人合，然后谓之非党耶！"夫自古盛时，必藉君子满朝同心共济而天下治。及其衰也，小人用事，非尽去君子，不足以便其私图，而快其心志，故往往借朋党之名以尽除之。不知君子既去，则国亦随灭，小人未有不受其祸者，亦何益哉。东汉之主，不能深察以及于亡。其后唐又不能鉴汉，宋又不能鉴唐，皆以朋党二字，失人心而蹙国祚，若出一辙。此万世人君所当时时加察也。

【今评】 司马光与张居正中所说的小人与君子，指的是宦官集团和朝臣两种势力。

吴元济遣使求救于恒、郓；王承宗、李师道数上表请赦元济，上不从。是时诸军讨淮西久未有功。五月，上遣中丞裴度诣行营宣慰，察用兵形势。度还，言淮西必可取之状，且曰："观诸将，惟李光颜勇而知义，必能立功。"上悦。

张居正讲评 恒、郓，都是藩镇名。恒，即今北直隶真定府地方。郓，即今山东东平府地方。中丞，是官名，即今左右副都尉史也。此时吴元济窃据淮西，不奉天子的命令，朝廷遣忠武军节度使李光颜等分督诸道兵马讨之。元济势孤力弱，因遣使，一求救于恒州节度使王承宗，一求救于郓州节度使李师道，这两人与吴元济同是叛臣，声势相倚，因其求救乃屡次上表奏请罢兵，以赦元济之罪。宪宗知其党护，不肯听从。但此时各路兵马招讨淮西者暴露日久，未有成功，进止莫决。乃于其年五月，遣御史中丞裴度往淮西诸军营宣布朝命，安慰军心，因而体察用兵形势，酌定机宜。裴度到彼，见得贼势孤弱，回至朝中，奏言淮西地方断然可取之状；且说："臣遍观诸将中若李光颜者，材力骁勇，况又晓知忠君报国大义，必能挺身破贼，建立奇功，陛下不可更怀疑心，失此机会也。"宪宗闻言喜悦，遂决意讨贼，自后纷纷罢兵之议，都不能入矣。自古人君戡定祸乱，必有谋臣决胜于内，而后将臣乃能成功于外。今观察宪宗时，元济强梁不臣，恒、郓又党恶相助，自非裴度揣情料势，决策用兵，其时师老无功，鲜不中止。然则人君欲决大疑，平大难者，非得忠谋之佐，恶能不惑于群言。

今评 张居正称裴度是宪宗这次讨伐淮西战争的"决大疑，平大难"决策的"忠谋之佐"，再次证明"自古人君戡定祸乱，必有谋臣决胜于内，而后将臣乃能成功于外"的历史经验。

考功郎中、知制诰韩愈上言，以为："淮西三小州，残弊困剧之余，而当天下之全力，其破败可立而待。然未可知者，在陛下断与不断耳。"李光颜奏败淮西兵于时曲。上以裴度为知人。

张居正讲评 时曲，在今河南商水县地方。宪宗讨淮西，久未有功，又各处盗贼窃发，人情危惧，群臣多言罢兵为便。考功员外、知制诰韩愈，恐宪宗惑于人言，而弃垂成之功，乃上疏说："臣观淮西一镇总其所据之地，不过申、光、蔡三小州，其力甚微；兼之连年用兵，民穷财尽。以残弊困剧之余，而当诸道合攻之力，势必不能久支，其破败可立而待。然未可知者，在陛下之心，断与不断而已。诚能断自圣衷，不摇群议，则指日可以收功；若狐疑不断，使将士阻气，逗遛观望，则事之成败未可知也。"此时宪宗锐意讨贼，已知愈言为是，又李光颜适差人奏捷说，大败淮西兵于时曲。宪宗因裴度独许光颜成功，于是深以裴度为知人，而讨贼之意益决矣。按淮西之役，外则李师道辈恶伤其类，多方挠阻；内则韩弘等欲倚贼自重，不愿速平，故使垂成之功，几于中废。非宪宗独断于上，

宪宗

专倚裴度，则腹心之疾，何时而除哉。韩愈断之一言，系于国体甚大，真救时之药石也。

【今评】 几乎在裴度向宪宗报告淮西可胜的同时，韩愈主动呈上了《论淮西事宜状》，张居正赞称"韩愈断之一言，系于国体甚大，真救时之药石也。"救时药石一语，非常贴切。查史书虽未明文记述宪宗对韩愈上疏的表态，但从宪宗后来对淮西战争的坚决态度和采取的一些主要措施来看，韩愈的意见是被采纳了的。韩愈还被派随裴度到前线参与军事指挥。

或请罢度官，以安恒、郓之心。上怒曰："若罢度官，是奸谋得成，朝廷无复纲纪。吾用度一人，足破二贼。"乙丑，以度为中书侍郎、同平章事。度上言："淮西腹心之疾，不得不除；且朝廷业已讨之，两河藩镇跋扈者，将视此为高下，不可中止。"上以为然，悉以用兵事委度，讨贼愈急。

【张居正讲评】 度，是裴度。宪宗前用裴度之言，增兵淮西征讨吴元济时，恒州藩镇王承宗、郓州藩镇李师道与元济事同一体，因而内不自安，互相煽乱，于是人情汹惧，议论纷纭，或有请罢去裴度的官职，以安恒、郓反侧之心者。宪宗发怒说道："今强藩拒命，蔑视朝廷，所忌者惟裴度一人而已。若听其胁制，罢去度官，则奸计得成，大权旁落，从此朝廷之上，用舍进退，皆当受制于彼，无复纪纲之存矣。我今专用裴度一人，足破恒、郓二贼，岂可罢黜忠良，反为二贼报怨乎！"乃于是年十二月乙丑，进裴度为中书侍郎、同平章事，以示委任之意。裴度因上言："淮西乃中原重地，今元济反叛，譬如人有腹心之疾，势不得不除其患。且朝廷既已发兵讨贼，两河诸镇，平素强梁不服的，都看朝廷这番举动以为向背。若平得淮西，则诸镇群然慑服，平不得淮西则诸镇将益肆凭陵，无复忌惮。此其关系不小，不可畏难而中止也。"于是宪宗以裴度之言为然，将用兵之事尽委裴度，令其悉心区处。由是大议始决，而发兵讨贼，愈加严急矣。尝考汉景帝时晁错议削七国，七国反因以诛错为名；今裴度议讨淮西，淮西构兵遂以罢度官为请。盖强宗悍将，迫胁君父，仇害谋臣，往往如此。然景帝听人言以诛错，而七国之势愈张，宪宗不听人言罢度，而三镇之祸随息，则二君之识量大小相去远矣。人主欲计安国家，慎毋弃任事之臣，以快奸人之愤也哉！

【今评】 恒、郓两个节帅为了阻止朝廷征讨吴元济，他们策划了刺杀主张居正把宪宗升任裴度为宰相，看作是征讨淮西战争中具有决定性意义的一件大事，将之与东汉景帝时七国诸侯请诛晁错的事件相提并论，既赞扬了宪宗的识量高于景帝，同时也作为正反的历史教训，提请后世人君对罢免良臣要十分慎重，不要做出亲者痛仇者快的事情。

宪宗

六月，高霞寓大败于铁城，仅以身免。中外骇愕。宰相入见，将劝上罢兵，上曰："胜负兵家之常，岂得以一将失利，遽议罢兵耶！"于是独用裴度之言，他人言罢兵者亦稍息矣。

张居正讲评 铁城，在今河南遂平县地方。元和十一年六月，唐、邓节度使高霞寓，领兵攻讨淮西，与吴元济战于铁城，霞寓大败，官军杀伤殆尽，霞寓脱走，仅免其一身而已。那时朝廷议论，皆以为淮西为不可取。中外人心方在危疑，及闻霞寓军败，莫不惊骇错愕，争欲息兵。只有宪宗与裴度之见相合，决意讨贼，不为群议所挠。会宰相李逢吉等入见宪宗，将劝上暂罢征讨，以安人心。宪宗说："输赢胜败也是兵家的常事，只要我这里庙谟审定，将士用命，何愁贼不能平，岂得以一将失利，便仓皇失措遽议罢兵耶！"于是独用裴度之言，讨贼愈急。群臣知宪宗意不可回，言罢兵者亦稍息矣。大抵议天下之事者，惟相其时之权宜，审其势之缓急，而主之以果确之志，则事无不成。宪宗之讨淮西，群臣阻之矣，宰相阻之矣，重以大将之挫败，中外人情之汹汹，而宪宗持之愈坚，略而不为动，则所筹于时势者甚熟，而其志甚果也。此可为处大事者之法。

今评 张居正称赞宪宗能承受困难和挫折，对形势有清醒的认识，筹画军国大事更加成熟，值得处大事者们效法。

诸军讨淮西，四年不克，馈运疲弊，民至有以驴耕者。上亦病之，以问宰相，李逢吉等竞言师老财竭，意欲罢兵。裴度独无言，上问之，对曰："臣请自往督战，誓不与此贼俱生。臣观元济势实窘蹙，但诸将心不一，不并力迫之，故未降尔。若臣自诣行营，诸将恐臣夺其功，必争进破贼矣。"上悦。六月，以度为门下侍郎、同平章事、兼彰义节度使，仍充淮西宣慰招讨处置使。度将行，言于上曰："臣若贼灭，则朝天有期；贼在，则归阙无日。"上为之流涕。李愬将攻吴房，诸将曰："今日往亡。"愬曰："吾兵少，不足战，宜出其不意。彼以往亡不吾虞，正可击也。"遂往，克其外城，斩首千余级。

张居正讲评 吴房，是县名，属蔡州地方。往亡，是不吉的日辰。淮西之乱，自元和九年发诸军征讨，至是四年，尚未能克。百姓经年运粮不胜疲劳，甚至牛不得耕，却用驴去耕田者。宪宗见得久妨农事，颇亦患之，因问计于宰相。于时李逢吉等争言，大兵久顿于外，财用困竭，意欲暂且罢兵，休息百姓。独有裴度默然无言。宪宗怪问其故，裴度对说："吴元济悖叛君父，乃臣子不共戴天之仇，讨之不克，不可中止。臣请自往战，一决胜负，宁与此贼俱死，誓不与此贼并生。臣观此贼兵力寡弱，势实穷蹙，一战可擒。但诸将互相观望，心志不一，不肯并力向前，故彼此相持，未即降服耳。若臣亲至行营，身自督战，诸将恐臣夺其功，必然并力争进，破贼不难矣。"宪宗喜悦，乃于是年六月，加升裴

度为门下侍郎、同平章事、兼彰义节度使,仍充淮西宣慰招讨处置使,令其前去总督军务。裴度受命将行,面辞宪宗说:"臣此行若擒得元济,则班师奏凯,庶有朝天之期;若元济尚存,则委命捐躯,终无归阙之日矣。"宪宗因其言词激烈,不觉恻然动念,为之流涕。于此见当时君臣相与之情,臣不忍负君,君亦不忍舍臣也。时诸将闻裴度出朝,果皆奋勇争先。唐、邓节度使李愬以吴房系蔡州的要路,将进兵攻之,众将都劝止,说今日乃往亡之日,不利进兵。李愬说:"兵法有常有变,我今兵少,不足以战,当出其不意,攻其无备。彼以今日往亡,道是兵家忌讳之日,定不防我,我却乘其不意而击之,可以取胜也。"遂率兵径进,吴房果不设备,因攻破其外城,斩首一千余级而还。夫诸将顿兵淮西,四载无功,裴度一出,随有吴房之捷。于此见天下之事,不倡率则众力不前;不振作则众心不奋,而其机又在人主委任责成于上,然后计议得毕其忠,攻取得收其效。若宪宗之于裴度,具可为万世法矣。

今评 张居正称宪宗与裴度之间融洽关系"可为万世法"。实际上宪宗漠视裴度在平定淮西中的功劳,平定淮西后宪宗就冷落了裴度。所谓君臣"万世法"只是瞬息之间的事。

时董重质拥精兵万余人拒洄曲。愬曰:"元济所望者,重质之救耳!"乃访重质家,厚抚之,遣其子传道持书谕重质;重质遂单骑诣愬降。元济于城上请罪,梯而下之,槛送京师,不戮一人,屯于鞠场,以待裴度。度入城,李愬具櫜鞬出迎,拜于路左。度将避之,愬曰:"蔡人顽悖,不识上下之分,数十年矣。愿公因而示之,使知朝廷之尊。"度乃受之。

张居正讲评 洄曲,即时曲地方。槛,是囚车。鞠场,是毬场。櫜,是箭筩。鞬,是弓袋。这一段是记李愬克蔡州,擒吴元济的事。李愬见淮、蔡精兵皆在外拒守,州城空虚,乃乘雪夜袭之,引兵直抵城下,破了蔡州城。元济犹坚守内城以拒敌官兵。淮西宿将董重质,是元济的谋主,统精兵万余在洄曲拒守。李愬说:"元济势已穷蹙,独守孤城,他只指望董重质来救耳。乃访重质家属在州城者,厚抚恤之;因作一书与重质,开示祸福,遣重质之子传道持往谕之。重质见书知州城已破,即弃了兵甲,单骑赴李愬投降。元济外救已绝,乃于城上叩首请罪乞哀。李愬着他用梯子下来,以槛车囚之,解送京师。是日,申、光二州及诸镇兵,相继来降,李愬皆慰抚之,官吏尽复其职,不杀一人,屯兵鞠场,以待裴度。此时度为主帅,愬执军中之礼,戎服披执带櫜鞬出迎,拜于路左。裴度以李愬功高,不欲当此礼,将引车避之。愬说:"蔡人自叛乱以来,习成顽悖,不识上下名分,数十年矣。愬今所行,正是上下相接之礼。愿公因而示之,使知朝廷体统,不可假作,益见朝廷之尊。"度以其言为当,乃受之。按淮西恃强跋扈已数十年,其风俗犷戾甚于蛮夷,故以三州之众,举天下之兵,环而攻之,四年而后克。人知度、愬诸人同心戮力之所致,而不知宪宗之独断乃大将之所以成功也。

宪宗

【今评】 李愬雪夜取蔡州,活捉吴元济之役,是战争史上一次著名的成功战例,李愬也因此名扬千古。有关此事还有桩千年公案:宪宗曾诏令韩愈撰《平淮西碑》文,当撰成并刻为碑铭后,李愬的妻子、唐安公主的女儿入宫哭诉,说韩愈所撰碑文不实。宪宗便下令磨去韩撰碑文,另令翰林学士段文昌重新撰文刻碑。新碑文把讨伐淮西的决策全归功于宪宗的英明,并大量叙述了李愬的殊功。但后人对这件公案多有评说,许多仁人志士更看重韩愈所撰碑文,而不齿于段文昌秉承宪宗所撰的碑文。

裴度以蔡卒为牙兵,或谏曰:"蔡人反侧者尚多,不可不备。"度笑曰:"吾为彰义节度使,元恶既擒,蔡人则吾人也,又何疑焉。"蔡人闻之感泣。先是吴氏父子阻兵,禁人偶语于涂,夜不然烛,有以酒食相过从者罪死。度既视事,下令惟禁盗贼、斗杀,余皆不问,往来者不限昼夜。蔡人始知有生民之乐。

【张居正讲评】 牙兵,是帐下亲兵。偶语,是两人相对说话。裴度既平淮、蔡,因将蔡州降卒收在帐下用为亲兵。或有人谏裴度:"蔡人虽云降服,其间阴怀异志反侧不安者,尚多有之,当加意提备以防不然,不可遂置之左右,待以腹心也。"裴度笑说:"疑人莫用,用人莫疑。我为彰义军节度使,讨平淮、蔡有罪者,惟首恶吴元济一人而已。首恶既擒,其余胁从之人,归服于我者就是我部下的人了,我自当待之如一家,亲之如一体,又何必分别彼此,而过生猜疑乎!"于是蔡人闻度此言,无不感泣。盖当是时蔡人新附,未知裴度意思如何,正放心不下。一闻其言,众心始得宁帖,所以感激而至于垂泣也。又前此吴元济父子悖逆相承,拥兵拒命,禁止蔡人涂间不得聚谈,夜里不得举烛,或有备办酒食相过往追随者,其罪至死。数十年间,蔡人摇首动足惟恐犯法,一向不得安生。裴度既至,除去烦苛,更下宽令,但只禁止盗贼行劫,及斗殴杀人重犯,其余一切罪过,悉置不理。百姓每有相往来的,聚散早晚各随其便,不限昼夜,于是蔡人始知人生世间有此安乐,感戴裴度真如父母矣。由此二事而观,可见御众莫要于推诚,安民莫先于宽大。盖众志方危,我猜疑则彼益摇惑;民生方蹙,上严急则下益愁苦。惟当其摇惑之际而推诚以镇之,则众之附我也必坚;乘其愁苦之余而宽大以抚之,则众之德我也必厚。书曰:"临下以简,御众以宽。"即帝王之治亦有然者,岂但为将相者所当知哉。

【今评】 裴度采取两大政治措施安抚收复地区百姓,很有远见,是一位深知"临下以简,御众以宽"的将相全才。

宪宗

淮西既平，上浸骄侈。户部侍郎判度支皇甫镈、卫尉卿盐铁转运使程异晓其意，数进羡余以供其费，由是有宠。八月，镈以本官、异以工部侍郎并同平章事，判使如故。制下，朝野骇愕，至于市井负贩者亦嗤之。

张居正讲评 宪宗即位以来，日夜忧勤，思雪祖宗之耻，颇为励精。及是淮西既平，便觉志意盈满，日渐矜骄奢侈，好兴土木，无复昔时勤俭之意矣。时有户部侍郎判度支皇甫镈、卫尉卿盐铁转运使程异，两人都是管钱粮的官，晓得宪宗意思，欲有所逞，而用度不足，乃专事掊克，时时进奉羡余银两，以充其费，欲以自结于上。宪宗见两人投其所欲，果甚喜悦，由是大有宠幸。八月，镈以户部侍郎、异升工部侍郎，并同平章事、判度支转运使如故。诏下之日，满朝百官及四野的小民，见两人素望极轻，一旦用做宰相，无不骇愕；至于街市上负贩做小买卖的人，也都嗤笑之，其不惬于众论如此。夫古之明君，所以久安长治者，惟其功愈盛而志愈惕，小人不得乘间而窃用故也。宪宗穷四年之力，仅平三小州，不思河北之未臣，吐蕃之寇掠，尚属可虑，而逸欲一生，使小人遂得窥见其意而入之。以十年之忧勤而不胜其一念之骄侈，以众贤之戮力，而不胜其两小人之逢迎，卒使前功尽隳，身且不保，良可慨已。处四海无虞之日者，其深鉴之。

今评 宪宗把两个聚敛钱谷之吏提升为宰相，未能慎终如始，卒使前功尽隳。就其原因来说，一是思想上认为平定淮西后，就志满意足，骄侈起来；二是外界影响，一些钱谷之吏进献大量钱财，为其挥霍享受提供物质条件，迎合了他的骄奢欲望。

裴度耻与小人同列，表求自退，不许。度复上疏，以为："天下治乱系朝廷，朝廷轻重在辅相。所可惜者，淮西荡定，河北底宁，承宗敛手削地，韩弘舆疾讨贼，岂朝廷之力能制其命哉？直以处置得宜，能服其心耳。陛下建升平之业，十已八九，何忍还自隳坏，使四方解体乎！"上以裴度为朋党，不之省，由是镈益无所惮。程异亦自知不合众心，能廉谨谦逊，为相月余，不敢知印秉笔，故终免于祸。上晚节好神仙，诏天下求方士。宗正卿李道古荐山人柳泌能合长生药。诏泌居兴唐观炼药。

张居正讲评 是时宪宗用皇甫镈、程异为相，这两人都是邪佞小人，裴度羞与同在相位，因进谏不从，上表求自退避。宪宗不许，裴度乃复上疏，奏说："天下治乱，其本全系朝廷，朝廷轻重又在辅相，辅相得人，则朝廷增重而天下治，辅相非人则朝廷轻辱而天下乱，治乱之机所关甚重，诚不可不慎也。今陛下用皇甫镈、程异为相，轻辱朝廷，此何足惜，所可惜者，强藩悍将，如两河诸镇为患已久。今吴元济就擒，淮西幸已平定；田弘正等相继归服，河北幸已安宁；

王承宗上表献德隶二州，拱手纳地；韩弘奉诏讨李师道，扶病出兵。似这等奉顺朝廷，岂是朝廷之上徒以威力压服，能制其死，而使之不敢违哉？直以生杀予夺，正大公平，一切处置事理咸中机宜，能使强者畏威，弱者感德，有以深服其心焉耳。陛下劳心焦思建此升平之业，以大势而论，十已八九，正当兢兢业业，尽善尽美，图维有终，何忍宠昵小人，将垂成大业旋自隳坏，使四方将吏见朝廷举措如此，离心解体，不复有臂指相使之势，岂不可为痛惜者哉。"疏上，宪宗反以裴度为朋党，不览其奏。由是皇甫镈愈益恣肆，无所忌惮；程异自知不为众论所容，颇能廉谨谦退，为相月余不敢知印秉笔，干预事权，故后来皇甫镈贬为崖州司户而死，而程异仅得免于其祸，然已无救于国家之败矣。宪宗晚年又喜好神仙，诏天下访求方士通晓仙术者。宗正卿李道古欲谄媚求容，乃荐举山人柳泌，说他能合长生药，服之可以延年益寿。宪宗信以为然，诏柳泌居兴唐观中烧炼药饵。其后宪宗服其金丹，躁渴举发而崩，柳泌杖杀，诸方士皆流岭表，然亦不能赎其罔上之罪矣。夫国事至重大者，莫如任相，而宪宗轻用匪人，至隳成功而不恤；异端至虚诞者，莫如求仙，而宪宗轻信邪术，至麼大命而不疑，是非镈异之奸，柳泌之妄能惑宪宗也，由宪宗之惑于利欲焉耳。使其能养德于虚明，持志于静定，虽有奸妄之徒，何自而入哉。此明主所当知也。

张居正在此评说宪宗后期轻用小人，骄奢纵欲，致使垂成大业毁于一旦；追求神仙长生之术，饵食丹药，亡身丧命，这都是"惑于利欲"所致，这个评论既符合事实，又具有警戒意义。

十四年春正月，中使迎佛骨至京师，上留禁中三日，乃历送诸寺，王公士民，瞻奉舍施，惟恐弗及，有竭产充施者，有然香臂顶供养者。刑部侍郎韩愈上表切谏，以为："佛者，夷狄之一法耳，自黄帝以至禹、汤、文、武，皆享寿考，百姓安乐，当是时未有佛也。汉明帝时，始有佛法。其后乱亡相继，运祚不长。宋、齐、梁、陈、元魏以下，事佛渐谨，年代尤促。唯梁武帝在位四十八年，前后三舍身为寺家奴，竟为侯景所逼，饿死台城，国亦寻灭。事佛求福，乃更得祸。由此观之，佛不足信亦可知矣！百姓愚冥，易惑难晓，苟见陛下如此，皆云'天子大圣，犹一心敬信，百姓微贱，于佛岂可更惜身命。'乞以此骨付有司，投诸水火，永绝根本，断天下之疑，绝后代之惑，使天下之人知大圣人之所作为，出于寻常万万也，岂不盛哉！佛如有灵，能作祸福，凡有殃咎，宜加臣身。"上大怒，出示宰相，将加愈极刑。裴度、崔群为言："愈虽狂，发于忠恳，宜宽容以开言路。"乃贬愈为潮州刺史。

宪宗

潮州,即今广东潮州府。宪宗末年,崇信邪术,小人希宠者争以异端迎合上意。于是有言陕西凤翔府法门寺塔中有佛指骨,二十年一开,开则岁丰民安者。德宗听信其言,遣内使往迎其骨,至十四年正月迎至京师。宪宗留在宫中供养三日,乃遍送诸寺,令其转相顶礼。于是上自王公,下至士民,都去争先瞻奉,舍施钱财,唯恐不及,甚有倾竭资产以充布施者,有燃香于臂膊及顶上供养者。刑部侍郎韩愈见得蛊财惑众,乃上表切谏,说道:"我中华地方,以礼乐教化为俗,本无有佛。佛者乃是夷狄教门中之一法,其大意只要以祸福之说,怂动愚俗耳。臣尝考之上古,自黄帝、尧、舜,以至禹、汤、文、武,这许多圣帝明王都享有寿考,多者百数十岁,其次百余岁,国运久长,百姓安乐。当此之时,尚未有佛,是不因奉佛而才得福也。汉明帝时始听信邪说,遣人到天竺迎取佛书,于是佛教始入中国。然汉自明帝而后,乱亡相继,运祚不长,是奉佛而反不得福也。宋、齐、梁、陈、元魏而下,奉佛之礼渐加恭谨,计其享国多者十数年,少则三、五载,年代转益短促。唯梁武帝在位颇久,然四十八年之间前后舍身三次,以天子之贵为寺家奴,卑辱已甚,其后竟为贼臣侯景所逼,断其饮食,饿死台城,国亦随灭。原其奉佛之心,本为求福,福不可得,乃反得祸,以此看来,作祸造福,全不由佛,佛教虚妄不足凭信,其理昭然从可知矣。但百姓愚下懵懂,其心易于煽惑,而难于晓悟。彼但见陛下敬信佛教如此,都说天子是大圣人,尚且一心奉佛,况我等微贱小人,尤当加敬顶礼,岂可更爱惜身命,所以弃却本等生理,都去瞻奉舍施,以至竭资产,燃臂顶而不顾也。惑乱愚俗,莫此为甚。乞将此骨,付之有司,投诸水火,永绝根本。庶令人知其幻妄,可以断除一世之疑,后代无所流传,可以杜绝将来之惑,使天下之人知大圣人之所举动,远配古圣帝明王,而迥出汉魏六朝庸主万万倍也,岂非至盛美之事哉。设使佛有神灵,能作祸福,臣今排诋其妄,凡有灾咎,宜加臣身,臣请自当其祸焉。"表上,宪宗览之大怒,出其表以示宰相,欲加愈极刑,置之于死。宰相裴度、崔群在上前力争说:"愈言虽狂,发自忠恳,心则无他,宜姑示宽容,以开进言之路。"乃从轻贬愈为潮州刺史。按佛教虚妄,先儒辟之详矣,而深切著明无如此表。盖佛教所以能惑众者,以人情莫不慕富寿而恶贫苦。彼以祸福之说动之,故群起而信奉,而自不暇察其理之有无也。韩愈此表历征古之帝王年寿修短,国运久促,全不系于奉佛与否,以见其本无神灵,本不能作祸福。此说出,则彼之虚妄立见,而无所挟以惑众矣,其有功于世教,岂不大哉。明君以正心穷理为学,当三复于斯言。

今评 张居正评论韩愈的《谏佛骨表》,是先儒们批判佛教文献中最为"深切著名"的一篇。但韩文说越是奉佛,国祚越短促,寿命越不长,缺乏说服力,使宪宗认为是在攻讦他奉佛不得长寿,国祚不安宁,所以阅后大怒不能容忍。

上问宰相:"玄宗之政,先理而后乱,何也?"崔群对曰:"玄宗用姚崇、宋璟、卢怀慎、苏颋、韩休、张九龄则理,用宇文融、李林甫、杨国忠则乱。故用人得失,所系非轻。人皆

以天宝十四年安禄山反为乱之始，臣独以为开元二十四年罢张九龄相，专用李林甫，此理乱之所分也。愿陛下以开元初为法，以天宝末为戒，乃社稷无疆之福！"皇甫镈深恨之。

宪宗一日问宰相说："先朝玄宗皇帝在位四十余年，初时朝政清明，天下治安，后来祸乱遽起，破国亡家，这是何故？"宰相崔群对说："玄宗初年所用的臣，是姚崇、宋璟、卢怀慎、苏颋、韩休、张九龄，都是忠直君子，专以正道辅佐玄宗，使励精勤俭，所以国家理治；后来所用的臣，是宇文融、李林甫、杨国忠，都是奸邪小人，专以谄佞诱引玄宗，使纵情奢侈，所以国家危乱。可见人君用人，或得或失，治乱随之，所系极重，非可轻忽也。今人都说天宝十四年安禄山反，玄宗避寇幸蜀，为乱之始；臣独以为从开元二十四年，玄宗罢张九龄的相位，专用李林甫，自此小人得进，君子皆退，朝廷不闻直言，不行善政，是乃治乱之所由分也。臣愿陛下以开元初年的事为法，选用贤臣如姚崇等诸人，必信任之，与共图治理；以天宝末年的事为戒，辨别小人如李林甫等诸人，必黜远之，以防其乱，则可保久安长治，乃社稷无疆之福也。"时朝臣中皇甫镈正是个邪佞小人，闻崔群所对，切中其病，遂深恨之。夫古之英君，始未尝不用君子，然多不能保其终者，盖由天下已治，每厌勤劳而喜逸乐。厌勤劳则但见君子之拘检，而势必见疏；喜逸乐则但见小人之可狎，而情必相契，所以始治终乱，皆出于此，非独玄宗、宪宗为然也。欲任贤臣以成无疆之休者，其深鉴之。

今评 张居正很重视崔群对宪宗说的"只有效法开元时任用贤臣，才能建立社稷无疆之福"这句话，并告诫后世"欲任贤臣以成无疆之休者其深鉴之"。崔群以开元之二十四年张九龄罢相为玄宗朝理乱分界线，是很有史识的。

帝问："玄宗开元时致治，天宝则乱，何一君而相反耶？"李绛曰："治生于忧危，乱生于放肆。玄宗尝历试官守，知人之艰难，临位初，任姚崇、宋璟，励精听纳，故左右前后皆正人也。洎林甫、国忠得君，专引倾邪之人，分总要剧。于是上不闻直言，嗜欲日滋。内则盗臣劝以兴利，外则武夫诱以开边，天下骚动，故禄山乘隙而奋。此皆小人启导，从逸而骄。系人主所行，无常治，亦无常乱也。"

此段文字张居正选自《新唐书·李绛传》。

宪宗一日问宰相李绛说："玄宗开元时政事修举，天下太平。到天宝以后，盗起兵兴，宗社几于不保。一君之身而前后治乱相反，其故何也？"李绛对说："治乱无一定之数，有一定之理。治不生于治，而生于一念之忧勤；乱不生于乱，而生于一念之侈肆。玄宗在藩邸时，典领州郡，历试官守，备知民情疾苦、时事艰危，所以即位之初，任用姚崇、宋璟为相，励精治理，心志清明，听纳忠言，耳目无雍，故其时前后左右无一个不是正人，相导辅翼者无

宪宗

一件不是正事,天下安得而不治乎!到天宝以后,奸臣李林甫、杨国忠蛊惑上心,操弄国柄,排抑正直之士,使无所容,而专引倾邪险诐之人,令其分布要区,总领繁剧。由是朝廷之耳目敝塞,忠言不得上闻,君心之嗜欲日滋,声色从而杂进,内则盗臣王铁等搜括缗钱,劝以兴利,外则武将高仙芝等邀求功赏,诱以开边,以致百姓困于科求,三军疲于征战,怨声四起,天下骚然。故贼臣安禄山乘此衅隙,顿生祸心,一旦变起渔阳,而大驾蒙尘,两京失守,此皆由小人欲希图宠幸,专以荒淫侈肆之事,启导君心,使之纵耳目之娱,穷心志之乐,其骄逸如此,国事安得而不坏,天下安得而不乱乎。由此观之,治乱系人主所行,行得其道则治,行失其道则乱;恃其治而萌侈肆之心,则治将变而为乱;惧其乱而厉忧危之念,则乱可变而为治。治乱果何常之有哉!"按李绛以忧危放肆,分别开元、天宝之治乱,其言固甚当矣,而不知天宝之乱,正开元之治有以启之也。盖艰难之际虽庸主皆知勉图;而治平之时,即贤君不免骄佚。开元间海内富庶,兵革不兴,玄宗自谓天下治安,所以侈心渐肆。使其知有天宝之乱,岂肯安危利灾一至于此极乎!故圣人处极盛之时,而愈切怠荒之儆,其虑远矣。

今评 这段话是李绛在元和九年罢相前所讲,与上文崔群所谈论的主题是一致的,都是总结玄宗时期治与乱的经验教训,只是角度不同。前者以任用贤相为中心总结的,后者以忧勤与侈肆为中心总结的,其实二者是有内在联系的。

卷之二十一 唐纪

卷之二十二

穆　宗

名恒，是宪宗第三子，在位四年。

唐穆宗（795—824）：名宥，更名恒。宪宗第三子。元和十五年即位，年号长庆。长庆二年因击鞠患中风病，长庆四年死。

　　二年春，上之初即位也，两河略定，萧俛、段文昌以为"天下已太平，渐宜销兵，请密诏天下，军镇有兵处，每岁百人之中限八人逃、死"。上方荒宴，不以国事为意，遂可其奏。军士落籍者众，皆聚山泽为盗。及朱克融、王庭凑作乱，一呼而亡卒皆集。诏征诸道兵讨之，诸道兵既少，皆临时召募，乌合之众，故每战多败。

张居正讲评　　长庆二年春，初，穆宗新即位之时，河南、河北之乱，才得平定，人心尚未帖服，正该养威蓄众，图维善后事宜，以防反侧。宰相萧俛、段文昌虑不及远，便说天下已太平无事了，议欲以渐销兵用省军费，乃请密下诏书，令天下军镇有兵的所在，每年百人之中，限八人或以逃、或以死除其籍，为渐次销减之法。那时穆宗方溺于荒淫宴乐，不以国事为意，遂不论可否即从其奏。由是军士除籍者日众，无所归着，都去山泽中聚而为盗。未几乱果复作。幽州军士囚了节度使张弘靖，推朱克融为留后，成德兵马使王庭凑杀了节度使田弘正，自称留后。两人同时作乱，一呼而士卒皆往从之。朝廷下诏调各道兵讨贼，各道兵在籍者既少，都一时仓卒，召募乌合之众。平素既无恩威，又未加训练，谁肯用命，所以每战多败，皆轻议销兵之过也。夫祸乱初定之时，如疾病方痊，恃其已安而遂废药石，则病将复生而不可救矣。唐之销兵何以异此。况兵非土著，散之最难。萧俛等不思所以驭之安之之法，而镘去其籍，是驱坐待衣食之辈，而责之归农，非其情也，其为寇兵之资也，又何怪乎！

今评　销兵本是为节省国家财政开支和削减藩镇拥有过多兵力，但不能像处理废品那样随意销掉。

又凡用兵,举动皆自禁中授以方略,朝令夕改,不知所从;不度可否,惟督令速战,故虽以诸道十五万之众,裴度元臣宿望,乌重胤、李光颜皆当时名将,讨幽、镇万余之众,屯守踰年,竟无成功,财竭力尽。崔植、杜元颖、王播为相,皆庸才,无远略。史宪诚既逼杀田布,朝廷不能讨,遂并朱克融,王庭凑以节钺授之。由是再失河朔,迄于唐亡,不能复取。

幽、镇,都是藩名。时朱克融反于幽州,王庭凑反于镇州。朝廷承销兵之后,行伍空虚,乃仓卒募兵征讨。兵既不精,及其遣用将帅,又不假以事权,凡诸将一举一动,必须从禁中授以方略,进退掣肘,不得自专。朝令夕改,事无成算,以致众心眩惑,莫知所从。忽然而行,忽然而止,全不审酌机宜,度量可否。故虽以诸道十万之众,声势联络,兵不为不多,而领兵者若裴度为耆德元臣,乌重胤、李光颜皆当时知名大将,将不为不良。然而幽、镇二州其众不过万余,大军讨之,屯守经年,竟无成功,徒致财用困竭,民力疲劳,坐受其敝,则由庙堂之上,辅相不得其人故耳。盖此时崔植、杜元颖、王播为相,这三人都是庸下凡材,无有深谋远略。魏博牙将史宪诚,既鼓扇众军逼令节度使田布自杀,崔植等不能力赞朝廷讨正其罪,因以宪诚代布,遂将朱克融、王庭凑一并姑息,授以节钺,以克融为平卢节度使、庭凑为成德节度使。由是河朔一带地方,在先朝归顺者复为强臣所有,天下大势既去,迄于唐亡,寸土寸疆不能复取,皆宰相不得其人之故也。夫河朔诸镇,在宪宗朝得裴度诸贤,则叛者服;及穆宗用崔植诸人,则服者叛。相道得失,而国家之理乱因之,所系诚至重矣。然宪宗之用裴度也,言听计从,虽大奸如李逢吉不能阻挠。而穆宗出度于外,反使庸鄙如崔植等得从中制,度亦安得以有为哉。故人君欲尽贤相之用,尤必信任专一而后可。

今评 张居正认为穆宗朝廷调集十五万大军讨伐万余人的叛军,历时一年多没有战功,其原因是穆宗所任用的宰相都是些庸才。这是事实。庸相与奸相不同,但也误国殃民。庸相的背后是庸君。穆宗是李、郭两家近亲繁殖的低能儿,是靠郭家势力推上宝座的。这样的昏君淫君怎能选拔出人才呢!庸君淫君才是引发大叛乱的祸首。

五月,以尚书左丞柳公绰为山南东道节度使。公绰过邓县,有二吏,一犯赃,一舞文。众谓公绰必杀犯赃者。公绰判曰:"赃吏犯法,法在;奸吏乱法,法亡。"竟诛舞文者。

张居正讲评 山南东道，即今湖广襄阳等府。邓县，即今邓州地方。吏书作弊，舞弄文法，叫做舞文。长庆三年五月，穆宗以尚书左丞柳公绰为山南东道节度使。公绰巡行所属，过邓县审录囚犯，适有两个犯罪吏，一个是要钱贪赃的，一个是作弊舞文的。众人私拟公绰素性廉介，赃吏罪重，必然杀犯赃者。公绰判断其案说道："赃吏贪财，自干法纪，其于国家之法只是犯之而已，却不曾变坏了法度，是法犹在也。若奸吏舞文，则增损律例，改易公私轻重，皆出其手，虚实无从而稽，把国家之法全然变乱了，是法因之而亡也。"于是竟诛舞文者，众人咸服其明。夫国家所以纲纪天下，成画一之治者，恃有法在耳。惟是积胥巨猾，欺公罔上，奸弊百端，主司者或受其愚弄而不能察，或被其把持而不能禁，甚且曲为隐护以自盖其疏虞，于是奸吏接迹，不可胜诛，而法益荡灭矣。然吏之所以敢于乱法者，实皆贪心所使，则诛赃吏亦所以弭奸吏也。欲澄清天下者，宜加意焉。

今评 柳公绰重惩奸吏，维护法律尊严的精神可嘉，但对赃吏轻于奸吏的判决，似值得商榷。

四年春，初，柳泌等既诛，方士稍复因左右以进，上饵其金石之药。有处士张皋者上疏，以为："神虑澹则血气和，嗜欲胜则疾疢作。药以攻疾，无疾不可饵也。先帝信方士妄言，饵药致疾，岂得复循其覆辙乎！"

张居正讲评 先是宪宗因服方士柳泌之药，致疾而崩，穆宗即位已将柳泌等杖杀。至长庆四年，诸方士稍又因左右近幸之人干求进用。穆宗志意怠荒，不能惩戒往事，仍又服其金石之药，欲求长生。有处士张皋者上疏，谏说："人禀血气以生，贵于和平，而忌偏胜。惟能澄神定虑，使本原之地，宁静澹泊，不为情欲所扰，则血气自然和平，而百病不侵。设使恣情纵欲，或耽于声色，或荒于游宴，嗜欲既胜，则血气必致损耗，而疾病斯作矣。人惟致有疾病，所以必须用药攻治，是药本为攻疾而设也。若本无疾病而轻服药饵，反使药力有所偏助，其患立见。君身所系至重，岂可如此。昔先帝听信柳泌妄言，谓服药可得长生，以致躁渴举发，遘病而崩。此陛下所亲见者，正宜惩其既往之失，永为鉴戒，岂得再蹈其覆辙乎！"穆宗徒善其言，终不能用也。按神虑澹泊之言，最得养生之理。盖人君一心，众欲交攻，必须爱惜精神，减省思虑，于凡可喜可好之事，泊然如水，一无所动其中，才能培养寿命之原，永绥和平之福。而其要又在讲学勤政，使志意既有所专，然后神虑斯无所杂。未有无所事事而心能澹然者也。明主宜留意焉。

今评 张皋上疏的中心内容，是劝谏穆宗勿误食丹药，再蹈宪宗的覆辙。"神虑澹泊"只是处士们的口头禅，与"嗜欲强烈"是对偶语，是指不要晨夕狎昵荒淫无度。穆宗既没有接受戒食丹药，

更谈不上淡泊寡欲。

敬　宗

名湛,是穆宗长子,在位二年。

上视朝每晏,左拾遗刘栖楚进言曰:"陛下嗣位之初,当宵衣求理;而嗜寝乐色,日晏方起,梓宫在殡,鼓吹日喧,令闻未彰,恶声遐布。臣恐福祚之不长,请碎首玉阶以谢谏职之旷。"遂以额叩龙墀,见血不已。上命中使宣慰令归。

> 唐敬宗（809—826）：穆宗长子,名湛。长庆四年即帝位,时年十六岁,年号宝历。在位期间,只知游宴、击球、淫乐,朝政败坏。宝历二年为宦官李克明等所杀。

张居正讲评　穆宗在位四年而崩,其子敬宗即位,昏迷不德,视朝甚迟,百官伺候朝参,废时失事。于是左拾遗刘栖楚面进谏说:"陛下嗣位之初,上承宗庙,下抚万邦,海内人心方颙颙望治之日,正宜兢兢业业,不遑宁宽,虽在夜间犹当披衣待旦,以求治理可也。今乃溺于宴安,嗜好寝卧,耽乐女色,至日晏而后起,甚非励精图治之意。况先帝梓宫在殡,尤人子闻乐不乐之时,而鼓吹日喧,略不为念。美誉未彰于天下,恶声已布于遐方,臣恐如此怠荒,福祚必不久远,关系非细故也。臣叨居谏职,不能补阙救过,何颜立于朝廷,请碎首玉阶以谢旷职之罪。"遂以额叩于龙墀,出血不止。敬宗见其恳切,命中使宣旨慰谕,劝之使归,然终不悟也。卒之敬宗以逸豫灭德,在位二年而亡,栖楚福祚不长之言,于是验矣。可见人君勤政,不惟可以理万机,且使志气清明,精神会聚,一切纵欲伤生之事,自不暇为,亦所以养寿命之原也。周公作《无逸》以励成王,而惓惓以享国修短为言,正是此意。人主宜三复之。

今评　由此可见,周公辅佐成王并严格教育成王的经验,确实值得后世取法。

宝历元年正月,上游幸无常,昵比群小,视朝月不再三,大臣罕得进见。二月,浙西观察使李德裕献《丹扆六箴》:一曰《宵衣》以讽视朝稀晚;二曰《正服》以讽服御乖异;三曰《罢献》以讽征求玩好;四曰《纳诲》以讽侮弃谠害;五曰《辨邪》以讽信任群小;六曰《防微》以讽轻出游幸。上优诏答之。

敬宗 文宗

扆,是御屏。丹,是赤色。宝庆元年正月,时敬宗即位之初,不知保身勤政,每微服出外,游戏行幸,举动无常,所宠昵亲近的都是狎邪小人,蛊惑上心,无所不至。每月视朝不过三两次,公卿大臣罕得进见其面者。二月,浙西观察使李德裕因作《丹扆六箴》以献,言人君负扆临朝,所当箴警者有六件事:一曰《宵衣》,说人君于天未明时就当起来着衣,待旦视朝,盖因敬宗视朝太稀,日晏始出,故以此讽谏也;其二曰《正服》,说人君所尚袍服,自有定制,不可崇尚奇丽之饰,盖因敬宗服御乖异,有亵威仪,故以此讽谏也;其三曰《罢献》,说人君所受贡献,自有常额,不可于常额外受人贡献,盖因敬宗征求玩好,有损俭德,故以讽谏也;其四曰《纳诲》,说人君于直言正论当委曲听纳,以示优容,盖因敬宗侮慢忠言,拒而不听,故以此讽谏也;其五曰《辨邪》,说人君于逸谄奸佞当详审辨,以防蒙蔽,盖因敬宗亲信群小,任之不疑,故以讽也;其六曰《防微》,说人君一身所关甚重,出入举动,当时加戒慎以防不虞,盖因敬宗轻生游幸,履危蹈险,不知戒惧,故以此讽谏也。六箴进上,敬宗优诏褒答,然竟不能从其言也。按此箴虽均切治理,而《辨邪》一言尤要。盖敬宗以冲年即位,使能尊礼师傅,亲近老成,则心志有所维持,而起居出入自然有常,服御玩好自不可侈矣;惟其有群小之狎,无师保之助,此所以童昏失德,过日积而不自知也。明主当深省于斯。

今评 "过日积而不自知",足为世人炯戒。

文宗

名昂,是穆宗第二子,在位十三年。

唐文宗(809—840):穆宗次子,原名李涵。宝历二年(826),敬宗遇害。即位,改名李昂,是为唐文宗,年号大和,九年后又改为开成。在位十四年,被宦官仇士良等软禁致死。

二年夏四月,上对柳公权等于便殿,上举衫袖示之曰:"此衣已三浣矣!"众皆美上之俭德;公权独无言,上问其故,对曰:"陛下贵为天子,富有四海,当进贤退不肖,纳谏诤,明赏罚,乃可以致雍熙。服浣濯之衣,乃末节耳。"

洗濯衣垢叫做浣。开成二年夏四月,文宗召翰林学士柳公权等,入对于便殿,文宗言及汉文帝恭俭,因举自家袍袖以示众学士说:"朕这袍服已经三次浣濯了,今犹服之,不欲遽弃也。"众学士都称美文宗的俭德,以为过于汉文帝,独柳公权默而无言。文宗问其故,公权对说:"节俭固是美德,然帝王治天下,尚有大道理。陛下贵为天子,富有四海之内,所重者不在财帛,当思官职贵于得人,于贤者则进之,不肖者则退之;忠言不可轻弃,于谏诤之当者从之,有不当者亦容之;恩威不可滥施,于有功者赏之,有非者罚之,则朝廷之上大本克端,天下自然理治,雍熙太和之盛可不劳而致矣。这才是帝王的盛

节。若区区服浣濯之衣,不过细小末务而已,治天下的大经大法,不系于此,岂可遽以为美而自足哉。"夫节俭,美行也,而公权犹以为非帝王之大德。若恣情纵欲,奢侈败德者,又当何如哉!为人上者可以鉴矣。

今评 柳公权视文宗"服浣濯之衣,乃末节"之言,确有片面性。但无大略远谋而只讲节俭,也成不了明君英主。

九月,以李德裕为门下侍郎、同平章事。德裕入谢,言于上曰:"致理之要,在于辨群臣之邪正。夫邪正二者,势不相容,正人指邪人为邪,邪人亦指正人为邪,人主辨之甚难。臣以为正人如松柏,特立不倚,邪人如藤萝,非附他物不能自起。故正人一心事君,而邪人竞为朋党。先帝深知朋党之患,然所用卒皆朋党之人,良由执心不定,故奸邪得乘间而入也。夫宰相不能人人忠良,或为欺罔,主心始疑,于是旁询小人以察执政。如德宗末年,所听任者惟裴延龄辈,宰相署敕而已。此政事所以日乱也。陛下诚能慎择贤才以为宰相,有奸罔者立黜去之,常令政事皆出中书,推心委任,坚定不移,则天下何忧不理哉!"

张居正讲评 开成四年九月,时文宗崩,武宗即位,首召还袁州长史李德裕为门下侍郎、同平章事。德裕入见谢恩,因奏说:"人君致治之要,不必他求,只有审察群臣,辨其孰为邪人,孰为正人而已。夫人之邪正不同,其存心制行亦每相反,若使同朝而立,其势必不相容。正人疾恶邪人,固指邪人为邪;邪人妒忌正人,亦反指正人为邪,邪正相攻,名实混乱,人主欲从而辨别之,诚甚难矣。然以臣言之,正人持身孤介,譬如木中松柏一般,其节操刚劲,无所倚靠,而挺然独立;邪人则柔佞卑鄙,譬如草中藤萝一般,若非依附他物,必不能引拔而振起也。故正人独行己志,一心事上,耻为和同;而邪人背公植私,交相引援,争为朋党。其人品较然不同,宜无难辨。先帝深知朋党为患,每恨其难去,而所用者若李训、郑注等,又卒皆朋党之人,良由其辨别不真,持心不定,乍疑乍信,所以奸邪得乘间而入,以构逸启祸,人主卒被其误而不知也。夫为宰相者固不能人人忠良,其中或有一、二心怀欺罔者,人主之心始不能无疑。疑心一生,不能自决,乃又旁问左右之人,以伺察执政的贤否。如先朝德宗末年,不信宰相而信群小,所听任者惟谗佞裴延龄等,专权用事,至于宰相反不得预政,但署名于敕,主行文书而已。体统废坏,纪纲陵夷,此政事所以日乱而不理也。陛下诚能于择相之始,其难其慎,务选择贤才而任之,固不因之以滥用小人。其有欺君罔上,罪过昭彰者亟行罢斥,亦不因之以概疑君子。常使朝廷政事都出自中书,决于宰相,推心置腹,委任责成,志坚意定,不为毁誉所间,爱憎所迁,则臣主一心,政事毕举,何忧天下之不治也哉。"大凡人君择相,未尝不欲得正人而任之，而任之未必专者，其知之犹未深也。心诚相知，则信之必笃，任之必专，自非邪人所能间耳。古人所以比君相于元首股肱，明其有一体之义，岂有一体而可使间隔者哉。后之任相者，以一人誉之而用，既不能辨别之于始，以一人毁之而弃，又不能信任之于终，其于一体之义疏亦甚矣。明主宜知所重焉。

今评 其实李德裕的"辨群臣邪正说"带有朋党成见，向武宗标榜自己是正人君子，过去排挤他的宰相是邪恶小人。李德裕与牛僧孺是当时朝廷官僚集团的两大对立派首领。牛李党争历时四十多年，严重削弱了唐朝的内部力量。朋党之争才是值得后世君主深思的问题。

又曰："先帝于大臣好为形迹，小过皆含容不言，日累月积，以至祸败。兹事大误，愿陛下以为戒！臣等有罪，陛下当面诘之。事苟无实，得以辨明；若其有实，辞理自穷。小过则容其悛改，大罪则加之诛谴，如此，君臣之际无疑间矣。"上嘉纳之。

李德裕又对武宗说："昔先帝文宗御下多疑，其待大臣不肯开心见诚，每每好为形迹以全体面。大臣小有过失，心里虽是不喜，却乃务为包容，不即显言于外。自此日累月积，下之罪过益深，而上之猜疑益甚，小人乘机中伤，不觉信之深而发之暴，以致大臣继去，人人自危，而国之祸败随之矣。此一事，乃先帝大错误处。陛下今日始临群臣，愿深以为戒，勿蹈其辙。臣等若有罪过，陛下但有所闻，即当面赐诘问，事苟不实，则臣等得以一一辨明，不致为人诬陷；若其有实，则辞屈理穷，自然输服，亦可得其真情，就中分别。小过姑容其悛改，使之自新；若犯大罪，即加以诛谴，无所宽贷。如此，则君臣之间，肝胆相照，形迹俱忘，非惟君不疑臣，臣亦不疑君矣，所以保全大臣，而遏群邪媒孽之端者，皆在于此，祸败何从而生乎。"武宗以其言为是，深嘉纳之。夫君臣之分本严，所恃以成上下之交者，惟心之相信而已。若君心一有所疑，蓄而不发，则积疑销金，积毁销骨，臣下之心迹无由自明，而上下之交离矣。父子相离，不可以治家，君臣相离，尚可以治国乎！故夫上推诚以待下，下积诚以格上，宜各尽其道也。

今评 包容小过，使过失者罪过亦深，而使在上者猜疑亦深，以至小人乘机，祸败随之。此论甚新亦甚精。

武　宗

名炎,是穆宗第五子,在位六年。

唐武宗(814—864):名李瀍。穆宗第五子,敬宗、文宗之弟,封为颍王。开成五年文宗死,宦官仇士良、鱼宏志等拥他为皇太弟,于柩前即帝位,年号会昌。后因食丹药而死,在位六年。

四年八月,镇、魏奏邢、洺、磁三州降,宰相入贺。李德裕曰:"昭义根本尽在山东,三州降,则上党不日有变矣。"上曰:"郭谊,积谋主也,必枭刘稹以自赎。"德裕曰:"诚如圣料。"未几,谊果斩稹,收稹宗族尽杀之,函稹首,降。宰相入贺,上曰:"郭谊宜如何处之?"德裕对曰:"刘稹,骄孺子耳,阻兵拒命,皆谊为之谋主,及势孤力屈,又卖稹以求赏。此而不诛,何以惩恶!宜及诸军在境,并谊等诛之!"上曰:"朕意亦以为然。"郭谊等至京师,皆斩之。

昭义:昭义节度使辖泽、潞等州。会昌三年昭义节度使刘从谏死,其侄刘稹欲袭其位。朝廷派成德、魏博、河中、河阳诸镇讨伐。次年潞州大将郭谊斩刘稹出降。

张居正讲评　镇、魏,都是藩镇名。邢、洺、磁,是州名。邢州,即今顺德府地方。洺州,即今广平府地方。磁州,即今彰德府地方。昭义,在秦时为上党,今为潞安府。初,昭义节度使刘从谏薨,其子刘稹自为留后。武宗用宰相李德裕之谋,诏镇州节帅王元逵、魏博节帅何弘敬发兵讨之,先攻其邢、洺、磁三州,三州守将皆相继请降,于是镇、魏二帅以状闻于朝。宰相入贺,李德裕奏说:"昭义一军所恃以为根本者,正以其有邢、洺、磁三州在于山东,其士马可以进援,险阻可以退守也。今三州来降,则根本既拔,以势度之,上党孤悬无助,难以独存,不日之间必有内变矣。"武宗说:"彼中若有变,必起于郭谊,盖郭谊乃刘稹的谋主,见事不成,恐并受其祸,必杀刘稹以自赎其罪也。"德裕说:"稹必死于谊手,诚如圣算。"未几,郭谊果杀了刘稹,并收稹宗族尽数杀之,将刘稹首级用柙子盛了,献上求降。于是宰相入朝称贺,武宗问说:"郭谊本是贼党,法当诛戮,今能杀稹来降,功又当赏,宜如何处之?"德裕对说:"刘稹乃一痴骄孺子耳,何知叛逆,所以教之阻兵拒命者,皆郭谊为之谋主。始则依势附力,导稹以为乱,及势孤力屈,不能自存,乃又以稹为奇货,卖之以求赏,其反侧如此,真奸人之雄也。若释此不诛,何以惩恶。宜及镇、魏诸军尚在境内,并郭谊等俱诛之,以为党恶之戒。"武宗深然其言,说:"朕意亦是如此。"乃诏郭谊等送至京师,皆斩首以正法,于是泽、潞始平。自古谋国之臣,多计算而少成事,非但其谋之不审,亦由君相异心,任之者不专也。今观武宗之与德裕,同心相谋,同谋相信,君所言是,相则曰"诚如圣料";相所言是,君则曰"朕意亦然",其计议投合如此,令何所不行,威何所不克!此所以使镇、魏如臂指,取上党如拾芥也。在相者宜以为法。

今评　武宗平定"泽潞之乱",是唐朝晚期与藩镇斗争的一起重大事件,对威慑藩镇分裂,维护唐朝的统治秩序有积极意义。但君相二人所议定的斩杀降将问题,后世有人认为不尽妥当。《通鉴》作者司马光就指出:郭谊"其死固有余罪,然杀降,非信也,失义失信,何以为国? ……如谊等,免死流之远方,没齿不还,可矣;杀之,非也!"

宣　宗

名忱,是宪宗第十三子,在位十三年。

唐宣宗(810—859):原名李怡,后改名李忱。宪宗第十三子。武宗死,未册立皇太子。宦官马元贽拥光王柩前即位,年号大中,在位十三年。

二年二月,以知制诰令狐绹为翰林学士。上尝以太宗所撰《金镜录》授绹,使读之,"至乱,未尝不任不肖,至治,未尝不任忠贤。"上止之曰:"凡求致太平,当以此言为首。"又书《贞观政要》于屏风,每正色拱手而读之。

张居正讲评　大中二年二月,宣宗以知制诰令狐绹为翰林学士。此时宣宗励精图治,志欲法祖。一日,尝以太宗所作《金镜录》授与令狐绹,使在御前读之。《金镜录》中有两句说道:"国家之乱皆由小人导之,未有不任不肖而乱者。国家之治皆由君子辅之,未有不任忠贤而治者。"绹读到这两句,宣宗大有感悟,命绹且住,因说人君用人得失,甚有关于治乱,凡欲求致太平者,当以此言为首务,使不肖者不得倖进,忠贤者不致遗佚,则有治无乱,何患太平之难致哉。宣宗又以史臣所记太宗《贞观政要》事事切于理道,欲时加省览,乃书于御座屏风,每正色拱手,致敬而读之。盖太宗用此以致太平,嘉言懿行,具载此书,故敬慕之如此。《书经》上说:"王懋乃德,视乃烈祖,无时豫怠。"太宗固唐之烈祖也。宣宗即位之初,景念若此,可谓无所豫怠矣。是以虽当末世,而犹能整齐法纪,维系人心,人称为小太宗,况于重熙累治之时,而法祖攸行者,其治功当何如哉!

今评　《旧唐书》称宣宗在位时"使权豪敛迹,奸臣畏法,宦官收敛,刑法不滥,贤能致用,十余年间,颂声载道"。《通鉴》作者也评说"大中之政,讫于唐亡,人思咏之,谓之小太宗"。虽然他的努力未能改变唐王朝走向衰败的趋势,但张居正仍称赞他处在晚唐危机四伏的末世,犹能整齐法纪,维系人心,要是在一个较好的形势下,他效法烈祖的实践精神,定会取得难以估计的成就。

八年秋九月,上猎于苑北,遇樵夫,问其县,曰:"泾阳人也。""令为谁?"曰:"李行言。""为政何如?"曰:"性执。有强盗数人,匿军家,索之,竟不与,尽杀之。"上归,帖其名于寝殿之柱。冬十月,行言除海州刺史,入谢,上赐之金紫。

宣宗

问曰："卿知所以衣紫乎？"对曰："不知。"上命取殿柱之帖示之。

张居正讲评 军家，唐时有南北军，其部下的人，叫做军家。泾阳县，今属陕西西安府。海州，今属南直隶淮安府。大中八年秋九月，宣宗出猎于苑北，偶遇打柴的樵夫，问他是何县人，樵夫对说是泾阳县人也。宣宗问他县里正官是谁？樵夫对说是李行言。宣宗因问此人做官何如？樵夫对说此人性刚，执法不能容奸。县中有强盗数人，打劫人家事发，藏匿一军家，他差人捕捉，那窝主竟不肯与，遂将强盗与窝主一并拿来，尽数杀之。其执法不挠如此。宣宗默记其言，回至宫中，便写李行言姓名，帖于寝殿之柱，以备擢用。到冬十月，乃除授行言为海州刺史。行言入朝谢恩，宣宗特赐以金带紫袍以宠异之。因问行言："卿知今日所以腰金衣紫之故乎？"行言对说："不知。"宣宗乃命左右取殿柱上帖子的姓名示之，以见行言自为县令时，已受知于朝廷也。夫守令之贤否，生民之休戚系焉，人君知以为重者鲜矣。虽举刺之章日上，殿最之牍满前，某贤某不肖尚有不辨其谁何者。宣宗一出猎之际，惓惓吏治，问之惟恐不详，一得其人，手记心存，用之惟恐不速。明主能法其意，以察贤否、行黜陟，守令岂有不劝，百姓岂有不安者哉！

今评 宣宗很重视县令和刺史等地方官的重要性，曾多次对地方官的素质、任期、考绩、升转作过明确的规定，要求他们忠于职守，遵守纲纪，勤政爱民。他还经常向百姓调查询问官吏的情况，凡新任刺史都要入朝陛辞，当面考查他们的品质和能力。泾阳县令李行言是他访知和嘉奖的一个例子。

九年二月，以醴泉令李君奭为怀州刺史。初，上校猎渭上，有父老以十数，聚于佛祠。上问之，对曰："醴泉百姓也。县令李君奭有异政，考满当罢，诸府乞留，故此祈佛，冀谐所愿耳。"及怀州刺史阙，上手笔除君奭，宰相莫之测。君奭入谢，上以此奖励，众始知之。

张居正讲评 醴泉，即今陕西醴泉县。怀州，即今河南怀庆府。渭上，是渭河之上。大中九年二月，宣宗以醴泉令李君奭为怀州刺史，史臣因叙说：初，宣宗出猎于渭上，见年老的百姓有十数人聚会于佛庙中，宣宗问他们是何县人，为甚么聚会在此？父老对说："我等都是醴泉县的百姓，因本县令李君奭做官廉能，有异常德政，百姓每戴之如父母，不忍离之。今当考满之时，资俸已深，必然升迁罢去，因思好官难得，恐后来者未必似他，欲到府上乞留久任，故此祈祷于神，冀得遂所愿耳。"宣宗闻其言，知君奭是好官，记在心上，欲重用之。后来怀州阙刺史，宣宗不待吏部推举，即手书君奭除补。宰相每都惊异，不知君奭何以见知于上而被简擢如此。及君奭入朝谢恩，宣宗以所得于父老之言奖励之，众始知其故也。夫亲民之官莫如县令，令贤，则民惟恐其不久；令虐，则民惟恐其不去。此人情也，而激劝之机实在朝廷。汉宣帝留心吏治，综核名实，玺书勉励，增秩赐金，而汉世良吏于是为盛，称中兴焉。唐之宣宗固亦汉宣之流亚矣。

今评 张居正把宣宗留心吏治的勤政精神与汉宣帝相媲，虽有溢美，但目的是盼后世人君加以借鉴。

懿 宗

名漼。宣宗长子。在位十四年。

唐懿宗（832—873）：名漼，宣宗长子。大中十三年宣宗死，宦官内争，由宦官王宗实拥立，侥幸登基，时年二十八岁，改名漼，年号咸通。十四年后病死。

僖 宗

名儇。懿宗第五子。在位十五年。

唐僖宗（862—888）：名俨，懿宗第五子。由宦官韩文约拥立，改名儇，时年十二岁，在位十五年卒。

昭 宗

名杰。懿宗第七子。在位十六年。为朱温所弑，唐亡。

唐昭宗（867—904）：名杰，懿宗第七子。僖宗死，宦官杨复恭拥立，改名敏、晔。天祐元年为朱温所杀，改立其第九子十三岁的李柷为哀帝。三年后朱温篡唐，哀帝废，唐亡。

《历年图》曰："高祖举晋阳精兵，承亡隋之弊，席卷长驱，奄有关中，命将出师，扫除乱略，遂降李密，系建德，擒世充，芟武周，剪黑闼，夷萧铣，六年之中，海内咸服，何成功之速哉！盖以太宗之为子也。太宗文武之才，高出前古，驱策英雄，网罗俊乂，好用善谋，乐闻直谏；拯民于水火之中，而措之于袵席之上；使盗贼化为君子，呻吟转为讴歌，衣食有余，刑措不用；突厥之渠系颈阙庭，北海之滨悉为州县。盖三代以还，中国之盛未之有也。惜其好尚功名而不及礼乐，父子兄弟之间，惭德多矣。"

昭宗

张居正讲评　宋臣司马光纂集诸史，每一代为一图，历叙其治乱兴亡之迹，谓之《历年图》。这一篇总叙唐朝的事，从高祖起，说唐祖李渊在隋时，原封为唐国公，留守晋阳。因见炀帝无道，民穷盗起，遂举晋阳精兵，承亡隋之弊，州县空虚，攻下汾、霍诸郡，席卷长驱直抵西京，尽有关中之地以为根本。于是遣将出兵，扫除群盗，遂降李密于洛口，系窦建德于虎牢，擒王世充于洛阳，芟刘武周于马邑，剪刘黑闼于山东，夷萧铣于江陵，不出六年之间，僭伪悉平，海内咸服，何其成功之速，一至于此哉！盖因有太宗世民为之子故也。使无太宗，则高祖原无大志，岂能创业垂统，开有唐一代之治哉。太宗具文武全才，聪明勇略，高出前代人主之上；又能驱策一世之英雄，使皆效其死力；网罗四方之俊乂，使皆竭其才能；群策毕举，凡善谋忠计皆嘉纳而不遗；言路大开，虽直言极谏，亦乐闻而不厌；拯救万民于水火之中，而安置之于衽席之上；使昔之相聚而为盗贼者，皆化为善良之君子；昔之愁苦而呻吟者，皆转为太平之讴歌；男耕女织，衣食有余；讼简民淳，刑措不用；威德日隆，虽强如突厥之长，亦系颈于阙庭；土宇日广，虽远如北海之滨，都设立为州县。盖自三代以来，中国之盛未有如此也，亦可谓不世出之主矣。惜其好尚功名，徒以智勇创造基业，而不能修礼乐以化民。且胁父臣虏，不可以言孝；弑兄杀弟，不可以言友。父子兄弟之间，惭德愧行亦已多矣。夫帝王之治，未有不自修身齐家以及天下者也。太宗之内行不修如此，是岂足以以语帝王之治哉。

今评　终唐之世，对于唐太宗都是一味的赞扬，把他跟尧舜之治、文武之治等齐看待，视为是封建帝王的楷模，治理天下的圣君，绝少指陈其缺点过失。直到宋代以后，才开始对唐太宗个人的品行有所非议。《历年图》对唐太宗既赞其为治理天下的圣君，也指出其"惭德多矣"。张居正则进一步认为唐太宗自己不讲修身齐家，这怎么称得上是治理天下的圣君呢！《通鉴》作者非议唐太宗的"惭德"问题，则是以当时的封建伦理道德标准出发的。

"高宗沈溺宴安，仁而不武，使天后断丧唐室，屠害宗支，毒流缙绅，迹其本源，有自来矣。中宗久罹忧辱，备尝险阻，一旦得志，荒淫不悛，粪土之墙，安可污也。睿宗鉴前之祸，立嗣以功，所谓可与权矣。明皇能谋有断，再靖内难。开元之初，忧勤庶政，好贤乐善，爱民利物，海内富庶，四夷宾服，浸淫于贞观之风矣。及天宝以降，自以功成治定，无有后艰。志欲既满，侈心乃生；忠直浸疏，谀谄并进；以游娱为良谋，以声色为急务；以李林甫、杨国忠为周、召，以安禄山、哥舒翰为方、虎。痈疽结于心腹而不悟，豺狼遁于藩篱而不知。一旦变生所忽，兵起边隅，庙堂执檄而心醉，猛将望尘而束手，腥膻污于伊洛，流血染于河潼，乘舆播荡，生民

涂炭,祸乱并兴,莫可救药,使数百年之间,干戈澜漫而不息。乌乎!靡不有初,鲜克有终,安之不可恃,治之不可保,如此夫。"

张居正讲评 伊洛,指唐之东京,在今河南府地方。河潼,指唐之长安,在今西安府地方。《历年图》又叙说:"高宗承平之时,沈溺宴安,怠荒无度,即其依向不忍虽似仁慈,而柔懦不振,全无威武。其最得罪于宗社者,在立武氏为后,使其专权窃柄,断丧唐家元气,杀害李氏子孙,诛逐缙绅之忠直,改唐为周,酷烈无比。究其本源,都因高宗昏弱无为,酿成此恶,其祸有自来矣。至于中宗初时为武后所废,居房州十三年,每欲自杀,遭忧辱如此之久,受险阻如此之多,宜其知所儆惕矣。一旦复了帝位,乃不鉴武氏之祸,又宠信韦后,荒淫不改,致国事日非,身且不保,是其天性昏庸,难以匡弼。殆孔子所谓粪土之墙,不可加以粉饰者也。睿宗鉴前代祸乱,欲早立太子,因次子隆基有诛韦氏之功,遂舍长子成器而立隆基,以绝祸本,是为玄宗。舍嫡立功,虽非经礼,亦可谓能行权矣。玄宗为人,多谋略,有刚断,初诛韦氏之乱,后寝太平公主之谋,凡两清内难,皆以谋断成之。开元之初,忧勤庶政,所用的都是正人,有好贤乐善之诚;所行的都是惠政,有爱民利物之泽。二十年间,海内富庶,四夷宾服,内宁外谧,骎骎乎有太宗贞观之风矣。及至天宝以后,见天下太平无事,自以为功成治定,无复后患。于是志欲既满,侈心遂生;恶谏诤而忠直浸疏,狎群小而谗谀并进;耽逸乐,则不念万机,而以游娱为良谋,以声色为急务;任宰相则不辨忠邪,而以奸臣李林甫、杨国忠为周公、召公,以番将安禄山、哥舒翰为方叔、召虎。奸佞在朝,譬如痈疽生于心腹,将要溃裂犹且不悟。强胡当道,譬如豺狼近在藩篱,将要噬搏尚然不知。一旦安禄山发兵十五万,反于范阳,变生所忽,兵起边隅,庙堂之上平素不曾设备,宰相执着传的檄书,吓得痴呆如醉,无计可施。一时猛将平素不曾习战,望见贼的烟尘,都束手就缚,无兵可调,遂使贼众横行,两京失陷,腥膻之气污秽于伊洛;杀人之血流染于河潼;车驾播迁,仓皇入蜀,所在生民,尽遭屠戮,而祸乱并兴,不可救药矣。其后两京虽复,然国势自此日衰,兵端自此日起,使数百年之间,干戈漫延而不息者,皆明皇贻之也,岂不深可叹哉。《诗经》上说'凡人都知谨始,但少能有终。'所以把前功尽弃了,正明皇之谓也。夫安之中,即危之所伏,不可常恃;治之中,即乱之所基,不可常保。其机如此,处治安之时者,可为永鉴矣。"

今评 《通鉴》作者认为高宗、中宗、睿宗几个皇帝都是不足称道的庸君,惟唐玄宗明皇创建开元盛世,但晚德不终,可惜,可鉴。讲评基本同意这种意见,还特别指出"玄宗造成的安史之乱,使数百年来干戈不息,皆明皇贻之也。安之不可恃,治之不可保,值得永鉴。"近代史家也多认为唐玄宗是个半明半昏的皇帝,他的开元政绩可算得上是唐代二十个皇帝中第二位杰出的皇帝,他前明后暗的反差,值得反思。

"肃宗以国之元子，收兵灵武，反旆而东，不失旧物。代宗分命群帅，剪除凶丑，使大河南北复为唐臣，其功皆不细矣。然此两君者，武不足以决疑，明不足以烛理，倘无郭子仪之忠，李光弼之智，因仆固怀恩以用回纥之众，则天下已非唐有矣。夫以肃宗之孝慈，而制于李辅国不得养其父，惑于张后不能庇其子，则其武可知矣。以代宗之宽仁，而听谗臣之言，使光弼不敢入朝，惭愤而死；怀恩招引外寇，几再亡国，则其明可知矣。而又不思经远之谋，专为姑息之政，盗贼据州郡者因用为牧守，士卒杀主帅者因授之旄钺，使强暴纵横，下凌上替，积习成俗，莫知其非，唐之纪纲大坏，不可复振，则肃、代之为也。"

张居正讲评　《历年图》又叙说："唐天宝之末，安禄山反叛，破了两京，玄宗幸蜀，宗社不守。幸得肃宗为太子，至马嵬驿前，为百姓父老所拥，收兵于灵武地方，转旆向东，克复两京，不失旧物。代宗继之，分命诸将，剪除贼党，诛史朝义于莫州，使大河南北还为唐家方镇之臣。论其功业皆不为小矣。然此两君者都是庸才，武不足以断决疑事，明不足以照察物理。当时赖有大将郭子仪之情忠，李光弼之勇略，又因仆固怀恩借兵于回纥，故得以收复两京，平定叛乱。若使当时无此三人，则天下已非唐家之有矣。夫以肃宗之天性孝慈，宜能保全父子之恩也，然外制于李辅国之奸，逼迁上皇于西内而不得养，内惑于张后之谮，杀其子建宁王俊而不能庇，此非武不足以决疑乎。以代宗之天性宽仁，宜能保全君臣之义也，却乃信听谗臣程元振之言，使李光弼忧畏而不敢入朝，至于惭愧发愤而死。又听信谗臣辛云京之言，使仆固怀恩怨望不平，招引吐蕃、回纥以入寇，几至于亡其国，此非明不足以烛理乎。又且不思经常久远之谋，专为目前姑息之政。民间盗贼窃据州郡者，非惟不能讨，又因而用之以为本处正官；各镇士卒杀逐主者，非惟不能制，又因而授以节钺使为节度使。法纪不张，威权丧失，遂使强暴纵横，公然无所忌惮；下凌上替，名分为之荡然。转相效习，遂成风俗，恬不为怪，莫有知其非者，故终唐之世，士卒凌将帅，将帅凌天子，纪纲大坏，不可复振，以至于亡，则肃、代二宗实启其渐也。然则二宗虽有中兴之功，实乃基祸之主耳，岂足为贤哉。"

今评　"虽有中兴之功，实乃基祸之主"，是对肃代二宗的笃评。

"德宗愤积世之弊，悯王室之卑，南面之初，赫然有拨乱之志。而识度暗浅，资性猜愎，亲信多非其人，举措不由其道；赋敛烦重，果于诛杀，故关外之寇未平，而京城之盗先起。于是困辱于奉天，播迁于山南；公卿拜于贼庭，锋镝集于黄屋。尚赖陆贽尽心于内，李晟、浑瑊输力于外，故能诛夷元凶，还奉社稷。自是之后，消刚为柔，刓方为圆。逮其

晚节，偷懦之政，甚于祖考矣。顺宗不幸婴疾，奸邪肆志，而能委政冢嗣，以安社稷，足为贤矣。宪宗聪明果决，得于天性，选任忠良，延纳善谋。师老财屈，异论辐辏，而不为之疑；盗发都邑，屠害元宰，而不为之惧。卒能取灵夏，清剑南，诛浙西，俘泽潞，平淮右，复齐鲁。于是天下深根固蒂之盗，皆狼顾鼠拱，纳质效地，稽颡入朝，百年之忧，一旦廓然矣。而怠于防微，变生肘腋，悲夫！"

张居正讲评 灵夏、剑南、浙西、泽潞、淮右、齐鲁都是唐时藩镇地方。《历年图》又叙说："德宗为太子时，见肃宗以来，各镇强臣跋扈，朝廷纪纲不振，愤积世之凌替，悯王室之衰微，即位之初，赫然有拨乱反正之志。但其议度既昏，暗而褊浅，资性反猜疑而刚愎。所用的是卢杞、杨炎之辈，多非正人。所行的是残忍忌刻之事，不由正道。立两税之法，赋税日加烦重。枉杀忠臣刘晏等，诛戮及于无辜。以此怨谤并兴，叛逆继起。李希烈反于关外，朝廷召泾原兵马讨之。关外未平，而泾卒奉朱泚先作乱于都城矣。于是车驾出奔奉天，极其困辱，仅乃得免。又为李怀光所逼，播迁山南。那时缙绅被执，公卿科于贼庭，宫阙失守，锋镝集于黄屋，天下大势几不可支了。尚赖陆贽知无不言，尽心匡救于内；李晟、浑瑊不顾私家，毕力捍御于外，故能使诸将用命，荡灭元凶，两京复完，还奉宗社，皆诸臣之力也。自此以后，德宗志气消沮，刚者化而为柔，方者削而为圆，无复有昔时振作之意。及其晚年，日事姑息，以求旦夕之安，偷懦之政又甚于肃、代矣，何怪国之不竞哉。顺宗本是贤明之君，惜其即位未几，不幸得了风疾，奸邪王叔文等遂弄权放肆，神稷几危。赖顺宗心里明白，把国家政事尽付与皇太子宪宗监管；随又传位宪宗，以安社稷，不贤而能之乎！宪宗资性甚美，聪明果断得于天授，慨然以振纪纲，平僭乱为务；选任杜黄裳、裴度、李光颜、李愬等为将相，凡有善谋无不延纳。当其讨淮蔡时，师老财尽，满朝都要罢兵，异论纷然辏集，而宪宗略不为之疑。又有贼臣李师道，恶宰相武元衡专主用兵，使人潜入京师杀害元衡，人情汹汹，不能自保，而宪宗亦不为之惧。其明决如此，所以有谋必成，有战必克，卒能取杨惠琳于灵夏，讨刘辟于剑南，诛李锜于浙西，俘卢从史于泽潞。入蔡州擒吴元济，而淮右遂平；取淄青诛李师道，而齐鲁克复。于是天下强臣悍将，以地相传深根固蒂而不可动者，皆惶恐悚惧，如狼之遁，以求自全；如鼠之拱，以纳欸曲，质子献地，稽颡入朝，而国家百年之忧，一旦廓然平定矣。然而志欲易满，怠于防微，致大业未终，而弑逆生于肘腋之近，良可悲也。岂非万世之明鉴哉。"

今评 张居正谓宪宗大业未终，是指平定叛逆只是形式的统一，并未从根本上消除藩镇割据的基础；另外当时的社会经济还未得治理恢复，其他吏治、军队都未及整顿。所谓"怠于防微，变生肘腋"是指宪宗早死的原因是他自己造成的。

昭宗

"穆宗蒙已成之业，承既平之绪，授任非才，为谋不臧，使柙中之虎，复纵暴于原野；网中之鱼，得自脱于深渊，元和之功，于兹坠矣。宝历轻易荒纵，自贻颠覆。文宗优游不断，受制家臣，虽有好贤之心，文雅之美，皆不足称也。武宗英敏特达，委任能臣，克上党如拾芥，取太原如反掌。功业不究，惜哉。"

张居正讲评 《历年图》又叙说："唐自宪宗平定淮蔡，朝廷纪纲大振，诸藩镇皆畏威敛手，不敢复肆，天下号为治安。穆宗蒙受已成的功业，缵承既平的统绪，使其稍知理道，便可以坐享太平矣。却乃委任非才，当时宰相如萧俛、段文昌辈，皆庸暗之徒，为谋不善，轻议销兵，遂使朱克融、王庭凑两人相继复反。譬如虎已在柙，又使其肆暴于原野；鱼已入网，又使其脱逃于深渊，将宪宗元和十五年的功劳，一旦都废坠了，深可惜也。敬宗嗣位，改元宝历。敬宗为人轻易不检，常与群小为伍，荒纵无度，只以游戏为事，身被颠覆之祸，乃其自取之耳。文宗性度优游，柔而不断，受制于王守澄等，而不能振。虽有好贤乐善之心，文雅诗词之美，然大纲不振，虽有小善，何足称乎。武宗天资英明敏给，特达非常，又知李德裕之贤能，委任为相，言听计从。故刘稹据上党，自为留后，朝廷命镇、魏诸将讨而克之，易如拾芥。杨弁作乱于太原，河东兵缚送京师，易如反掌。亦可谓有为之君矣。而天命不永，在位六年而崩，使其功业未得尽展，岂不可惜哉。"

今评 《历年图》与张居正对穆、敬、文、武四宗的评说都较简单平淡，惟对武宗与李德裕略有褒扬，但有溢美不实之词，如称"克上党如拾芥"一事就有些虚夸。平定上党刘稹叛乱是武宗一生的主要武功，历时近一年半之久，调了全国的兵力围攻，劳师耗财不小；最后的胜利，主要得益于叛军内部的矛盾分化因素，还给参战的成德、魏博两节度使许诺了许多权利，胜利取得并不容易。其实这四个皇帝都受到宦官挟制的严重影响，值得后世反思。

"宣宗少历艰难，长年践位，人间之情伪靡不周知。尽心民事，精勤治道，赏简而当，罚严而必。故方内乐业，殊方顺轨，求诸汉世，其孝宣之流亚与。懿宗骄奢无度，贼虐不忌，辅弼之任委于嬖宠，四海之财竭于淫乐，民怨不知，神怒不恤，李氏之亡，于兹决矣。且唐自至德已来，近习用权，藩臣跋扈，譬如羸病之人，以糜粥养之，犹惧不济，又况饮之毒酒，其能存乎！及僖、昭嗣位，天禄已去，民心已离，盗贼遍于寰区，蓬蒿塞于城阙，漂泊幽辱，寄命诸侯。当是之时，虽欲救之，其将能乎。"

卷之二十二 唐纪

张居正讲评

《历年图》又叙说:"宣宗是宪宗庶第十三子,当穆宗、文宗、武宗之时,潜居藩邸,韬晦如愚。少时历经艰苦,备知民间之事。及到登极,年已三十八岁。阅历既久,于人之诚实的、奸伪的,无不周知,故能尽心民事,精勤为治之道。有功当赏的,必精简而停当,绝无冒滥之弊;有罪当罚的,必严峻而果决,略无轻纵之私,威福不移,劝惩具备。故方域之内,莫不安生而乐业,四夷之人亦皆向风而顺轨。求之汉朝,其可与孝宣皇帝相为上下者欤。懿宗骄纵奢侈而无节度,贼害暴虐而无忌惮。不为朝廷惜名器,将辅弼重任委寄于嬖幸之人;不为国家惜财用,将四海膏脂,匮竭于淫乐之费,以致民怨于下而已不知,神怒于上而已不恤。李氏宗社之亡,于此决矣。且唐自肃宗至德以来,近习用事于内,藩镇跳梁于外,元气凋丧已尽,虽以恩德拊循,犹恐不支,而况以懿宗之暴虐继之,岂有不亡之理。譬久病羸瘦的人,虽以糜粥调养,犹恐不济,又况以毒烈之酒饮之,其为速死无疑矣。及僖宗、昭宗嗣位之日,天禄已去而不可复留,民心已离而不可复合。黄巢倡乱,盗贼满于四海之中;两京陷没,蓬蒿塞于城阙之内。以天子之尊而不能自保其一身,漂泊无依,幽辱不振,而寄命于诸侯。当此之时,虽有善者,亦无如之何矣。将欲救之,岂可得乎!唐于此时遂亡矣。"按有唐一代,传祚二十,历年三百,其间可称者,惟太宗一君,而犹多惭德;其他则玄宗、宪宗皆不免于鲜终,亦可以见为君之难矣。昔宋臣孙觌辈,常请进读《唐鉴》,取其殷鉴不远也。明主诚熟察其兴亡之故,其于治道,岂不深有裨益哉。

今评

《历年图》与张居正对晚唐最后的几个皇帝作了简单评说,此时的唐朝已病入膏肓,所说"虽有善者,将欲救之,其将能乎"这是指最后一帝昭宗。唐帝国存在约近三百年,经历二十个皇帝,最后是在昭宗手里灭亡的。昭宗虽不是平庸和荒诞之君,并有起衰救敝之志,但他所承袭的大统,已是一个百孔千疮的躯体,无可救药,何况他并无唐太宗那样的文韬武略,回天无力。

卷之二十三

后梁纪

朱温(852—912)：加入黄巢军，后降唐，僖宗赐名全忠。与李克用连兵讨平黄巢，封梁王。杀昭宗立李柷为帝，907年废柷称帝，改名晃，都开封，国号梁，史称后梁，改元开平，庙号太祖。

九锡：传说古代帝王尊礼大臣所赐给的九种器物。《礼》引公羊家说，以为九锡是：1.加服、2.朱户、3.纳陛、4.舆马、5.乐则、6.虎贲、7.斧钺、8.弓矢、9.秬鬯。

朱友珪(？—913)：乾化二年(912)，杀太祖篡位。三年(913)正月改元凤历，后事败自杀。

唐昭宣帝之后为后梁。朱温初为黄巢所署同州防御使，举州降唐，懿宗赐名全忠。后弑昭宗于椒殿，立辉王柷为太子，即位为昭宣皇帝。朱全忠进封梁王，加九锡，吞噬诸镇，卒灭唐室。

太 祖

名温，姓朱氏。初从黄巢为盗，既而降唐，赐名全忠，封梁王，挟天子以号令天下诸侯，竟移了唐祚。居帝位七年，为太子友珪所弑。

开平元年，昭宣帝禅位于梁，梁王更名晃，即皇帝位，国号梁。奉帝为济阴王。(张蔚)[张文蔚]奉宝册，即帅百官舞蹈称贺。梁王与之宴，举酒劳之曰："此皆诸公推戴之力也。"

【张居正讲评】开平，是年号。禅，是授，更改也。名晃，改换全忠为晃。济阴，地名。张文蔚，臣名。宝册，是立君位的册命。帅，统领也。舞蹈，凡臣入朝，必要三缙笏，三舞蹈。何谓舞蹈，举左足向右三次，又举右足向左三次，俗呼扬尘舞蹈便是。朱全忠得了唐昭宣帝君位，改换了旧名字，重命其名晃，居皇帝九重之位，定国号叫做梁。把唐昭宣帝封为侯国，做济阴王。那张文蔚手捧着册立君位诏，率领文武百官，尽舞蹈之礼以进贺，全忠便赐百官宴酒，把卮酒劳张文蔚，曰："今日我居君位，都是诸公推重爱戴之功也。"观全忠矫托气口，绝无揖让征诛气象，而莽、操奸君窃位之恶露矣！

> [今评] 张居正以王莽、曹操比朱温,其实朱温篡唐残杀百官,荼毒百姓,远不及王莽,更何论曹操。

淮南节度使杨渥骄侈,张颢、徐温泣谏不从。二人帅牙兵露刃直入庭中,执左右乱政者诛之,谓之张、徐兵谏。

> [张居正讲评] 骄侈,骄淫侈肆的模样。杨渥、张颢、徐温,三人名。谏,是规讽。当时杨渥处节度使之尊显,不禁其骄淫侈肆之恶。那张颢、徐温为副贰之官,有同寅之谊。前必已谏了,至是又涕泣以谏止之。杨渥只是不从他。张颢、徐温计无所出,率部下亲兵,手执兵刃,直入杨渥庭中,擒其从谀导引以为非者,杀之。使杨渥警省戒惧,以改前愆,叫做以兵为谏。

> [今评] 李昇夺取吴的政权,以自己原为唐朝子孙为由,建唐政权,史称南唐。南唐较同时割据诸国,地大力强,人才众多,且据长江天险,隐然成一时大国。

梁以吴王钱镠为吴越王。镇海节度判官罗隐说钱镠举兵讨梁,曰:"纵无成功,犹可退保杭越,自为东帝,奈何交臂事贼,为终古之羞乎?"镠始以隐为不遇于唐,必有怨心,及闻其言,虽不能用,心甚义之。

> 钱镠(852—932):字具美,小字婆留,杭州临安(今浙江临安)人。乾宁二年(895),唐朝以为镇海、镇东两镇节度使,兼有两浙之地,位至太师、中书令、本郡王。后梁开平元年(907),封为吴越国王。自唐至后梁,扬帆越海,贡奉无阙。在杭州将近四十年。

> [张居正讲评] 吴越、杭越,即今杭州。镇海,地名。节度判官,是节度使参军。钱镠自保一方,历四主不受兵。罗隐见朱全忠僭窃唐室,因以钱镠为吴越王,说之曰:"君若起义兵讨全忠,兴问罪之师,伸大义于天下,上也。傥或事业未可必,自固杭越,为东都一帝,人无敢挠我者,次也。若之何如臣附之,同声以服事全忠之贼叛乎?"镠初意以罗隐先年不得见用于唐,必有怨恨唐而服梁者,今听其一腔义气所发,镠虽不能如隐之言,奋其一怒,使乱贼授首,一复唐室,而隐之眷念旧主,亦举世不一二见者。

> [今评] 钱镠有政治头脑,客观地估计到吴越地狭兵少,实力不足,北邻吴国时刻威逼,因此借称臣于中原以牵制强邻。因此,他虽心许罗隐兴复李唐之义,却不能采纳。

梁以权知荆南留后高季昌为节度使。唐进士梁震归蜀,过江陵,季昌爱其才识,留之,欲奏为判官。震耻之,欲去,恐及祸,乃曰:"震不慕荣官。明公不以为愚,必欲使参议,但以白衣侍樽俎可也。"季昌许之,终身止称前进士,不

> 樽俎:盛酒食的器具。樽以盛酒,俎以盛肉。亦作尊俎。有所谓"樽俎之师",谓运谋于樽俎之间,而慑外师也。

太祖

受高氏辟署。

张居正讲评 荆南,湖广地名。留后,官名。高季昌据有江陵,传四世。梁震,前唐进士。蜀,四川也。樽俎,是礼器。辟署,是征聘以用之也。当时高季昌权做荆南留后,遂为节度使。有唐朝进士梁震者,回家四川,道经江陵。高季昌素重震文才学识,留住了他,要题奏全忠为幕下判官。震耻以唐进士而仕梁。吾闻忠臣不事二君,乃食梁之禄,是无耻心也。欲拒绝之,必及祸害。乃说震平素不慕荣禄,不图仕宦,明公不以震为愚拙,必要使赞助谋议,只以布衣侍于樽俎之间可耳。不愿为官职也。季昌亦不强为奉荐,遂以白衣留幕内,震亦终其身自称前进人,亦称前进士,不从高季昌征聘。

今评 高季昌稍积实力,就企图伺机扩张,但荆南弹丸之地,又处四战而无险可据之境,在诸方夹缝之中,高季昌甚至不惜以流氓手段图谋生存。但于关键时刻,总算能听纳忠谏,泯除祸患,割据一隅,维系数十年之传承。

> 李存勖(886—926):沙陀部人,克用长子。天祐五年(908),继晋王位。廿年称帝于魏州,国号唐,史称后唐,改元同光。灭后梁、蜀,统一北方及长江流域。然骄淫乱政,滥杀功臣宿将,重敛急征,重用宦官、伶人。四年,伶官郭从谦攻入宫城,他被乱箭射死,庙号庄宗。

卷之二十三 后梁纪

二年,晋王李克用卒。其子存勖嗣为晋王。克用将终,称存勖曰:"此子志气远大,必能成吾事。"因赐三矢,曰:"梁吾仇,燕王吾所立,契丹背约归梁,吾遗恨也。与女三矢,无忘父志。"遂卒。

张居正讲评 李克用,沙陀兵马李昌国之子,杀大同防御使段文楚,自称留后,官仆射。唐僖宗召克用诛黄巢,复长安,功为第一。克用一目微眇,人呼独眼龙,后封晋王。克用去世,子李存勖继为晋王。当克用临终将死,谓存勖说道:"这儿子志气远大,凡我平生未了事,必能代我成就。"那时就交他三枝箭,曰:"梁、朱全忠,吾夙有仇怨,燕王是吾所立,契丹背前盟降于梁。吾有此三恨在心,未雪而死,女知之乎?吾付女三枝箭,勿以父言为乱命而忘之。"

今评 军事才能及其胆略胜过乃父的李存勖,果然击溃大燕政权,俘虏刘仁恭及其子刘守光向李克用庙告捷献俘,灭亡了后梁。然而他的胜利亦至此达到顶峰,此后则成为众叛亲离的独夫,死于乱箭之中。

梁李思安等攻潞州,久不下。晋王与诸将谋曰:"上党潞州,河东之藩蔽,无上党,是无河东也。且朱温所惮者,独先王耳。闻吾新立,必有骄怠之心。若简精兵,倍道趣之,破之必矣。取威定霸,在此一举,不可失也。"遂帅兵直抵夹

塞,大破梁兵,潞州解围。梁王惊曰:"生子当如李亚子。克用为不亡矣。至如吾儿,豚犬耳。"

张居正讲评 当初宋仁宗分天下为廿三路。东边有河东路,是一路省镇一般。上党,是郡名。潞州,属上党治下,是州县一般。藩蔽,即屏障。倍道,即兼程赶路。夹塞,地名。梁将李思安兵众,攻夺潞城,坚守,众不能破。晋王李存勖,对众将说道:"上党、潞州两路,是河东极冲要所在。若是上党失去,是河东无了藩篱,不失犹失也。且朱温所畏惧的只有我先王克用一人。今既听得我新嗣王位,朱温有妄自尊大,眇视我的意思。我若选用精兵,速速袭之,朱温必然败走的。立威天下,创霸域中,正在此机会,不可错过了。"那时就领兵直到夹塞地方,大破梁兵,胜之。那李思安久围潞,就解散而退。全忠惊骇说道:"人若是养儿,必竟象得李克用儿一样方好。今李克用虽死犹不死耳。至于我的儿子,庸常无用,如禽兽一般。"

今评 潞州之役,足见李存勖远见大略、刚毅果决。朱全忠之叹美,并不为过。

梁王景仁等进军柏乡。晋王自将救之,距柏乡卅里而军。晋王欲速战,周德威曰:"镇、定之兵,长于守城,短于野战。且吾所恃者骑兵,利于平原旷野,可以驰突。今压贼垒门,骑无所展其足,且众寡不敌,使彼知吾虚实,则事危矣。"王不悦,退卧帐中。德威往见张承业,曰:"大王骤胜而轻敌,不若退军高邑,诱贼离营。彼出则归,彼归则出。别以轻骑,掠其馈饷。不过踰月,破之必矣。"承业入见王,曰:"此岂王安寝时?德威老将知兵,其言不可忽也。"王蹶然而兴,拔营退保高邑。

张居正讲评 王景仁,梁将名氏。柏乡,是地名。周德威,是唐朝良将。垒门,军的营门。展其足,把足运掉转来。张承业,唐朝尽忠宦官。高邑,是县名。当时梁将王景仁军众,进兵攻夺柏乡县。晋王李存勖自家领兵救他,相去柏乡卅里多路。晋王兵到,便要与他交战。将军周德威说:"镇、定之兵,该教他守城,不该教他宽旷之地交战。如今吾所恃者,乘马之骑兵,战于平地广野,冲突相杀。今既压着贼营门了,教马不能运旋其足,如羁绊了一般。况又彼众我寡,敌他不过。若是知道我的虚实光景,则事便坏矣!"王听说,不合意而闷卧帐子里。周德威往见张承业,说道:"天王出军,虽即战胜,决不可轻敌。不如退军高邑地方去。引诱贼兵离营。他出兵,则我归;他收兵,则我出。以轻骑出其不意徼住他的粮食。不出一月,破之必然者矣。"张承业走入见晋王,曰:"这日子,王尚安卧高枕耶?德威老将,精于兵法。他说话不可忽视也。"晋王跃然醒悟而起,拔其营寨,退保守高邑县。

卷之二十三 后梁纪

太祖 末帝

> 【今评】周德威之议确是老谋深算，李存勖勇决善战而能违己从谏，是主帅风度。

乾化元年，晋王大破梁于柏乡。李存璋引步兵乘之，呼曰："梁人亦吾人，父子兄弟饷军勿杀。"于是战士悉降。嚣声动天地。

【张居正讲评】乾化，后梁年号。柏乡，地名，晋李存勖，大破后梁兵于柏乡地方。大将李存璋领步兵乘其后，呼曰："梁朝人便是吾的人，凡是父子兄弟为粮饷来供军士者，不可杀之。"那时梁军听得了，通来降服，军声愿降者，高远可倾动天地。

> 【今评】网开一面，避免困兽犹斗之势，孙子所谓"不战而屈人之兵，善之善者也"。

末　帝

名友贞，太祖第三子。初，太子友珪弑太祖。均王友贞起兵讨贼，友珪伏诛，友贞立于大梁。

> 朱友贞（888—923）：乾化三年（913），发动洛阳禁军兵变，迫友珪自杀，自即帝位。即位后改名锽，贞明中，复改瑱。猜忌方镇大臣，国力益弱。龙德三年（923）十月，后唐李存勖攻入开封，自杀。后梁亡。

乾化三年，晋王分兵徇燕，山后八州皆下，进逼幽州。晋王督诸军，四面攻城，克之。燕王守光帅妻子亡去。晋王入幽州。王方宴，将吏擒守光适至，王语之曰："主人何避客之深耶？"遂斩之。

【张居正讲评】燕山、幽州，都是郡名。燕王刘守光自称帝，僭国号大燕。晋王统兵几支，分袭燕，山后面八个州郡通降，进逼近幽州。晋王督众军，四面攻其城墙，克取之，入城。燕王守光先领妻子逃出去了。晋王入幽州方宴酒时，将官军吏擒拏守光适然来到。晋王对守光曰："客人已在此，汝为主人，何畏避客人之甚耶？"即命杀之。

> 【今评】轻侮败军之将、亡国之君，可见李存勖骄纵。后来失国之端倪已见于此。

贞明三年，晋王还晋阳。晋王连岁出征，凡军府政事，一委张承业，劝课农桑，畜积金谷，军民肃清，馈饷不乏。王或时须钱赐伶人，承业靳之。王乃置酒库中，令子继岌为承业舞，指钱欲赐之。承业曰："此钱大王所以养战士，不敢以为私礼。"王不悦，语侵之。承业怒曰："仆非为子孙计，惜此库钱，所以佐王成霸业也。不然，王自取之，何用仆为？"王怒，索剑，承业起挽王衣，泣曰："仆受先王顾托之命，誓为国家灭汴贼，若以惜库物死于王手，仆下见先王无愧矣。"曹夫人闻之，王惶恐叩头谢，请承业痛饮，以分其过。承业不从。夫人使人谢承业。未几，承制授承业开府仪同三司、左卫上将军燕国公。承业不受，但称唐官终身。

张居正讲评

晋阳，郡名。先，晋王乃父李克用，乾宁二年曾上表昭宗，讨三镇犯阙，诛了王行瑜一人，李茂贞、韩建二人则释其罪。昭宗召克用还归晋阳，进爵为王。今克用儿子统兵讨燕王守光归，到晋阳。晋王李存勖每年连领兵出征，凡军中政事，件件靠着张承业。承业劝勉课督百姓，兴农事，种桑麻、藏蓄积聚金银五谷。军中民心肃清，军士粮饷，能接续不阙。倘有时支些银钱，赏赐那奏乐度曲的伶人、乐工，承业都不轻与他。晋王就便设酒钱谷库中，教儿继岌为承业戏舞，作衍戏模样，指着所积银钱之类赏赐，承业用之。承业就正色说道："这些钱你父大王留他以养征战军士，我不敢以为私情礼物，而擅自受的。"晋王不喜。承业愤气说道："仆为宦官，没有子孙。今我不轻放钱物，不是留他付与子孙，政是要资助大王成霸天下事业也。大王若是不要成霸天下事业，竟自用之，那用得我？"晋王发怒，问取剑来，意思要杀承业于剑下。承业起身牵住晋王衣服，哭泣说道："我记先王临终看定我，付托几多说话，付箭三枝，勿没忘了你父之志，誓要替国家诛灭汴地国贼。若是我为爱惜库内钱物，必要留以养战士，资助大王成霸天下事业，所以我死于大王剑下，我到九泉之下，相见先王，亦无有过失可愧于心矣！"那时晋王母太夫人听知了。晋王就于太夫人前惶恐叩头陈其过失，以求太夫人息怒。就请承业把酒痛饮，以作一酞酒失。承业不从他。太夫人差人致意道："是晋王有罪，勿必记怀。"不多时，晋王立制授承业开府仪同三司、左卫上将军、燕国公。承业不肯受职，但称旧唐朝之官以终身。看来张承业其寺人中之不多见者，国亡而忠不改，后世人主尽得若人，国长治矣。

今评 张承业确非一般宦官可比，他严于执法，廉洁奉公，励精图治，忠于职守，特别在政治上具有远见卓识。他期待受先王托付的晋王继承人李存勖能够重新兴复一统李唐天下，其远大抱负，远非李存勖这"斗鸡小儿"所能理解和坚持。所以未出其所料，李存勖最终"财尽兵散"，归于覆灭。

末帝

四年,晋王自将万骑,直趋大梁。至胡柳陂,周德威曰:"今已深入敌境,动须万全,不可轻发。"王曰:"公何怯也!"即以亲军先出。德威不得已,遂与战,父子俱败死。王将阎宝、李从琦等,复以骑兵大呼陷阵,诸军继之。梁兵大败。

张居正讲评 胡柳陂,是地名。时晋王李存勖亲领军马万骑,直从大梁地方进发。到了胡柳陂地面,将军周德威说道:"如今深入敌人地方,一举一动,必要万全,不可造次。兵法所谓料敌制胜在此时。"晋王说道:"明公何退怯若此也。"竟自亲提兵先冲贼阵去了。德威无可奈何,父子两人齐入阵中交战,不意父子两人通战败被杀。晋王手下将官,一个叫做阎宝,一个叫做李从琦,领众军马大声呼陷阵,从军又猛力助战,梁兵败走。

今评 周德威父子战殁后,李存勖大呼"今日之战,得山者胜……"率先奋勇登山,终于反败为胜。困境中如此沉着果决。《孙子》张预注:"气者,战之所恃也",此为一例。

五年,吴越王钱镠在军中,未尝寐,倦极则就圆木小枕,或枕大铃,寐熟,辄欹而寤,名曰惊枕。

张居正讲评 吴越王钱镠领兵自居营中,昼夜不睡,身子倦甚,取圆木头小枕为枕,或把铜大铃为枕。如此倘偶睡去,木自滚动,铃自声响,不得安眠,自惊醒矣。大凡军事多变,倘因稳睡,至启不测,故豫备此两件物作枕,正恐倦时易睡也。

今评 钱镠能在不利条件下,保全其国,久恃不衰,正因为他有过人机敏和高度的警惕。后司马光以圆木为枕,昉于钱镠。

龙德元年,蜀、吴王屡以书劝晋王称帝,晋王不听。既而将佐藩镇劝进不已,乃令有司市玉造法物。得魏州僧献传国宝。张承业谏曰:"吾王世世忠于唐室,救其患难,所以老奴卅余年为王抢拾财赋,召补兵马,誓灭逆贼,复本朝宗社耳。今河北甫定,朱氏尚存,而王遽即大位,殊非从来征伐之意,天下其谁不解体乎!王何不先灭朱氏,复列圣之深仇,然后求唐后而立之。南取吴,而西取蜀,汛扫宇内,合为一家。当是之时,虽使高祖、太宗复生,谁敢居王上者。让之愈久,则得之愈坚矣!老奴之志无他,但以受先王大恩,欲为王立万年之基耳。"王曰:"此非余所愿,奈群下意何?"

卷之二十三 后梁纪

承业知不可止，恸哭曰："诸侯血战，本为唐家，今王自取之，误老奴矣！"遂邑邑成疾而卒。

张居正讲评 龙德，是末帝改元年号。蜀、吴王，是两位王。蜀王王建据西川。吴王杨渥，据淮南。向曾移檄诸道，欲歧王、晋王兴复唐室，卒无应者。歧王李茂贞，据凤翔；晋王，李克用是也。此时每每以书致晋王，劝他称帝，机不可失，晋王不听。后来将佐藩镇劝进不休，乃使有司官（卖）[买]玉一块，镌造法物。又得魏州僧人所献传国宝者，是帝王君天下御极符玺也。张承业知之，谏晋王道："吾王与先王世代尽忠唐室，凡有患难，无不力为救援，所以老奴卅余年，为王或抢或拾些财钱赋物，召补兵马，指天誓日，要诛灭逆贼，兴复本朝宗庙社稷。今河北地方稍安定，朱温子孙尚有遗留未灭，而大王遽居天位，不是向来锄逆讨叛之本意，天下人心，那个不离心离德乎？王何不先灭了朱氏，复李氏屡代之深仇，方去访求唐氏子孙，而中兴之。南边取吴杨渥，西边取蜀王建，扫清天下，并合为一家。当此时就使唐高祖、唐太宗再生，谁有能居王之上者。逊让愈长久，则得之愈坚牢矣。老奴之志，别无他意，但以受先王大恩，要替大王立万年不朽之基业耳。"晋王说："这不是我要如此，当不起群臣众心耳。"承业晓得晋王不可挽回，仰天大哭，说道："诸侯血战，为唐家，不是为己。今日大王自取天位，称帝背唐，老奴事大王向来指望复唐室，不意竟为自有。"承业乃邑邑不乐，遂成病而死。

今评 张承业忠心可悯，奈何不知形势所趋，非个人所能左右。

后唐纪

庄 宗

名存勖，姓朱。先世事唐，赐姓李。父克用，平黄巢功，封晋王。存勖袭封，灭梁。在位三年，因中流矢而殂。

庄宗

同光元年，晋王即帝位，国号大唐。二年，唐主祀南郊，大赦。郭崇韬首献劳军钱十万缗。唐主内府钱财山积，不肯给赐。于是军士皆不满望，始怨恨有离心矣。

张居正讲评 同光，是唐王年号。大唐，是唐主国号。南郊是郊天。郭崇韬，后唐藩镇。时唐主居帝位的第二年，行郊天之礼，就大赦天下。郭崇韬第一献赏军士钱财十万缗。缗，是贯。唐主宫中库内积钱似山一般，竟不肯把些来给赏出战军士。军士初指望把钱分给与他，那时都失所望，岂有不离心离德者。

今评 李存勖虽为锋芒毕露的军事家，但却缺乏政治头脑，即位之初，即大失军心。

郭崇韬位兼将相，权侔人主，自附于汾阳王之后，以膏粱自处，多甄别流品，引拔浮华，由是嬖幸嫉之于内，勋旧怨之于外。

张居正讲评 藩镇郭崇韬，当时出将入相，其权之重，比并帝王，尝自家道："我原是汾阳王郭子仪子孙，以珍羞肥美之物，做家常饭受用。"其用人于侪辈中，选择的都是虚浮不根，外面华饰动人以愚耳目者，超拔在高位显职。所以朝内的有宦寺伶人，唐主宠任者，人人衔恨，朝外的有战功勋戚，唐主倚重者，人人抱愤。他既居出将入相之位，只图穷奢极欲，引用非类，废弃勋旧，无一善政。那比郭子仪爵封王位，穷奢极欲而人不猜，位极人臣而主不疑，乃敢谓其后人哉？

今评 攀龙附凤，鱼龙混杂，崇浮华而弃文教，是古代缺少文化传统的新政权的通病。

三年，唐主欲徙郭崇韬镇汴州。崇韬辞曰："臣富贵极矣！何必更领藩方。且群臣或经百战，所得不过一州。臣无汗马之劳，致位至此，常不自安。今因委任勋贤，使臣得解旌节，乃大愿也。"唐主曰："卿为朕画策，保固河津，直趋大梁，成朕帝业，岂百战之功可比乎？"崇韬固辞，乃许之。

张居正讲评 汴州，是今汴梁地方。藩方，是藩镇之职。旌节，旌旄符节，是出将入相者有的。当时唐王要迁郭崇韬做汴州藩镇。崇韬也有算计，心上道，位极尊者，恐祸亦大。辞不敢当。说道："臣由将入相，富贵极尊,于臣下为无二矣!何必又领受藩镇之职。况且,朝中众官,也有经血战百次,建大勋劳,封邑不过一州一县之地。若臣从没有汗马的战功,反得享此大位,臣方心不自安。比之百战的所赐,反为过当。今日之下,正当选择有功贤才者用之。使臣解去符印,放归田里,受恩终身,乃大望也。"唐主听了说道:"卿替朕尽心筹画良策,使河津保守得坚固,直向大梁进发,获梁主友贞,遂成帝王规模,岂比得战马之功乎?"崇韬只是力辞,唐主乃许之。

今评 张居正补出郭崇韬心事:"位极尊者,恐祸亦大。"是深于世故之论。

四年,唐以郭崇韬帅兵伐蜀,灭之。未几,诏杀崇韬,以孟知祥为西川节度使。

孟知祥(874—934):应顺元年(934),称帝,年号明德,国号蜀,史称后蜀。

张居正讲评 蜀王建听韦庄之谋,即皇帝位。时郭崇韬领兵伐而灭之。不几时,唐主诏到,教他自杀。此时就封孟知祥为王,以继蜀王建后。知祥后来自家称帝,子昶嗣为帝。宋太祖灭之。

今评 郭崇韬这位身兼将相的重臣被杀,作为后唐最高统治集团的皇室,是自毁栋梁!

唐赵在礼反于邺,命李嗣源讨之。嗣源至邺,军士作乱,帅众大噪,逼中军曰:"将士从主上百战以得天下。今主上弃恩任威,云克城之后,当尽坑魏博之军。今众议欲击退诸道军,请主上帝河南,令公帝河北,为军民之主。"嗣源泣谕之,不从。乃令安重诲移檄会兵,唐主幸关东。招抚从马直指挥使郭从谦作乱。唐主为流矢所中,殂。嗣源入洛阳,即位于柩前。

李嗣源(867—933):无姓之沙陀人。李克用义子,赐名李嗣源。灭梁居首功。庄宗被杀后入洛,旋即帝位,改名李亶,是为明宗,改元天成。

张居正讲评 邺,地名。赵在礼,唐将也。反叛于邺地方。唐主命其父养子李嗣源领兵讨其罪。嗣源一到邺地方,军将士卒,造反起来,领众军士大挠乱呼叫,逼迫中军大将说道:"吾辈将士,随主上血战几百次,以除梁贼而有天下。今主上把有恩者摈弃之,威权在手,杀戮任意。"又说道:"这回得胜,克了城邑,这些魏博之兵,用他不着了,必要把来尽坑杀之。掘大地潭,坑他在内。这等说激怒众军士,要杀退诸镇军,请主上为帝河南地方,请明公为帝河北地方。两处立为军民之主,此众军士本意也。"李嗣源涕泣晓谕之,军士不听。嗣源不得已,乃使安重诲移文檄约会兵士。唐主就驾幸到关中地方。不想有招抚从官马直,同那指挥使郭从谦,两个作反,不奉唐命令,唐主与他对敌,被他流矢射中而死。嗣源收军士进洛阳城中,于唐主灵柩前即帝位。

庄宗　明宗

【今评】 后唐皇帝李存勖在战场上叱咤风云，在政治上倒行逆施，不过三年就众叛亲离，成为无处安身的独夫民贼，身死族灭。正如司马光对他的评价"知用兵之术，不知为天下之道"，这也是"五代"的时代特点，只靠武力争雄！

明　宗

本胡人，李克用养子，名嗣源。庄宗遇弑，诸将立之，在位八年崩。

天成元年，初令百官五日一赴内殿起居，转对奏事。

【张居正讲评】 天成，李嗣源年号。内殿，人君宴处的殿，为起居注处。时元年，先着文武官僚间五日，齐到内殿起居处，将国家事务，举朝君臣商量问答，以证是非缓急。

【今评】 李嗣源原是沙陀部民，行伍出身，又逢乱世，很少懂得儒家政治文化，即位后尚能革除前朝庄宗弊政，但难有大作为。

以冯道、赵凤为端明殿学士。唐主目不知书，四方奏事，皆安重诲读之。重海亦不尽通，乃置端明殿学士，以道、凤为之。

【张居正讲评】 冯道，晋王朝掌书记的。赵凤，人名。端明殿，王朝内殿，人君视朝之殿。至是擢二人为端明殿学士。但唐主是个卒徒之辈，何曾识得书籍文理，每臣下奏事，都着安重诲侍读于前。然重海于文理亦未尽通晓，乃特置端明殿学士，以冯道、赵凤为之。

【今评】 安重诲只是粗通文墨，并不懂治国之道。官员所上奏疏都读不懂，却歧视士人，身居枢密使高官显宦，大权在握，骄横跋扈，排斥异己，因私怨而陷害同僚，只能自取灭亡！

二年，唐以冯道、崔协同平章事。时议置相，孔循荐郑珏、崔协，而任圜欲用李琪。珏素恶琪，故循力沮之，谓安重诲曰："李琪非无文学，但不廉耳。宰相但得端重有器度者，

足以仪刑多士矣。"他日议于朝,唐主曰:"吾在河东见冯书记,多才博学,与物无竞,此可相矣!"他日安重诲谓任圜曰:"今方乏人,协且备员可乎?"圜曰:"明公舍李琪而相崔协,是犹弃苏合之丸,而取蜣蜋之转也。"竟以冯、崔为相。

蜣蜋(jié qiāng):即屎壳螂。

> **张居正讲评** 冯道,前晋用以掌书记的。崔协、孔循、郑珏、李琪、任圜、安重诲是个人。当时唐主用冯道、崔协拜相,同平章事。先是朝中议立宰相,孔循荐举郑珏、崔协二人,而任圜要用李琪。但是郑珏平素极怪李琪,所以孔循合力阻抑他,对安重诲说道:"李琪不是道他没有文才学术,只是他不廉,便贪财耗国必然者。若是擢用宰相,必得镇重严肃,器量风度可以作法天下士民的方好。"至他日朝中议置相,唐主说道:"吾向在河东时,尝见冯道掌职书记,才思也多,学问也博,其余交人际物,并不存计校争竞之心。这样人可立为宰相了。"另一日安重诲对任圜说道:"今天下正少有才有学的人,崔协聊以备官员数可否耶?"圜对道:"明公择相,不用李琪,而用崔协,这就是弃撒苏合丸之贵重有益于养生,而取蜣蜋所弄之丸也。"蜣蜋,秽虫,在桑树下,把人矢弄成丸,如弹子光润圆转,人力不及。丸成,脱壳成蝉飞去。此蝉脱,医家用之,此似贵重之药,譬喻李琪,有益于天下国家。以无用之绝譬喻崔协,无补于天下国家。任圜说得如关系,而唐主竟相了冯、崔。

今评 后唐明宗李嗣源即位之初,推动了一些有益的社会改革,但成就不大,苟延残喘,勉强维持了七年。

初,晋阳相者周玄豹尝言:"唐主贵不可言。"唐主欲召诣阙,赵凤曰:"玄豹之言已验矣。若置之京师,则轻躁、狂险之人辐辏其门,争问吉凶,非所以靖国家也。"乃就除光禄卿致仕,厚赐金帛而已。

> **张居正讲评** 周玄豹,是精于风鉴之人,尝相唐主说:"其贵不可量。"隐然说他帝王之相了。那时唐主记其相法之高,要征召他到廷阙之下。在廷端明殿学士赵凤进言道:"周玄豹风鉴已合于今日了。若是留之京师,则轻浮躁妄之辈、狂肆憸险辈,跻塞其门,如乘车中辐辏相屏,以来争前叩问吉凶,以图侥幸。必至令人若狂,竞集一处,甚非所以安靖国家之人心也。"于是除光禄卿官衔致仕。又厚赐他金帛,使之实用的。

今评 赵凤所论,尚有见地。

唐以石敬瑭为侍卫亲军都指挥使。

石敬瑭(892—942):沙陀部人。后唐明宗女婿,臣事契丹,被立为帝,史称后晋,在位七年。

明宗

张居正讲评 石敬瑭，唐主的爱婿，与他为侍卫亲军都指挥使，如殿前宿卫将军之职。

今评 此条为后面石敬瑭篡唐伏笔。

四年，唐主与冯道从容语及年谷屡登，四方无事，道曰："臣昔在先王幕府，奉使中山，历井陉之险，忧马蹶，执辔甚谨，幸而无失。逮至平路，放辔自逸，俄而颠陨。凡为天下，亦犹是也。"唐主深以为然。又问冯道："今岁虽丰，百姓赡足否？"道曰："臣记进士聂夷中诗云：'二月卖新丝，五月粜新谷。医得眼前疮，剜却心头肉。'曲尽田家之情状。农于四民之中，最为勤劳，人主不可不知也。"

张居正讲评 唐主同平章事冯道闲谈及农工辈种田，几年来秋收，米谷多有收成，军民食足，四方无灾荒寇贼之患，朕心上颇安。冯道因事进规，借那先王李克用事，说道："臣向年在先王军府中，遣臣出使中山路，经历井陉之险危地方，途路崎岖难行，只得紧紧持着鞭缰，甚是小心谨慎，所以一路无倾跌失措。及至过了险危地方，到那平坦所在，鞭辔可以稍宽，自家也要安逸少顷，不想反遭倾跌失蹶。这不止乘马行路若此，就是人君治天下，也是这个道理。只在治天下谨守，如驭六马委辔，固不是说或遇扮索易绝，六马易惊，为人上者，不可不谨也。"唐主甚道是他说得当理，谈丰歉，说太平，便虑到致治未乱，保邦未危，甚可铭心者。唐主又说道："今年小民田中有收，想是风调雨顺，百姓们都有收成，必无告馈的了。"冯道又进说："今目前之事，岁那得丰豫，小民那能全收。臣看今年农家就是那唐时进士有聂夷中者，赐观灯宴上，命各赋诗为盛典，夷中颂诗云：二月卖新丝，先借债纳官，约以新丝出还，丝成则卖矣！五月粜新谷，五月借债纳官，约以新谷收即还。新谷出，即粜矣！医得眼前疮，目前之疮要医治，不去治病根，只要宽得目前之急耳！剜却心前肉，是丝、谷都为还债去了，下半年何以聊生？就如目前，疮虽已治，而心头肉已先剜去，欲求生得乎？农家困苦之光景，于士农工商四类中极为勤苦。凡播种耕耘，收敛水旱虫蝥，那样不是时时刻刻在心，件件种种尽力。人主居九重之位，崇高富贵，焉知民间之勤苦至于如此。人虽说道年岁丰登，不知到收成日子，那补得一年辛苦之报。人主知，则民受赐；不知，则民受虐。君无忘聂夷中之诗，尝为省念之。斯驭民如驭马，无灾荒外侮之侵，而国治矣！"

今评 欧阳修《新五代史》呵责冯道为"无廉耻者"的典型。其实五代这个特殊背景下，身事几朝者，大有人在。冯道政治上并无建树，学术上亦无所成，固不足称道。不过他毕竟也还有某些可取之处，如乘机介绍聂夷中《伤田家》这首诗，陈述民间疾苦，以感悟出身也很贫苦的李嗣源，就颇有心计，用心也是良好的。

三年，唐初刻九经板印，卖之。

张居正讲评　九经者，《孝经》一、《论语》二、《孟子》三、《毛诗》四、《尚书》五、《周易》六、《周礼》七、《礼记》八、《春秋》九，总为九经。命这九经用木板镌刻出印之，卖与天下行之。

今评　由于诸经舛缪，后唐冯道主持，令国子监校定九经，并开始刻印出卖。雕板印制儒经，唐代尚未盛行，自此以后雕板刻印典籍方才普及。从932（后唐长兴三年）到953（后周广顺三年）经历28年，刻印九经完成，这是印刷术在雕板印刷方面的新成就。

唐少卿（唐）[康]澄上疏曰："国家有不足惧者五，有深可畏者六。阴阳不调，不足惧；三辰失行，不足惧；小人讹言，不足惧；山崩川竭，不足惧；蟊贼伤稼，不足惧。贤人隐匿，深可畏；四民迁业，深可畏；上下相徇，深可畏；廉耻道消，深可畏；毁誉乱真，深可畏；直言蔑闻，深可畏。不足惧者，愿陛下存而勿论，深可畏者，愿陛下修而勿失。"唐主优诏奖之。

张居正讲评　少卿，官名。周有六卿，汉有九卿，梁有十二卿。宋亦六卿，每一卿有正卿，有少卿。当唐朝康澄为少卿之官，上奏疏一通，疏中说道："国家有可惧而犹不足惧者五件事，有人不知畏而最可畏者六件事。夫气化有阴阳，太极静而生阴，太极动而生阳，不可垂舛，一不调，人必惧，不知可惧不在是。三辰，日月五星，日月昏蚀，五星失度，是天变也。人君省愆官司救护是惧，不知可惧不在是。小人逢迎尊贵，陷害善良，恶党乌合，造言生事，旁劝惧之，不知可惧不在是。山谷崩颓，川泽涸竭，此地变也。当伊洛竭而夏亡。最可惧，不知可惧不在是。禾稻之灾，或蝗虫杀稼，为五谷之蟊贼，秋成何望，人必惧。不知可惧不在是。这五件可惧而不足惧的。夫贤人，国家之桢干，人主之佐理，倘或挂冠，或弃家，则国无贤人，谁与共理？人不觉其可畏而深为可畏。四民者士农工商，各有专业，倘一不售，必然改业，或有地理不仁，必然迁居，似不足畏，而深为可畏。上下者君臣父子主仆便是。上该以诚信宽厚待下，下该忠孝尽力事上。苟上以虚縻，下以虚奉，则国事日非，离心离德矣！人不知畏，而深为可畏。礼义廉耻，国之四维。若寡廉鲜耻了，有位者窃位苟禄，无位者为奸为盗，人不觉可畏，而深为可畏。毁人者恶而谤之。誉人者爱而赞之。一失真，把贤人说坏，不肖赞扬，是非混乱，好恶任口，人为簧鼓，不觉可畏，而深可畏。直言所以救

明宗 闵帝

过规失,臣直则主圣,友直则过寡。古圣贤告之则喜,闻之则拜,不然,怙恶终身,不觉可畏而深为可畏。这六件以不足畏而深可畏的。前五件不足惧的,臣望吾君件件要留意,后六件深可畏的,臣望吾君件件修省勿懈。"唐主见康澄所奏疏言,下诏褒嘉赐之。

今评 康澄上疏是为了特别突出面临的政治危机,说明当时确实存在贤人藏匿,士农工商四民转业,曲从营私,直言蔑闻等问题。但言变异灾伤不足惧,似亦过分。

四年,唐主每夕于宫中焚香祝天,曰:"某胡人,因乱为众所推,愿天早生圣人为生民主。"在位八年,年谷屡丰,兵革罕用,校于五代,粗为小康。

张居正讲评 唐主每夜退朝之后,到禁中焚香,对天祝颂说道:"我李嗣源本是沙陀兵马李昌国子,李克用养子,原不是中国人,为乱世被众军士所勉强推立为主。惟愿天心思治,早早生出圣人来,为天下万民之主,天其勿缓哉!"唐主在君位,止历八年,不能永久。但是每年丰谷熟,民乐有年,敌国罕侵,束兵息马,人无争夺,据五代之君,比之如明宗之世,虽非汉文、景之盛,亦小小平安世也。彼嗣源胡人耳,每以国泰民安留意,天意遂以丰安应之。今日堂堂天朝,顺天应人,以为万生民主者,可不以民事留心,国计系念哉!

今评 后唐明宗即位之后,初步进行了一系列改革。但由于本身力不从心,宰辅非才,后继无人,政权终将难以稳固!

闵 帝

名从厚,明宗之子,在位四月为潞王从珂所废。

李从厚(914—934):明宗第三子。长兴四年(933)即位,是为闵帝。优柔寡断,逼反李从珂,被废,寻被缢死。

李从珂(885—937):李嗣源养子,骁勇善战。杀闵帝,自立为帝,是为末帝。清泰三年(937)石敬瑭引契丹入洛阳,从珂自杀,后唐亡。

应顺元年,唐潞王李从珂举兵凤翔。唐主以康义诚为招讨使,将兵拒之。从珂至陕,诸将及义诚皆降。唐主遂出奔。从珂引兵将至,冯道谓中书舍人卢导曰:"劝进文书,宜速具草。"导曰:"潞王入朝,百官班迎可也。设有废立,当俟太后教令,岂可遽议劝进乎?"道曰:"事当从实。"导曰:"安有天子在外,人臣遽以大位劝人耶?"李愚曰:"舍人之言是也。吾辈之罪,擢发不足数矣。"

张居正讲评 应顺，闵帝年号。李从珂，李嗣源养子，封潞王，起兵寇凤翔地方。唐主升康义诚做招讨使之职，率兵拒敌。从珂到陕西，义诚同将官投降了，唐主只得出奔。从珂领兵将到，冯道替中书舍人卢导说："从厚既出奔，主位不可虚。今潞王既到，就该定劝进君位。诏书先具草以待其来可也。"卢导说："潞王入朝时，文武百官随班迎之耳。设使废一君，又立一君，当待太后令旨，岂有骤然劝进之理。"冯道说："事势到此，从实做耳。"卢导曰："那有天子蒙尘在外，为臣子者，轻以主君大位又劝他人居耶？"李愚在旁说："卢舍人这话金石也。吾辈人之罪过，把头发逐根数去，其多犹不足以尽之矣！"

今评 张居正选取这段史事，旨在说明，废立之事，为人臣者不可与议。

废 帝

名从珂，明宗养子，封潞王，废闵帝从厚为鄂王而自立。闵帝被弑，磁州宋令询死节。立二年，石敬瑭以兵入洛阳，遂自焚死。

清泰元年，唐主与石敬瑭皆以勇力善斗事明宗为左右，然心竞，素不相悦。帝即位，敬瑭不得已入朝，乃复以为河东节度使。敬瑭既还镇，阴为自全之计。

张居正讲评 清泰，废帝年号。唐主先年在明宗朝，与明宗婿石敬瑭，皆以猛力好争斗居左右。但是他互相妒忌，心里争端，忿忿不相好。从珂既居君位，石敬瑭出于不得已，进朝见唐主。唐主以敬瑭复为河东路节度使。敬瑭既奉命还镇，潜地里养士、屯粮，以图大举。

今评 李从珂忘记了"蛟龙不可纵之深渊"的古训，放虎归山，失去控御时机。石敬瑭归镇则不择手段，以逞其野心。可见李从珂缺乏必要的政治手腕。

后晋纪

高 祖

名敬瑭,姓石氏,明宗婿也,与潞王素有隙,乃借契丹兵以灭唐,在位七年。

天福元年,唐主千春节置酒,晋国长公主辞归晋阳。唐主醉曰:"何不且留,遽归欲与石郎反耶?"乃议使敬瑭移镇郓州,未几,为天平节度使。敬瑭疑惧,谋于将佐,曰:"吾之再来河东也,主上面许终身不除代。今忽有是命,得非如今年千春节与公主所言。"都押衙刘知远曰:"明公将兵,久得士心。今据形胜之地,士马精强,若称兵传檄,帝业可成。奈何以一纸制书,自投虎口乎?"掌书记桑维翰曰:"主上初即位,明公入朝,岂不知蛟龙不可纵之深渊?然卒以河东相授,此乃天假公以利器也。明宗遗爱在人,主上以庶孽代之,群情不附。公明宗爱婿,契丹素与明宗约为兄弟,公诚屈节事之,朝呼夕至,何患不成?"及唐主发兵讨敬瑭,敬瑭乃令桑维翰草表称臣于契丹,请以父礼事之,约事捷割卢龙等州与之。契丹喜,自将五万骑赴援,唐兵大败。唐主曰:"石郎使我心胆堕地。"十一月,契丹册敬瑭大晋皇帝。敬瑭割幽蓟等十六州以报。仍许岁币。唐主登玄武楼,自焚死。

【张居正讲评】 天福,后晋年号。千春节,是唐主庆贺节,是日设酒。晋国长公主,明宗封长女为晋国。千春节要辞归国。从珂酒醉,说:"何不再住几日?急归欲要同石郎敬瑭谋反耶?"使敬瑭移镇郓州地方。不几日以为天平节度使。敬瑭疑虑,对将佐说:"吾今重到河东,主上面约终身不调换。今日之命,或者合千春节与公主这句话否?"都押衙官刘知远说:"明公将兵,平

卷之二十三 后晋纪

刘知远(895—948):沙陀人。称帝后改名暠。契丹灭后晋,次年,称帝于晋阳,后占洛阳、开封,改国号为汉,史称后汉。

素极得军士心。今拥据险要胜地，兵勇马壮，若起兵传檄天下，帝王之业可坐而成也。奈何以一纸移镇制书把自身投入虎口而往乎？"管书札桑维翰说："主上始初即帝位，明公入朝觐，岂不晓得蛟龙不可放入深渊，入深渊，便不可制御。今以河东授汝，此是天授公之大物也。昔年明宗之遗爱在于人心，而主上以异姓养子代立，万民不服。明公，明宗之嫡婿，契丹平素替明宗结为兄弟，公卑身事之，朝若期之，晚即来到，何虑不成事？"那时从珂发兵讨敬瑭，敬瑭使桑维翰书表称臣于契丹，且事以父礼，约事若有成，割地奉报。契丹见敬瑭表文心喜，亲领兵五万助力，唐兵遂败，说石郎敬瑭使我心胆惊落在地矣。契丹册命敬瑭大晋皇帝。敬瑭割幽、蓟等十六处以献契丹，又约年年献金玉币帛，尽为子之道。从珂自焚，死于玄武楼上。

今评 石敬瑭为千古民族罪人，桑维翰怂恿之罪又加一等。先是，有人劝李从珂结契丹以制御石敬瑭，李从珂不甘屈辱。从珂才略虽不足称，然大节不亏，胜石、桑之流远矣。

四年，晋加刘知远、杜重威同平章事。知远自以有佐命功，耻与重威同制，制下数日，杜门不出。晋王怒，欲落知远军权，令归私第。赵莹拜请曰："陛下昔在晋阳，为唐所攻，非知远心如金石，岂能成大业。"晋王意解，知远乃受命。

张居正讲评 晋刘知远、杜重威同为宰相，但知远自道是有拥立君位功劳，其官爵之尊，必然无比，怎与杜重威同受诏制。制颁下了数日，知远竟闭门不出，往来俱绝。晋王闻，怒发，要革去知远军权兵柄，着归私第。时赵莹在旁拜请说："陛下当时在晋阳，为唐兵攻伐，知远不是心若金石坚定，陛下岂能成帝王事业耶？"晋主提起前因，怒意解，令之受命。

今评 螳螂捕蝉，黄雀在后。刘知远深知刚柔伸屈之理，于复杂的政治态势中，蓄养羽翼，待机而起。石敬瑭此举，无异于与虎添翼。

以冯道守司徒兼侍中。晋主尝访道以军谋。对曰："征伐大事，在圣心独断。臣书生，惟知谨守历代成规而已。"晋主然之，宠无比。

张居正讲评 司徒，官名。《周礼》，地官掌教，户部尚书之职。唐以丞相为大司徒侍中。唐有侍中，以貂为节。左散骑常侍二人，侍中主人，为左貂便是。晋以冯道为司徒兼侍中。晋主尝问冯道以军旅之策，道对说："征叛伐敌大事体，此在圣心独自剖断。臣道者掌书记，书生耳，只晓历朝法制，谨谨奉行,余不知也。"晋主听之,宠厚礼遇愈至。

今评 冯道世故圆滑,宦海浮沉,因循苟安,更不忠于一朝一君一姓,但与卖国求荣的桑维翰相比,总还算是稍好一些。

齐 王

名重贵,高祖侄。晋主殂,重贵即位。高祖无嗣,大臣迎立之。重贵致书契丹,称孙不称臣。契丹怒。重贵在位四年,契丹执之以归,封为负义侯而国亡。

石重贵(914—964): 高祖敬瑭侄子,敬瑭卒,嗣位,史称少帝或出帝。开运三年十一月,契丹大举攻晋,少帝降,后晋亡。

开运元年,契丹入寇,晋主命刘知远会兵山东,后期不至,晋主疑其有异谋。郭威见知远有忧色,谓知远曰:"河东山河险固,风俗尚武,土多战马,静则勤稼穑,动则习军旅,此霸王之资,何忧乎?"

郭威(904—954): 948年杀后汉隐帝,议迎立刘赟。被部下拥立为帝。次年即位,国号周,史称后周。

张居正讲评 契丹怪齐王称孙不称臣,背父约,举兵入寇。晋主召刘知远领兵,齐到山东地方同会,知远兵日期失约不至,晋主虑其反叛之谋,不可知也。那时郭威见知远有忧惧不安之色,对知远说:"河东山如砺,河如带,险要坚固,风土习俗都重武艺。军士强,战马习,无事则勤劳力作于农功,有事则或守或战,见寇敌无退缩之气。此图王定霸之地,何必忧乎!"

今评 刘知远从此凭借河东险要有利之山河,积蓄实力,冷观局势,以俟时机,图谋一逞,是个更有周密心计的野心家。

后 汉 纪

高 祖

名嵩,字知远,姓刘氏,其先沙陀人。仕晋,以功封北平王。及重贵被虏,嵩乃即位于晋阳,建国号后汉,在位二年。

天福十二年,晋刘知远在河东,富强冠诸镇。及闻契丹深入,知远无入援之志,但分兵守四境以防侵轶。于是将佐劝知远称尊号,以号令四方。知远从之,即皇帝位,自言未忍改晋国,又恶开运之名,乃更称天福十二年。

【张居正讲评】 天福,仍晋年号。刘知远拥兵河东地方,富足强盛,在诸镇以上。至是闻得契丹兵深入为寇,知远无入救意,止将兵分开坚守四境之地,以防备侵扰。自此将佐辈都劝请知远称尊号为帝,以号令天下。知远久有此念,遂从之,居皇帝位,自家亦不忍背晋号,又怪齐王开运之号不嘉,仍从前天福云。

【今评】 在辽兵入侵,后晋崩溃的一片混乱之中,刘知远称尊号,建立中原政权,算是无秩序中秩序的代表。然而刘知远是个心狠手辣,诡计多端的狡诈之徒,其部下除郭威以外,也都是蛮横无知,残暴绝伦之类,这样一个政权岂能久长!

晋主至大梁,改国号曰汉。乾祐元年二月汉主殂,子承祐即位。

刘承祐(931—951):高祖次子。乾祐元年(948)即位,是为隐帝。三年密令杀邺郭威,事泄,威起兵入开封,承祐被杀,后汉亡。

高祖　隐帝

<img: 张居正讲评> 晋主被契丹虏去，知远领兵至大梁，即皇帝位，乃改国号曰汉，改年号曰乾祐。

<img: 今评> 蚌鹬相争，渔翁得利，刘知远可称政治渔翁。

隐　帝

名承祐，高祖太子。初即位，狎昵嬖幸，诛戮大臣。及郭威举兵反，群下归附，帝为乱兵所杀，在位三年而汉亡。

乾祐元年，汉以郭威为西面招慰安抚使。威问策于冯道，道曰："愿公勿爱官物，以赐士卒。"威从之，由是众心始附。

<img: 张居正讲评> 时冯道为晋首相，郭威为西路招慰按抚使之职，问治国之策于道。道说："今帑中官物，军士都嗷嗷然，思得以救军需。公不必爱恤此物，以充主上纵欲之费，出以分赐士卒，则人人感恩效力矣！"（德）威从其说，将库官物都分给士卒，自己无所留，不为吝恤，至是众将士以威不私官物，人人沾惠，人心尽归。

<img: 今评> 后汉统治集团内部互相厮杀，同归于尽。后汉重臣，本身统帅军队的唯有郭威识见深远，接纳贤才，体察民情，有所作为，也就只有他才能适应历史的选择。

汉主年益壮，厌为大臣所制，于是遂谋杀杨邠、史弘肇、王章于东庑下。又遣供奉官孟业赍密诏诣澶州及邺都，杀王殷、郭威、王峻。知之，乃留养子荣镇邺都，自将大军至封丘。汉主遣慕容彦超等，将兵拒战，败还。汉主出劳军，为乱兵所弑。冯道帅百官谒见郭威，威犹拜之。道受拜如平时，徐曰："侍中此行不易。"威自迎春门入，帅百官起居太后，因请立嗣君。太后诏迎汉王弟赟即位。辽入寇，太后命郭威击之。威至澶州，将士大噪曰："天子须侍中自为之。"裂黄旗以被威体，因拥南行。太后诏废赟为湘阴公，以威监国。

郭荣（921—959）：原姓柴，郭威的内侄，养为子。显德元年（954）即皇帝位，是为周世宗。继郭威进行改革，颇有成效，又领兵北伐，推进统一。

卷之二十三　后汉纪

汉主无道,宰相谋止,遂厌之。乃谋杀大臣总机政杨邠、典宿卫史弘肇、掌财赋王章于东首丹墀下。又差供奉承应官孟业捧密诏到澶州地方,及邺都地方,杀王殷、郭威、王峻三人。三人先知凶信,威乃留养子郭荣镇守邺都,自统大军至封丘地面。汉遣慕容彦超等将兵拒战,败还,归大梁。汉主亲出劳赏战士,军众竞所钱物,乱军竟弑汉主。时冯道领文武百官来,见郭威。威犹自以武臣下拜宰相。道受威拜如平日。冯道徐曰:"侍中此举不易,得之机会。"威自迎春门领兵入,领百官问安太后,就请立新君。太后诏旨迎汉主嫡弟即君。会辽兵入寇,太后着威伐之。威到澶州地面,将士鼓噪起来,大声说:"天子既死,今新天子必侍中自为,别立君,不服也。"军前所建大黄旗在,众以立天子,不备黄袍,竟裂旗作袍,权覆威体,随拥凑逼之南行归。太后废赟为公,乃命郭威监国。

　　郭威接受后汉禅让,这是五代兵变、将士拥立皇帝的第四次,又是赵匡胤陈桥兵变、黄袍加身的预演。郭威带兵入汴京,诸军大掠,郭威下令分委诸将禁止劫掠,违者当场处斩。这也是为赵匡胤提供的历史经验。

后周纪

太　祖

　　姓郭名威,邢州尧山人,仕汉为枢密副使。及隐帝遇害,将士拥而立之。建国号后周,在位三年而崩。

　　广顺元年,以监国即皇帝位,国号周。周主出汉宫宝器,悉毁之于庭,曰:"凡为帝王,安用此物。"

太祖　世宗

张居正讲评　广顺，周太祖年号。太祖始初，太后诏以为监国，众军士就推拥即皇帝位，改国号后周，取前周武王，卜世卅，卜年八百的意。周主性疏财，不比李存勖钱财山积，不肯给军士。至汉宫中积聚宝器，必是古来贵重之物，周主不以为贵重而珍藏之，反尽出毁碎于殿庭。这不是吊誉沽名念头，只是不贵异物的意思，说道："凡为帝王者，治世驭民为急，这宝器积于宫，有何关系。"亟毁碎之，无容爱惜也。周主此举，犹唐太宗焚珠玉锦绣殿前一样，重本轻末道理。

今评　后周太祖郭威，除了销毁汉宫的宝器而外，还宣布仓场库务掌出纳的军吏不许再增收"斗余"、"称耗"等苛征杂敛，随后又宣布过去所进"羡余"之物，也都要罢除。这确是一派清明气象！

初，周主讨河中，已为人望所属。李穀时为转运使，周主数以微言讽之，穀但以人臣尽节为对，周主以是贤之。即位首用为相。

张居正讲评　周主起兵，以河东富强冠诸镇，先讨之。此时人心已有归意。其李穀正为转运使转运钱粮，周主于言语间微露监国就该即帝位了，有时有势不失却机会，公以为何如？李穀只以为臣之道，君安则竭忠以事，君危则尽节以报，这是公所当为。周主听其语，愈信其为忠贤。至是即帝位，首推以为宰相。

今评　李穀沈毅有器略，在太祖郭威面前发表议论，辞气之间慷慨激昂，善于譬喻以开导坚定的主张。同时并居相位的王峻、范质也各有所长。五代至此方见正直气象。

世　宗

名荣，姓柴。太祖无嗣，养以为太子。太祖崩，乃承大号，在位六年。

显德元年，北汉连结辽主入寇。周主自将兵御之，战于高平之南。合战未几，樊爱能、何徽等，引兵先遁。惟宿卫将赵匡胤力救世宗，大败之。徽等复还，周主责之曰："汝辈非不能战，正欲以朕为奇货，卖与刘崇耳。"悉斩之。

刘崇（895—954）：后改名旻。沙陀族，郭威建后周，崇据河东十二州称帝，国号汉，史称北汉或东汉，结辽为援。

卷之二十三　后周纪

【张居正讲评】 初,隐帝被弑,太后迎河东节度使刘崇子赟嗣位。及赟废,郭威监国,即帝位,遂弑赟。时崇为北汉,结好辽主,领兵入寇。周主亲统大兵敌之,在高平南方交战,尚胜负未分。将军樊爱能、何徽率先逃遁,令周主孤危。幸有宿卫近身之将,姓赵名匡胤者,竭力交战,救护世宗出阵无伤,且又杀败了他。周主兵胜后爱能、徽复返营中。夫临敌而逃,失机误国,罪不胜诛。周主唤至,责之说:"汝等不是不善战,只内叛意。所以临敌而逃,要把朕为一件货物,卖与刘崇那厮耳。"军法该斩,俱命斩之。

【今评】 世宗要削平四海,一统天下,倘若军法不立,纵有熊罴之士,百万之众,又有何用。柴荣诛戮这批人,正可以转变五代恶习,从而严肃军政。自此以后骄将惰卒才有所畏惧。由是士卒精强,所向皆捷。

三年,周世宗命匡胤将兵伐唐,遂克滁州。世宗遣翰林学士窦仪籍滁州帑藏,匡胤遣亲吏取藏中绢,仪曰:"公初克城时,虽倾藏取之无伤。今既籍为官物,非有诏书,不可得也。"匡胤由是重窦仪。范质荐赵普为滁州判官,匡胤与语,悦之。时获盗百余人,皆应死。普请先讯鞫,然后决,所活什七八。匡胤益奇之。时匡胤威名日盛,每临阵,必繁缨饰马。或曰:"恐为敌所识。"匡胤曰:"吾固欲其识之耳。"

【张居正讲评】 初,后唐闵帝被潞王所弑,潞王又被石敬瑭借契丹兵灭之。此时李氏尚有人,不尽降汉。周主遣赵匡胤统兵伐之,遂得了滁州地方。周主遣翰林学士窦仪,藉没滁州库中钱粮。匡胤遣亲近官吏取库中绢用。窦仪说:"公初得滁州时,尽库中物都取之无妨。今既已登簿籍为朝廷官物,非朝廷诏书来,取之不动的。"匡胤自是敬重仪甚。范质是周主信任的,一日荐赵普为滁州判官。时滁州初克,未有官设也。匡胤同他议论甚喜。适间获寇盗数十多人,均当论死。赵普说:"必先究问详细,方就刑戮。"普鞫之,十中有七八宜赦去者。匡胤愈重之。时匡胤威名著,远近敬服,每出战,必繁缨以装饰马首。有进言恐为敌寇所觉。匡胤说:"吾正要他识我耳。"

【今评】 赵匡胤为人端正,在政治活动中能发现、赞许品行端正的大臣,如窦仪者流。赵匡胤在敌军面前也已表现出光明正大,无所畏惧,令人胆寒的气势。

周以赵匡胤为定国节度使,兼殿前都指挥使。匡胤表赵普为节度推官。

世宗　恭帝

张居正讲评　定国,取安定国家意。都指挥使,指挥之长,尊于宿卫之职,权尤亲重。周主以匡胤为定国节度使、兼殿前都指挥使。时匡胤表荐赵普为幕职,以商议军政。由匡胤从尘埃中相识故也。

今评

六年,周淮南饥。世宗以米贷之。或曰:"民贫恐不能偿。"世宗曰:"民,吾子也。安在责其必偿耶?"

张居正讲评　淮南地方民秋收无成,民饥困馁,以米假贷之。廷臣有奏言民贷米,为饥也。饥因贫致,将何以补偿耶?周主说:"彼民贫而贷之粟以民,吾子民,民饥即子饥也。安有责其偿还理耶!"

今评　封建时代君臣能以民为子则属贤德。柴荣是五代最杰出的国君,他能不惜代价救民饥困,不责其偿还,确为圣君之作为。

> 均田图:元稹《长庆集》中有"均田表",乃据以制成《均田图》,颁发诸道节度使、刺史,为推行均定田租作准备。

周世宗尝夜读书,见唐元稹均田(图)[表],慨然叹曰:"此致治之本也。王者之政自此始。"乃诏颁其图法,使吏民先习知之。

张居正讲评　周主好看书史,夜分不寐,见昔年唐之元稹均田(图)[表]。当时德宗以杨炎为相,行两税法,夏输无过六月,秋输无过十一月,绘均田图。后世传之司农。今周主欲均田租,以图编赐之道,诏左散骑常侍艾颖三十四人,分行诸州,均定田租,使官民知之。

今评　周世宗就个人素质而言,可称明君,然而仍不免失国之悲,时势所使也。

恭　帝

> 柴宗训(953—973):世宗柴荣子。显德六年(959)世宗病死,继位。七年,殿前都点检赵匡胤于陈桥兵变,废恭帝,后周亡。

名宗训,世宗太子。初封梁王,及世宗崩,乃嗣位,时方七岁。在位半年,禅位与宋。

今评　周世宗雄才大略,胸怀壮志,"十年开拓天下,十年养百姓,十年致太平"。他一边推进统一战争,一边励行内政改革。惩治贪浊,澄清吏治,调整机构,下诏求言。更定《刑统》,刊印经籍。

奖励垦殖，兴修水利，抑制寺院。制"均田图"，均定诸州赋税。亲征疆场，西取四州，进军江淮，收复三州三关。可惜"壮志未成身先死"。他在位五年，文治武功，为其继承者宋初二帝难于比拟。

卷之二十四

宋 纪

唐之后为五代,曰梁、唐、晋、汉、周,递兴递亡,总不过五十余年。当是时,干戈日寻,海内分裂,称帝建国者,十有余姓,而皆窃据僭号,非大命真主,至宋太祖始统一之。太祖在周时领归德军,起于宋地,遂以宋为有天下之号。这书记宋家一代的事,故称宋纪。

太 祖

姓赵氏,名匡胤,涿郡人,生于洛阳之夹马营,有紫云黑龙之瑞。周世宗时,为殿前都点检,屡立大功,人心归服。及恭帝嗣位,为众军所拥立,遂受周禅而有天下。在位十七年,庙号太祖。

赵匡胤(927—976):世为涿州(今河北涿县)人,生于洛阳。后周显德。七年(960)初,策动陈桥(即陈桥驿,今开封东北40里)兵变,建立宋朝。改元建隆。

二月,尊母南郡夫人杜氏为皇太后。后,定州安喜人,治家严而有法。生五子,曰匡济、匡胤、光义、光美、匡赞。匡济、匡赞早卒。陈桥之变,先遣楚昭辅入汴,慰安家人。后闻之曰:"吾儿素有大志,今果然矣!"及尊为皇太后,太祖拜于殿上,群臣称贺,后愀然不乐。左右进曰:"臣闻母以子贵,今子为天子,胡为不乐?"后曰:"吾闻为君难。天子置身兆庶之上,若治得其道,则此位可尊。苟或失驭,求为匹夫不可得。是吾所以忧也。"太祖再拜曰:"谨受教。"

为君难:出自《论语·子路》:"人之言曰'为君难,为臣不易'。"谓君主当国甚难。

失驭:同"失御",丧失统治能力。

定州,即今真定府所属定州。安喜,是县名,即定州地方。陈桥,是驿名。汴,是宋建都之地,即今开封府。《宋史》记建隆元年二月,太祖既立太庙,追崇祖考,即尊奉其母南郡夫人杜氏为皇太后。史臣

因叙说，太后乃定州安喜县人，有贤德，治家严正，事事都有家法。生五子，长曰匡济，次匡胤，即太祖。次光义，即太宗。次光美、次匡赞。匡济、匡赞早卒。太祖为都点检时，领兵出御汉寇，行至陈桥驿，诸将士逼立太祖为天子，把黄袍加在身上。太祖不得已而从之。那时，家眷都在汴梁。太祖先遣麾下楚昭辅入汴，慰安家人。母后闻之说道："吾儿见天下久乱，素有济世安民的大志，今果为天子，不负其志矣。"及是尊为皇太后，太祖拜于殿上，群臣称贺，满朝无不欣跃。太后独愀然不乐，忧形于色。左右因进说："臣闻母以子贵，今子做了天子，尊为太后，似这等极贵，何故反有不乐？"太后答说："吾闻之古语，为君的最难。盖天子以一身处于四海兆民之上，任大责重，若兢兢业业，治之得其道，则兆民允怀，此位可以久居，才是尊贵。苟少有忽略，失所以制驭之道，则民心离散，争夺并起，求为匹夫而不可得矣，何尊之有！此吾所以忧之也。"太祖闻其言，深有儆悟，乃再拜说："谨受母后之教。"夫人君受命而兴，以弘太平之业，必有贤母笃生而训迪之。太后受册之日，不以得位为乐，而深以失驭为忧，丁宁□切，有古儆戒之风焉，可不谓贤哉！所以成太祖之仁明，而培宋家之元气者，其本原深远矣。

今评 宋太祖之所以能成为一位杰出的帝王，和他有一位富有政治远见和历史智慧的母亲是分不开的。赵匡胤与杜太后母子论政的故事，历来广为流传。说明望子成龙，先要提高母亲的素质。"为君难"之说，可为百代居上位者警戒。

以窦仪为翰林学士。先是翰林学士王著以酒先贬官。太祖谓宰相曰："深严之地，当使宿儒处之。"范质等对曰："窦仪清介重厚，然已自翰林迁端明矣！"太祖曰："非斯人不可。"即日复入翰林。尝召仪草制，至苑门，仪见太祖岸帻跣足而坐，因却立不肯进。太祖遽索冠带而后召入。仪遂言曰："陛下创业垂统，宜以礼示天下，恐豪杰闻而解体也。"太祖敛容谢之。由是对近臣，未尝不束带。

宿儒：老成持重，久于其事之儒士。

岸帻（zé）：帻，包头巾。推起头巾，露出前额。形容衣着简率，不拘礼节。跣（xiǎn）足：光着脚。

张居正讲评 端明，是殿名。宋有端明殿学士官，备顾问，预议论，班在翰林学士上。挺冠露额，叫做岸帻。太祖用窦仪为翰林院学士。先是翰林学士王著，以醉酒乱性，致有过失。贬为比部员外郎。太祖与宰相范质等说："翰林学士职掌制诰，宿直禁中。禁中是深邃严审之地，不宜滥用浮薄少年，当选老成的儒者处之。"范质等对说："原任学士窦仪，清修廉介，持重敦厚，最为称职。但其资望既深，已从翰林升端明殿学士了。今复用为翰林学士，恰似降了他官阶一般。"太祖说："翰林职任清要，非此人不可。"当日命下，还入翰林，虽若落其端明，实则加以宠任也。一日太祖要降制书，召仪起草。仪到内苑门边，看见太祖挺冠露额，跣足而坐，因退立不肯进去。太祖知其意，就便讨索冠带，整理威仪而后召入。窦仪因奏说："陛下新得天下，创业垂统，乃后嗣之所取法，四方之所瞻仰，必须动遵礼法，以示天下。若或轻亵威仪，侮慢贤士，臣恐豪

太祖

杰闻之,以为陛下不能尊德乐道,不足与有为,将解体而散去也。"太祖深纳其言,肃然敛容谢之。自此之后,虽对近亵之臣,未尝不矜庄束带焉。故有宋一代之君,待士大夫最有礼,皆太祖之家法也。

> **今评** 开国君主言行举止往往带有开辟局面,形成风气的深远影响。赵匡胤虽出身行伍,却深知此理,与前记朱温代唐后行为举措迥然不同。

> **幽燕**:燕曰幽州,即今河北北部以及辽宁一带。后晋石敬瑭借辽之力夺取帝位,曾以燕云十六州赂之。

太祖又尝以幽燕地图示普,问进取之策。普曰:"图必出曹翰。"太祖曰:"然。"因曰:"翰可取否?"普曰:"翰可取,孰可守?"太祖曰:"以翰守之。"普曰:"翰死,孰可代?"太祖默然良久,曰:"卿可谓深虑矣!"普尝荐某人为某官。太祖不许。明日,普复奏其人,亦不许。明日,普又以其人奏。太祖大怒,裂碎奏牍掷地。普颜色不变,跪而拾之以归,他日补缀旧牍,复奏如初。太祖乃悟,卒用其人。

> **张居正讲评**

幽燕,即今顺天府地方。太祖即位之时,幽燕之地,尚属北房契丹。太祖急欲取之。一日尝以幽燕地图示宰相赵普,计议进兵的方略。普以幽燕之地,久为契丹所据,彼国无衅,恐攻之未必能取,就使取得,未必能守。而蔡州团练使曹翰,往往喜立功名,疑其希旨为之,乃先问说:"这地图必出于曹翰之手。"太祖说:"果然。"因问说:"朕今就用曹翰为将,卿料他取得幽燕否?"普对说:"论翰才力,或亦可取,但此地取之固难,守之尤难。不知既取之后,谁可守之。"太祖说:"就着曹翰守之。"普对说:"假如翰死,谁可替他?"太祖默然无言,思之良久,乃悟,说:"卿为国忠谋,可忧深虑远矣!"普曾在太祖前,荐举某人为某官,太祖不许。明日普复奏其人,太祖亦不许。明日,普又以其人奏。太祖见其违旨奏扰,大怒,把奏本扯碎,弃掷在地。普颜色不变,跪于地下,将碎纸拾起,怀之以归。他日也不再写,只将旧本补缀,复奏如初。太祖始知普为国荐贤,非有私意,卒用其人焉。大抵忠臣事君,惟论事之可否,而不敢阿旨取容,以负委托。赵普之于太祖,于其所欲取者,则力阻之而不以为抗;于其所不欲用者,则力荐之而不以为嫌,可谓忠于谋国矣!而太祖皆能从之。君臣之际,相得益彰,所以开一代之太平者,岂偶然哉!

> **今评** 这两个小故事说明,君臣从政都不能掺杂个人私念。赵普一心为公,从国家利益出发,不论他是"阻止"还是"强加",都能使皇上心悦诚服。当然,贤相也要遇上圣君,才能形成历史佳话。

又有群臣当迁官。太祖素恶其人,不与。普坚以为请。太祖怒曰:"朕固不为迁,卿若之何?"普曰:"刑以惩恶,赏以

酬功,古今通道也。且刑赏,天下之刑赏,陛下岂得以喜怒专之。"太祖怒甚,起,普亦随之。太祖入宫,普立宫门,久之不去,竟得俞允。其刚毅果断类如此。然从太祖久,得志,屡以微时所不足于太祖及己者为言。太祖曰:"若尘埃中可识天子宰相,则人皆物色之矣!"自是不复敢言。

> 俞允:帝王允许臣下的请求为俞允。

张居正讲评　《宋史》又叙赵普事,说赵普为宰相时,有群臣资望相应,合该升官。太祖素不喜此人,不准推升。普再三执奏说,其人可用。太祖大怒,说道:"朕决定不用此人,卿将我如之何?"普又奏说:"刑罚所以惩恶,爵赏所以劝功。此乃古今之常道,不易之定理也。此人有功,岂可不与升赏。且刑赏乃天下之刑赏,非一人之刑赏也。天下以为当刑,虽天子不得以私喜而废法。天下以为当赏,虽天子不得以私怒而靳恩。陛下岂得以私喜私怒专制刑赏之柄。不顾天下之公议乎!"太祖见赵普不依顺他,越发恼怒,不顾而起。赵普也不退,径跟随着行。太祖入宫,普立宫门外,良久不去,竟得太祖感悟,准升此官。其刚毅果断,执法不挠,大率如此。然普从太祖起侧微以至宰相,为日最久。及既得志,屡以微时轻慢太祖与自己的人言之于上,意图报复旧怨。太祖说:"凡人识见短浅,岂能逆说未来。若使茫茫尘埃之中,可识某人他日当做天子,某人他日当做宰相,则人人皆将访求物色,都去结纳他了。大英雄豪杰处穷困之时,被人轻贱,亦理之常,无足怪者,区区旧怨,何足记乎!"自此以后普悔悟,不敢复为报怨之言。大抵人心各有所蔽,亦各有所明。太祖不用素恶之人。赵普说,天下刑赏不可以喜怒专之,此真宰相之言。至于赵普不忘索怨之人,太祖也说尘埃中不可识天子宰相,亦是天子之量。君臣之间,各以所明,攻其所蔽,故能成一代之治如此。

今评　秦始皇帝确立的皇帝权威,随着历史发展,日趋强化,宋朝亦然。而宋初赵普等在决策过程中,敢于和皇上面折廷争,不轻易放弃自己意见的,只是几例特殊情况。

初,全斌之伐蜀也,属汴京大雪。太祖设毡帷于讲武殿,衣紫貂裘帽以视事。忽谓左右曰:"我被服如此,体尚觉寒。念西征将士冲冒霜雪,何以堪处。"即解裘帽,遣中使驰赐全斌,仍谕诸将曰:"不能遍及也。"全斌拜赐感泣,故所向有功。

> 汴京:即今河南开封市。
> 毡帷:兽毛毡片制成的帐幕。

张居正讲评　初,太祖遣王全斌将兵伐蜀之时,会汴京大雪,寒甚。太祖设毡帷于讲武殿,尚着紫貂裘帽,出以视事。忽谓左右说:"朕在毡帷里面,穿了这等温暖的衣服,身上犹觉寒冷。我思那西征的将士,日夜在原野中,冲霜冒雪,不知何以堪处。"即解下所服裘帽,遣中使驰至蜀中,赐与全斌,仍慰谕众将说:"朝廷深知尔等寒苦,但裘帽有限,势不能遍及也。"全斌拜赐,感

激殊恩,至于泣下。诸将士亦人人思奋,愿效死力,故所向辄有成功。出兵六十日,而两川悉定,蜀主孟昶举族来降,皆太祖有以励之也。按此事与古投醪挟纩事相类。昔楚人有献酒醪于楚庄王者,庄王欲分给诸将士,以人众不能遍,乃以酒倾在河里,令诸将士迎流而饮之,三军皆醉。又楚师伐宋,值天气甚寒,楚王念将士寒苦,以温言拊卹之,三军之士,人人感奋,暖如挟纩(纩是绵絮)一般。盖将士身冒锋镝,百死一生,常患朝廷不能知之。朝廷一加存恤,则其气自倍而成功,易矣!古之英君,所以鼓舞豪杰者类如此。将将者所当法也。

今评 关心下属,使其感激涕零、愿效死力,乃古代统治者的一种"权术",赵匡胤就是很善于运用这种权术的封建帝王。然而王全斌既取成都,就纵兵掳掠,这又是赵匡胤始料不及的。这恐怕与赵匡胤对待王全斌"恩有余而威不足"有一定关系吧!

太祖尝见昶宝装溺器,命撞碎之。曰:"汝以七宝饬此,当以何器贮食?所为如是,不亡何待也。"

张居正讲评 溺器,是便溺的净器。昶,是蜀主孟昶。太祖平蜀之后,见孟昶一个便溺的净器,是七样宝贝镶嵌的。太祖大怒,就命打碎之。说道:"器用贵贱,各有所宜。这溺器,是器之至秽至贱者,汝乃以七宝装饰,不知又用甚么样的器皿去盛贮饮食。似你这等暴殄天物,骄奢淫纵,不惟损一己之福,亦且尽百姓之财,如此而不灭亡,更待何时哉!"此可见亡国之主,与兴王之君,其奢俭迥别如此。大抵创业之君,生长民间,备尝艰苦,故能节用爱民,垂法后世。亡国之君,沉溺富贵,不知小民疾苦,纵欲自恣,而邪佞之臣,又往往阿意逢迎,导之以奢侈淫佚之事,卒之乐极生悲,民穷财尽,或自促其寿命,或复亡其国家。从古以来,兴亡之迹如出一辙,可不戒哉!

今评 节俭兴邦、奢靡亡国,人人都懂这个道理。朱元璋开创大明之初,也曾斥责孟昶的七宝溺器。他对皇子磨难教育颇为重视,曾将他们送归贫瘠的凤阳家乡。尽管这个教育许多人在历史上反复强调过,但真正做到却很难。

春正月,太祖自闻蜀兵乱,凡使者至,各令陈王全斌等不法事,遂尽得其状,乃皆征还,以其初立功不欲属吏,但令中书问状。全斌等具伏黩货杀降之罪。命责授全斌崇义节度留后,崔彦进昭化节度留后,王仁赡为右卫大将军。以(刘光义)刘廷让廉谨,(并)进爵秩。曹彬自蜀还,橐中唯图书衣裳。又能戢下,秋毫无犯,太祖深嘉之,以为宣徽南院使。彬辞曰:"征西将士俱得罪,臣何敢独受赏。"太祖曰:

属吏:交给主管司法的官吏处理。
中书:宰相议事处,全称为中书门下。
黩(dú)货:贪污纳贿。
刘廷让(929—987):字光义,海州范阳(今河北涿县)人。本文及《直解》将刘光义、刘廷让误作二人,于此订正。
橐(tuó):盛物的袋子。
戢(jí)下:收敛曰戢,戢下谓约束部下。

"卿有茂功,又不矜伐。惩劝,国之常典,又何辞焉。"

> 矜伐:居功自夸。矜,大也。伐,功也。
> 惩劝:责罚与奖励。

张居正讲评　宋时有宣徽院,设南、北二院使,总领内诸司及内侍之籍,盖贵近之职也。初全斌等平蜀之后,纵饮贪财,不恤军士,蜀兵因而作乱,两川之民争应之。全斌又诱杀成都降兵三万,众心愈益愤怨,蜀地几不可守。乾德五年春正月,太祖自闻蜀兵作乱,凡有公差从蜀中来的,都着他一一陈奏王全斌等不法的事情。于是尽得其罪状,乃皆召还京师。念其初立大功,不欲付法司究治,只教中书省宰相审问他事情的虚实。全斌等不能隐情,将贪黩财货、杀戮已降的罪名都招认了。太祖因他吐实认罪,又以其有大功,姑从轻处,降授全斌为崇义节度留后副都部署,崔彦进为昭化节度留后都监,王仁瞻为右卫大将军,于内有(都部署刘光义)副都部署刘廷让,这(两)员将官廉靖谨饬,乃(并)升爵秩以奖之。又有都监曹彬,平素清介自持。诸将在蜀中多取子女玉帛,彬自蜀还,橐中惟图书、衣服而已,且能禁戢部下,所过秋毫无犯,太祖深嘉叹之,升为宣徽南院使。彬辞说:"臣与诸将同功一体,今征西将士皆得罪左迁,臣何敢独受上赏。"太祖说:"卿有平蜀大功,又不以此矜骄夸伐,与诸将贪肆的不同。一惩一劝,乃国家常典,何必以诸将之故而辞之。"竟不许。其后曹彬卒为名将。按征西将士,全斌为主帅,曹彬等副之,是全斌乃功首也。太祖于全斌则贬降而不顾,于曹彬则擢用而不疑,岂非以彬之廉谨有恤民之惠,而全斌之功,不足以赎贪酷之罪哉!《易》经上说:"开国承家,小人勿用!"太祖得之矣。

今评　宋太祖对伐蜀将帅激起的西川兵变,处理是十分得体的。他既不姑息迁就,又能罚当其罪,过不掩功。对廉节谨慎者则大加表彰奖励。这对改变五代以来骄兵悍将目无法纪的风气起了很大作用。

　　春三月,征处士王昭素为国子博士。昭素有学行,著《易论》三十三篇,学者多从之。太祖召见于便殿,年已七十余矣。令讲乾卦,至九五飞龙在天,则敛容对曰:"此爻正当陛下今日之事",引援证据,因示风谏微旨。太祖大悦,问以治世养身之术。对曰:"治世莫若爱民,养身莫若寡欲。"太祖爱其言,书于屏几。

> 处士:指未仕或不仕的士人。

张居正讲评　处士,是隐居有道之士。太祖开宝三年春三月,征聘河南处士王昭素为国子监博士。昭素为人,素有文学德行,精通易理,曾撰著《易经论说》三十三篇,一时学者多师事之。太祖闻其名,召见于便殿。此时昭素年已七十余岁矣。太祖命他讲解《易》经中乾卦,至第五爻辞,"九五飞龙在天","九"是阳数,"五"是君位,以九居五,是圣人为天子之象,就如龙禀纯阳之气,飞在天上,能兴云致雨,润泽万物一般。昭素讲到此处,就敛容正色而奏,说此爻正当陛下今日为天子之事,乃援引古今之事,以为证据,因而寓讽谏的

微意，以见天位至艰，君身至重，不可以不慎也。太祖大喜，就问他治天下与养身的道理。昭素对说："治世莫如保爱万民，养身莫如寡省嗜欲。盖民为邦本，治天下者，必轻徭薄赋，布德施惠，使百姓安乐，则邦本宁固，而太平可保。故治世莫如爱民也。欲为身害，养身者，必爱养精神。凡一切伤生伐性之事，皆绝而不为，则身体康健，而寿命延长。故养身莫如寡欲也。"太祖爱他这言语切于实用，书写在屏风及几案上，以时时警省焉。然寡欲爱民，固皆致治之要，而寡欲一言，又为爱民之本。盖自古百姓不安，皆因人主多欲。人主多欲，则奸谀之徒，必巧为进奉。间阎之下，必困于诛求，亏损德业，无甚于此者。故寡欲一言，不但可以养身，亦爱民治国之要也。

今评 赵匡胤虽是一介武夫，但懂得尊重有学行的学者，特地向处士王昭素请教治世养身之道。王昭素讲："治世莫若爱民，养身莫若寡欲。"皇帝物质享受可谓至美至善，何以反而短命者多，就因为他们纵欲过度。

原文与《直解》中"永宁公主"为昭庆公主之讹。铺翠襦(rú)：用翠鸟羽制的外套。
主家：公主之古称。
宫闱：宫中后妃所居之处。

秋七月，(永宁)[昭庆]公主尝衣贴绣铺翠襦入宫中，太祖谓曰："汝当以此与我，自今勿复为此饰。"公主笑曰："此所用翠羽几何？"太祖曰："不然。主家服此，宫闱戚里必相效。京城翠羽价高，小民逐利，展转贩易，伤生浸广，实汝之由。汝生长富贵，当念惜福，岂可造此恶业之端？"主惭谢。主因侍坐，与皇后同言曰："官家作天子日久，岂不能用黄金装肩舆，乘以出入。"太祖笑曰："我以四海之富，宫殿悉以金银为饰，力亦可办。但念我为天下守财耳！岂可妄用。古称以一人治天下，不以天下奉一人。苟以自奉养为意，使天下之人何仰哉？当勿复言。"

张居正讲评 襦，即今之披氅。官家，是天子之称。肩舆，是抬的小轿。开宝五年秋七月，太祖的女(永宁)[昭庆]公主，曾穿一领贴绣铺翠的襦入宫中。太祖嫌其奢侈，向公主说："汝可解此襦与我，自今以后，再不要如此装饰。"公主笑说："此衣用得几多翠羽，却以为过费。"太祖说："我之所惜者，不专为这件衣服。主家既穿此衣，宫中妃嫔及皇亲贵戚每见了，必都相仿效，所用翠羽必多，京城中翠羽之价必贵。百姓每逐利，见此物可以取利，必然都去捕捉那翠鸟展转贩卖。伤生害命，从此渐广，皆汝此衣有以致之，主罪过多矣。汝生长富贵，不知艰苦，当思人生福分有限，不可用尽，爱惜樽节，长得受用，岂宜造此恶业之端，自损己福耶！"公主乃惶恐谢罪。又一日公主侍坐于太祖之侧，与皇后同劝太祖说："官家做天子日久，便受用些也不为过。岂不能用黄金装饰肩舆，乘以出入乎！"太祖笑说："我为天子，富有四海之内，莫说肩舆，就将宫殿都以金银为饰，力亦可办。但这财物乃是天下万民的膏血，我为天下主，不过为天下守此财物，以备缓急耳，岂可将来自己妄费，不顾天下利害乎！古人有言，人君置身兆庶之上,当以一人之勤俭,拊治天下,不当以天下之财力,供奉一人。苟专以自家奉养为意,则穷奢极欲,无所不至,民力必然耗竭,帑藏必然空虚。一旦天灾流行,民穷盗起,天下何所仰赖哉！此我所以不敢恣意妄费也。汝等当识此意,不可再以为言。"夫宫闱之好尚,系四方之观法,服饰无度,则天下化之,渐以成风,朴散实漓,民穷财尽,皆由于此。其害不止于伤生折福而已。太祖身历艰难,不敢以一身之奉,竭天下之财,故其训戒于家庭者,最为激切。创业之君,其用心类如此,守成者所当时时警省也。

今评 宋太祖身历艰辛,所以"不敢以一身之奉,竭天下之财"。而其子孙却无法做到这一点。北宋中期以后,君主益趋腐化。北宋末的亡国君主,则真正是"敲剥天下之骨髓,离散天下之子女,以奉我一人之淫乐",终至亡国。

九月,命曹彬帅师伐唐。初,帝屡遣使喻江南国主入朝,不至。乃命曹彬为西南路行营都部署,潘美为都监,曹翰为先锋都指挥使,将兵十万以伐之。将行,帝戒彬曰:"江南之事一以委卿,切勿暴掠生民,务广威信,使自归顺,不须急击也。"又曰:"城陷之日,慎无杀戮。设若困斗,则李煜一门不可加害。"且以剑授彬曰:"副将而下,不用命者斩之。"潘美等皆失色。自王全斌平蜀多杀人,上每恨之。彬性仁厚,故专任焉。

张居正讲评 唐,是南唐。五代之乱,有李昪者,据有江南地方,自称为南唐。传子及孙李煜,国势日削,贬号为江南国主。开宝七年九月,太祖命曹彬统领兵马以伐南唐。先是江南国主李煜禀奉宋朝正朔,太祖累次差人喻意,征他入朝,李煜拒命不至。太祖大怒,乃命曹彬为西南路行营都部署官,潘美为都监官,曹翰为先锋都指挥使官,统兵十万以伐之。彬等辞朝将行,太祖戒谕之说:"江南军旅之事,一切都委任于卿,切不可恣为暴虐,杀掠生民,务要广布朝廷威德信义,使其自然归顺,不须急图成功,只务攻击也。"既又丁宁之说:"李煜无道,暴虐其民,我遣汝征之,本为救此一方人性命。城破之日,切不可杀戮平民。设使李煜不降,拥兵困斗,罪虽难赦,情亦可怜,则煜一门家口,务要保全,不可杀害。"太祖既嘱付曹彬了,又以一口剑授之,说道:"大将有权,然后朝廷恩威得行,今以此剑与你,凡副将以下,有不遵号令者,并许先斩后奏。"潘美等正是副将,闻之,皆悚惧失色,无不遵奉号令者。先是王全斌平蜀之时,纵兵掳掠,多杀生命,上每以为恨。以曹彬素性仁厚,故专任以江南之事焉。其后曹彬下江南,不妄杀一人,李煜既降,待之极有礼。固彬之能奉行德意,亦太祖之仁恩及于无穷也。

今评 曹彬下江南,不妄杀一人,千古美谈。这固然与曹彬天性仁厚

太祖

有关，但更应归功于宋太祖的远见卓识和知人善任。

一日罢朝，坐便殿，不乐者久之。左右请其故？曰："尔谓为天子容易邪，早作乘快误决一事，故不乐耳。"尝宴近臣紫云楼下，因论及民事，谓宰相曰："愚下之民，虽不分菽麦，藩侯不为抚养，务行苛虐，朕断不容之。"京城新宫成，御正殿坐，令洞开诸门，皆端直轩豁，无有壅蔽，因谓左右曰："此如我心，少有邪曲，人皆见之矣。"

菽麦：豆与麦。

张居正讲评 太祖一日视朝毕，退坐于便殿中，怏怏有不乐之色，如此者久之。左右请问其故。太祖说："汝等见天子尊荣，只说这皇帝是容易做的，不知为君者日临万几，事事当理，心里才放得下。朕早间临朝，有一事不及深思，乘着一时快意，轻率就处分了，遂致差误，即今悔之无及，是以不乐，可见做天子甚不易也。"太祖又尝宴近臣于紫云楼下，因论及民间疾苦的事，乃谕宰相说："那田野小民，虽有愚蠢无知，不能辨菽与麦的，也都是朝廷的赤子。藩侯专制一方，民命所关，若不为朝廷抚字爱养，务行苛虐之政，严刑暴敛，使小民无所控诉，朕决当尽法处之，断不姑容也。"又京城宫殿新成，太祖御正殿坐，令前面洞开诸门，望之皆端直轩豁，无有壅塞遮蔽处。因谓左右说："这门庭正直光明，容不得一些邪曲，恰似我心一般，少有一毫邪曲，人皆得而见之，无所逃蔽矣。"按太祖创业之初，忧勤惕励，惟恐一事之误，致万几之丛脞，一民之困，贻四海之怨咨，故其言之恳切如此。至于心无邪曲之一言，尤为知本之论，为事为民，皆由此出，汉唐诸君所能道也。其身致太平，□开有宋三百年之业，宜哉！

今评 赵匡胤心胸豁达，正直开朗，没有歪邪迂曲的多端鬼计，于一民，处一事，都自觉承担责任，稍有失当，尚且深自追悔，也算一位坦荡荡之圣君。

又尝谓宰相薛居正等曰："古之为君，鲜能正心自致无过之地。朕尝夙夜畏惧，防非窒欲，庶几以德化人之义。如唐太宗受人谏疏，直诋其失，曾不愧耻，岂若不为之而使下无间言哉！"

张居正讲评 太祖又曾与宰相薛居正等说："君心乃万化之原，心正而后身修，身修而后天下国家可理也。朕观自古为君的，少有能正其心，而自致于无过之地者。朕为此故，早夜不宁，悚然畏惧，惟恐此心一为非僻所干，则救之无及，必乘其未发而防范之，恐此心一为嗜欲所蔽，则攻之甚难，必及其未行而窒塞之。欲以先正其心，立于无过，以庶几古帝王以德化人之义耳。若唐太宗天性高明，不护己短，受人谏诤之疏，虽至于直言相诋，以彰其失，也欣然

受之而不愧耻,人皆称之。然以朕观之,与其既为不善而后更改,孰若防之于微,而不为不善,使上无失德,而下无间言,岂不更为胜哉!"盖人君一有过失,虽即改之,所损已多。唐太宗虽能改过,而不求无过,故太祖讥之如此。但人非圣贤,不能无过,喜闻其过,则其过将日寡矣。自谓无过,则其过将日积矣。夏禹悬钟鼓铎磬,以求四方之言而兴;周厉王使卫巫监谤,道路以目而亡。然则唐太宗之乐闻直谏,亦自不可及,此又明主之所当知也。

【今评】 宋太祖夙夜畏惧,防非窒欲,颇有一些朝乾夕惕的精神,这种精神很值得颂扬!但他那种以为不要等别人谏阻了才改正,而要在别人未谏诤前即防止过失,使别人无可谏阻的想法虽然不很实际,但也表现了一种自觉向善的强烈愿望。

太　宗

名匡义,是太祖之弟,在位廿二年。

> 宋太宗(939—997):初名匡义。嗜学多能,参预陈桥兵变谋划,改名光义。开宝九年(976),即位,改名炅(jiǒng),改元太平兴国。降吴越、灭北汉。对辽用兵屡败,推行守内虚外政策,进一步加强中央集权。加强对官员的考查与选拔和"重文"风气。
>
> 淹滞:沈抑于下而不得升进。谓有才德而未叙者。也作滞淹。

太平兴国二年春正月,宴贡士于开宝寺。帝思振淹滞,谓侍臣曰:"朕欲博求俊彦于科场中,非敢望拔十得五,止得一二,亦可为致治之具矣。"及亲试举人,阅其十举至十五举者百廿人,并进士吕蒙正以下一百九人,诸科二百七人并赐及第。又诏礼部阅其十五举以上进士及诸科一百八十四人,并赐出身。又九经七人不中格,帝怜其老,特赐同三传出身。凡五百余人,皆赐绿袍靴笏,锡宴,自为诗二章赐之。

> 绿袍靴笏:唐制六七品官服绿,卑微官员穿绿袍。靴(xuē),靴之本字,履靴皆用黑革。笏,古代朝会时所执手板。

【张居正讲评】 宋初取士,有进士科,试诗、赋、论、策。有诸科,试九经、五经、开元礼、二史、三礼、三传、学究、明经、明法九件。以其各习一科,所以叫做诸科,皆一年一举。由本州取送礼部,礼部考试中式者,列名放榜,赐及第出身有差。史臣记太宗即位,太平兴国二年春正月,初开科取士,诸贡士中式者,皆赐宴于开宝寺中。此时内□衙门缺官甚多,皆须选补,又恐士子有人在积滞,不得进用者,思振拔而用之,乃谕侍臣说:"用人之道,求之贵广,选之贵精,然不博求则无以为精选之地。朕欲广收天下才俊美彦之士于科场中,不敢望取拔十人,便有五人可用。只得十人之中,有一二真才实学替国家干事的人,亦足为致治之具矣!"至是,亲复试举人于讲武殿,阅贡籍,曾经十举至十五举者,得一百二十人,并进士吕蒙正以下一百九人,诸科二百七人,并赐及第。又诏之部检阅其年深至十五举以上的进士,及诸科共得一百八十四人,并赐同本科出身。又九经中有七人不中式,例该发回,太宗怜其久困场屋,老而无成,也都收录,特赐同三传出身。前此进士诸科,每一举总不过百人,这次所举共有五百余

太宗

人，皆赐绿袍鞾笏，赐宴于开宝寺。太宗又自为诗二章以赐之。恩礼之盛，前时所未有也。然此时当开国之初，在野贤才，未得尽用。故太宗广收博取，特加恩赐以宠异之，所以网罗豪杰，开其进用之路也。若承平日久，士习已定，则又当慎选举，精鉴别，以罗真材。倘令不中格者，皆得以淹滞见收，则滥进之门启，侥倖之途多，抡材取士之典轻矣！此又用人者所当知。

【今评】 宋太宗欲振拔淹滞的设想是美好的，"兴文教，抑武事"，大批任用文官以代替原任官，推进科举制度，这都为矫正五代骄兵悍将恶劣风气，进一步加强封建专制主义统一国家发挥了积极作用。但科举取士的数量过分急速地增长，这就成为北宋政治特色之一，同时赵宋种种政治弊病也随之相应出现。

初，太祖幸洛，张齐贤以布衣献策，条陈十事，内四说称旨，齐贤坚执以为皆善。太祖怒，令曳出之。及还，语帝曰："我幸西都，惟得一张齐贤耳。我不欲官之，他日可使辅汝为相也。"至是齐贤亦在选中，有司失于抡择，寘于下第，帝不悦，故一榜尽赐及第，特与京官通判。

通判：宋初惩五代藩镇跋扈之弊，太祖乾德元年（963）始于各州府置通判，有监察之权。

【张居正讲评】 宋时以洛阳为西都，即今河南府地方。布衣，是白身无官职的人。先是太祖行幸洛阳，有个布衣之士，叫做张齐贤，献策于太祖。条陈十件事：一件伐北汉，以取并、汾；一件富百姓，以固国本；一件广封建，以藩本支；一件敦孝行，以广至德；一件举贤能，以备任使；一件兴太学，以养人才；一件亲籍田，以劝农桑；一件选良吏，以兴教化；一件惩奸恶，以正风俗；一件谨刑罚，以重民命。十事之中，太祖只取他四件事以为可行。齐贤固执，说他十事件件都好。太祖怒其不逊，令武士扯出去。及回銮到京，与太宗说："朕昨行幸西都，他无所得，但得一个贤士，叫做张齐贤。此人有经济大才，但我要摧折他的英气，不与之官，留在他日，待你做皇帝时，可使辅佐汝做宰相，致太平也。"太宗牢记在心。到这年开科选士，齐贤也来应举。考官一时失于选择，将他名列于下等，不在取中人数。太宗见之不悦，特命一榜里面，不分上下，尽赐及第，故齐贤也得入选，又特与他做大理评事，以京官职衔通判衡州。宋时通判，职任最重。进士及第在高等者，乃得除授此官。张齐贤甲第在后，而选授独优。盖太宗遵太祖之命，欲大用之也。其后齐贤果能慷慨任事，为一代名臣，亦可谓不负所举矣！

【今评】 文献记载张齐贤"为布衣时"即"倜傥有大度"，有"真宰相器"，献策十件大事，就表现了"经济大才"！而这段小故事则生动地体现了赵宋开国的太祖太宗时对人才的重视。

太宗

五月，吴越王钱俶以其地归，封俶为淮海国王。俶会陈洪进纳土而惧，上表乞罢所封吴越国王，归其甲兵，求还。帝不许。俶乃籍境内十三州、一军、八十六县，户五十五万六百八十，兵一十一万五千卅一，献之。帝御崇元殿受之。俶朝退，将佐始知之，皆恸哭，曰："吾王不归矣！"帝以淮南节度管内为淮海国，封俶为王。俶弟仪、信并观察使，俶子惟濬、惟治并节度使，惟演、惟灏及族属僚佐，授官有差。又授其将校孙承祐、沈承礼并为节度使，赐赉待遇冠绝当时。

钱俶（929—988）：五代时吴越国王（948—978）。宋太祖平江南，他出兵策应有功。

张居正讲评

太平兴国三年五月，吴越王钱俶以其地来归。太宗诏封为淮海国王。史臣因叙说：钱俶之祖名钱镠，浙之临安人也。当五代时，起于贩盐，之有吴越之地，自称吴越王。传至钱俶，遇宋太祖之兴，俶知天命有归，遂称臣奉贡，执礼甚恭。然其土地尚未入于版图。至是来朝京师，适值平海节度使陈洪进以漳、泉二州来献，俶心中恐惧，乃上表乞罢所封吴越国王，纳其甲兵，求还本土。太宗初不许。俶乃造册开载所管十三州、一军、八十六县，户五十五万六百八十，兵一十一万五千卅一人，尽数献于朝廷。太宗嘉其诚款，特御崇元殿受之。初时俶欲纳土归顺，恐他手下的将佐不从，因此不着众人知道，只自以己意献上。及朝退，将佐始知之，皆恸哭，说："吾王已委身于朝，自今不复归国矣！"太宗既受其献，乃以淮海节度所管地方为淮海国，改封俶为淮海王。俶弟仪、信并授观察使，俶子惟濬、惟治并节度使，惟演、惟灏及族属僚佐各授官有差。又推及其将校孙承祐、沈承礼并授为节度使。凡赏赐物件及接待礼貌都极其隆盛，冠绝于一时焉。按是时，宋一统之业已成，负固如北汉者，犹欲以孤垒自全，使王师累出，诛戮无辜。而俶独能保全一方，以归于宋，不致血刃，非但忠顺可嘉，抑亦有仁者之功矣。此史氏所以特书之欤！

今评 "吴越归地"结束了五代十国分裂局面，实现了全国统一。这一过程主要是通过政治手段完成的。既体现了宋太宗的胆略、吴越王钱俶的明智，也成为历史上和平统一的一段佳话。

帝既还京，议者皆言宜速取幽、蓟。张齐贤上疏，其略曰："圣人举事，动在万全，百战百胜，不若不战而胜。若重之谨之，戎虏不足吞，燕蓟不足取。自古疆场之难，非尽由戎狄，亦多边吏扰而致之。若缘边诸寨，抚御得人，但使峻垒深沟，畜力养锐，以逸自处，宁我致人，所谓择卒未如择将，任力不及任人。如是则边鄙宁，而河北之民获休息矣。臣又闻家六合者，以天下为心，岂止争尺寸之土，角戎狄之势而已。是故圣人先本而后末，安内以养外，是知五帝三王未有不先根本者也。尧舜之道无他，广推恩于天下之民尔。推恩者何？在乎安而利之。民既安利，则戎狄敛衽而

幽蓟：冀州东北为幽州，今河北北部以及辽南为蓟州。

六合：天地四方。

敛（liǎn）衽（nèn）：敛衽，提起衣襟，夹于带间，表示敬意。

太宗

至矣！"

张居正讲评　幽，是幽州。蓟，是蓟州。即今顺天府地方。此时为北房辽人所据。太宗既平定天下，要复中国旧境，自将伐辽，为辽将耶律休哥所扼，不能成功。至是班师还京。一时献议者，皆言今中国士马方盛，宜及时进兵，急取幽蓟地方。张齐贤度量时势未可，乃上疏谏之。大略说："圣人举事，动必求其万全。不敢侥幸以成功。故百战而百胜，犹为侥幸，非万全也。不若不战而自胜，先立于不败之地，而坐收其功。此为上策也。陛下若能重之谨之，忧勤图治，则国富兵强。在我者有余力，而戎房不足吞，燕蓟不足取矣。自古边境之患，岂都起于夷狄也。多因边吏骚扰生事，致开衅端。若使沿边一带诸寨选用良吏，抚御有方，只教他高筑墩台，深掘濠堑，休兵息马，畜力养锐，以逸自处，而待敌人之劳，宁我致人，而不为人所致。这正是古人所谓：'拣精兵，不如择良将，靠一己的膂力，不如集众人的谋勇。'能如是，则边方宁静，而河北之民可得休息矣！今乃计不出此，而欲与之角胜于疆场，幸功于难必，非所谓不战而胜，万全之策也。臣又闻之，天子以六合为一家，则当兼容并蓄，以天下为心，岂止于争尺寸之土以为广，角戎狄之势以为强而已哉！是故圣人之治天下，以保安人民为本，以制服夷狄为末。以中国为内，而务求安定；以夷狄为外，而听其自生。五帝三王未有不先图根本，爱养生民，而可以建太平之业者也。尧舜之道，岂有他术，只是推广此心之仁恩，以及于天下之民而已。其所谓推恩，只在安全而利养之，使无死亡穷苦之患。民既安利，则德之所施者博，而威之所制者远。戎狄之人自将慕德归义，敛衽而来朝矣！何用兴师动众以伐之哉！"齐贤此疏，可谓深知治本。惜乎太宗不能从，以致曹彬一败于岐沟，杨业再败于陈家谷。后虽悔之，亦无及矣！图边事者宜三复此疏焉。

今评　张齐贤面对官军与辽军交锋受挫的形势，他不是如同多数廷臣迎合赵光义虚骄心意，大讲宜速取幽蓟，而是主张持重。张居正归结处理民族关系的准则，是"要而利之"，亦有见地。

卷之二十四　宋纪

平章事："平章"原意为商量处理。唐中叶后，凡为宰相，必于本官外加"同平章事"衔，意谓共议政事。

戾(lì)：乖张、违反。

献可替否：进献可行者，除去不可行者，即诤言进谏。

佥(qiān)议：众议。

十一月，以宋琪、李昉平章事，李穆、吕蒙正、李至参知政事，张齐贤、王沔同签署枢密院事。帝谓琪等曰："世之治乱在赏当其功，罚当其罪，即无不治；谓为饬喜怒之具，即无不乱，卿等慎之。"又谓蒙正曰："凡士未达，见当世之务戾于理者，则怏怏于心。及列于位，得以献可替否，当尽其所蕴。言虽未必尽中，亦当佥议而更之，俾协于道。朕固不以崇高自恃，使人不敢言也。"

张居正讲评　参知政事，是下宰相一等，参预朝政的官。枢密院，是掌管军机戎务的衙门。太平兴国八年十一月，太宗以参知政事宋琪、李昉同平章事；知开封府李穆，翰林学士吕蒙正、李至参知政事；右补阙张齐贤，大

理评事王沔同金书枢密院事。太宗既简用此数人，擢居要职，因谕宋琪等说："自古君臣相与，莫不欲长治而无乱。然世之治乱无他，惟视庙堂之赏罚何如耳。诚能于有功者赏之，或厚或薄，各当其功；于有罪者罚之，或重或轻，各当其罪，则赏罚出于天下之公，人心自然悦服，而天下治矣。若以赏为饰喜之具，任着一时喜欢，即便行赏，不论他功之何如；以罚为饰怒之具，任着一时恼怒，即便行罚，不论他罪之何如，则赏罚出于一人之私，人心莫不愤怨，而天下乱矣。一赏一罚，关系之大如此。卿等职居政府，凡于赏罚之施，切宜详慎，不可徇私灭公，以为基乱之地也。"又谕吕蒙正说："凡士当穷居未遇之时，见当世政务，有一差失，不合于理，即郁郁不满于心，思欲尽言而无其路。及列于位，居可言之时，得以献纳其可，替废其否，却又避讳不言，岂不自负其志。自今朝政有阙，卿等当竭其底蕴，为朕言之。所言的虽未必句句切中，亦可因而讲求，大家商议而改之，使合于道理。朕固不敢自负其崇高之位，使人隔绝而不言也。"夫上无鉴别之明，则赏日僭而刑日滥；朝无谏诤之士，则臣日谄而君日骄。国之祸乱恒必由之。此太宗所以惓惓于诸臣也。然惟人主之心公，则臣下自不敢私，而赏罚必当矣！人主之心虚，则臣下自无所隐，而过失必闻矣。是又未可专责之臣也。愿治者宜加意焉。

【今评】 宋太宗很重视征求天下贤才，所以被称颂为"不罪狂悖以劝谏士"。他提出"赏当其功，罚当其罪"，就是秉公执法，不得夹杂个人私情。这虽是帝王治国最简单的道理，但生长深宫的守成之君，不明事理就很难秉公执法。当然创业之君，由于极端专制，也往往凭任个人一己之好恶喜怒处置是非。

以吕文仲为翰林侍读，王著为侍书。帝勤于读书，自巳至申然后释卷，诏史馆修《太平御览》一千卷，日进三卷。宋琪以劳瘁为谏。帝曰："开卷有益，不为劳也。朕欲周岁读遍是书耳。"每暇日则问文仲以经义，著以笔法，葛湍以字学。

自巳(sì)至申：巳，上午9至11时。申，下午3至5时。
《太平御览》：是一部篇幅巨大，卷帙浩繁的类书，所采多为经史百家之言。
字学：研究文字形、音、义之学。

【张居正讲评】 太宗太平兴国八年，以吕文仲为翰林院侍读，王著为侍书。太宗天性好学，勤于读书，每日自巳时朝退之后，即览观书史，直到申时方才放下书卷。又特诏开馆，命翰林学士李昉等，将前代书籍分类编辑为书，以资博识。书成叫做《太平御览》，总计一千卷。太宗自立书程，每日进读三卷。宰相宋琪恐诵读太勤，圣躬劳瘁，请少休息。太宗说："朕每一开卷，便觉聪明启发，日有进益，心里喜好在此，自不知其为劳苦也。朕所以每日限读三卷者，欲以周年之力，读遍此千卷书耳。"其勤学如此。每于万几之暇，则问吕文仲以六经中有不通晓的文义，又问王著以真草篆隶等用笔之法，问葛湍以点画声音等字学之法。大抵人主之情，必有所好。或好酒色，或好狗马，或好田猎，或好游宴，或好财利，皆足以戕生伐性败德丧身。惟好读书写字，则有益于身心，有裨于治理。故自古英君圣主，莫不留意焉。宋太宗以创业之主，犹孜孜问学如此，况继体守成者，可不勉哉！

今评 宋太祖太宗凭自己的能力击败对手，夺取天下，自然英明绝伦，而他们的子孙则无人能望其项背。封建时代各朝亦莫不如此。可证帝位世袭乃皇帝腐败的根本原因。

雍熙元年春正月，诏求遗书。帝谓侍臣曰："教化之本，治乱之原，苟无书籍，何以取法？今三馆所贮，遗帙尚多。"乃诏募中外有以书来上及三百卷，当议甄录酬奖。余第卷帙之数，等级优赐。不愿送官者，借其本写之。由是四方之书简出矣。

甄（zhēn）录：选拔录用。

张居正讲评 宋时于禁中建昭文馆、史馆、集贤院叫做三馆。雍熙元年春正月，太宗性好读书，手不释卷，常以五代兵火之后，书多遗失，乃下诏求遗书于四方，因谓侍臣说："自古及今君天下者非一人矣，其教化所出，必有个根本，治乱所由，必有个原始，世远人遐，全靠那书籍上记载得明白，后世得以稽考，有所取法。若没了书籍，则百世之下，虽欲知其本原，亦何从寻讨而取以为法哉！今三馆所贮之书，遗失者尚多，不足以备参考。这是国家一阙典。"乃诏募中外士庶之家，有以所藏书来献，多至三百卷者，特议纪录旌奖以酬之。其余三百卷以下，量其卷帙之多寡，分为等级，优加赏赐。若有爱惜珍藏不愿将书送官者，但借其书抄之，仍以原本发还。诏下之后，中外人家但有遗书者，都来献上。于是四方之书间出，而古今载籍尽归四库矣。大抵物常聚于所好。人主好珠玉，则珠玉至；好淫巧，则淫巧之物至。太宗好书籍而四方之书聚于册府，于以开一代文运之盛焉。可谓好得其正矣！

今评 太宗皇帝于雍熙元年（984）正月壬戌，为教化与治乱要取法书籍，决定大肆购求逸书，并为此预先重修三馆。这说明太宗很懂得继承民族文化优良传统的必要性和迫切性，客观上保存了古代文化典籍，其功不可没！

三月以杨延庆等为知州。帝谓宰相曰："刺史之任，最为亲民，苟非其人，民受其祸。昔秦彭守颍（州）［川］，教化大行，境内多瑞。"宋琪曰："秦彭一郡守，政善而天应之若此，况君天下者乎！"

刺史，即州太守。雍熙元年三月，太宗选择守臣，以杨延庆等十余人为各处知州。太宗因谕宰相说："朝廷设官分职，本以为民。然惟刺史之任，与那百姓每最为亲近，必须有才力，有操守，实心爱民的，方为称职。倘误用不才的人，贪赃坏法，那百姓每被其虐害，负屈含冤，莫可控诉，其祸可胜言哉！昔后汉时有秦彭做颍州[川]太守，他能兴利除害，为百姓造福，教化大行，致令所属地方，有凤凰麒麟、嘉禾甘露等诸般祥瑞，可见做好官的，上天也未尝不昭鉴也。"宋琪因奏说："秦彭一太守耳，政善民安，天且应之以祥瑞如此。况于君天下者，若能奉天子民，使海内乂安，则诸福之物，可致之祥，莫不毕至矣！岂止一郡之福而已哉！"夫天下郡县至多，民间利病朝廷岂能悉知。得一良牧则一郡生灵受其福，否则一郡生灵受其害，所系诚不小也。然须朝廷加意鼓舞，重循良之选，峻贪酷之罚，甄别不差，然后人人尽力。自古明君，未尝不操此术而治者也。图治者宜留意焉。

今评 慎选天下亲民之官是治国要务，而能否如此又有赖于在上者之明正无私。

以赵普为太保兼侍中，吕蒙正平章事，王沔参知政事，张宏为枢密副使，杨守一签书枢密院事。帝谕普曰："卿勿以权势自骄，但能谨法度，举贤能，明赏罚，弭爱憎，何忧不治？卿勿面从，古人耻其君不为尧舜，卿其念哉！"蒙正质厚宽简，有重望，以正道自持，遇事敢言。每论时政，有未允者，必固称不可。帝嘉其无隐。普开国元老，蒙正以后进同相位，普雅重之。

太保兼侍中：太保为监护与辅弼国君之官，长者居之。侍中为皇帝身边侍从之官。

太宗既复赵普相位，乃加普为太保兼侍中。又拜吕蒙正同平章事，与普共理机务。以王沔参知政事。召成都镇抚使张宏还京，为枢密副使。以翰林学士杨守一签书枢密院事。太宗谕赵普说："凡人有权势的，不期骄而自骄。卿位极人臣，权势已盛，正宜持正守谦，慎勿以此骄恣。但能谨守国家法度，荐举天下贤能，明赏罚之典以布公道，克爱憎之私以定取否，则相业光明，人心悦服，天下何忧不治。至于朕之所行，或有未当，卿宜即时救正，不可面前曲从，以成朕过。古人爱其君，必欲使之为尧为舜，若其君不如尧舜，则引为己责而耻之。此正卿今日之事也。卿其念之哉！"此时吕蒙正同在政府，其为人质实厚重，宽大简默，时论翕然重之。平素以正道自守，不肯阿旨取容，遇国家政事，该说的便说，无所避讳。每论时政，或太宗不能听从，即再三执奏，反复明其不可，必求依允而后已。太宗见其无隐，每嘉纳之。当是时，赵普乃开国元老，勋名齿爵，举朝无与为比。蒙正以后进之士，同居相位，普绝无忌刻，常称他是台辅之器，甚加敬重，有济济相让之风焉。夫惟明君为能择相，惟大臣为能有容。太宗复相赵普，不忘耆旧，而又以蒙正之正直者参之，可谓善择相矣。普以开国元勋，推奖后进，略无嫌疑，有古大臣休休之度焉。其相与以致太平也

不亦宜哉！

今评 宋太祖宠遇赵普视若左右手，称之为社稷之臣。吕蒙正以宽厚为相，负有重望，太宗尤所眷遇。赵宋"三入中书，惟蒙正与普"。这两位名臣可算宋初开基立国之柱石。

夏四月，以张齐贤、陈恕参知政事，张逊、温仲舒、寇准为枢密副使。初准为枢密直学士，尝奏事殿中，语不合，帝怒起，准辄引帝衣请复坐，事决乃退。帝嘉之曰："朕得寇准，犹文皇之得魏徵也。"及旱蝗，帝召近臣问以得失，众以天数对。准曰："《洪范》天人之际，应若影响，大旱之征，盖刑有所不平也。"帝怒，起入禁中。顷之，复召问以不平状。准请召二府至而言之。于是以准为可大任，故有是命。

洪范：《尚书》篇名，其中所讲"九畴"中第八即"庶征"，就是讲各种征兆。
二府：即相府、枢府。

张居正讲评 淳化二年夏四月，太宗命张齐贤、陈恕为参知政事。张逊、温仲舒、寇准为枢密院副使。先是寇准为枢密院直学士，一日尝奏事于殿中，准所言与上意不合。太宗恼怒而起。寇准就扯住太宗的袍服，请还御座，将所奏的事裁决停当，方才退去。太宗乃嘉奖之，说："朕今日得寇准，就如唐太宗得魏徵一般。昔太宗每有阙失，魏徵即犯颜苦谏，虽遇太宗怒甚而神色不移，今准能直谏，亦朕之魏徵矣。"及是年天旱蝗起，太宗召近臣问以时政得失，众皆阿谀不敢正言，都对说，是天数如此，不关人事。独寇准奏说："周书洪范篇中论天人之际，有感必应，如影之随形，响之应声，无有差忒。今岁方大旱，论其征应，当是刑狱有所不平。盖匹夫含冤，上干天地之和，故致如此。"此时太宗常留意刑狱，每亲自审录囚犯。见说他刑狱不平，不觉发怒，起入禁中。少顷又召问准："卿说刑狱不平，有何指实。"准请宣中书省、枢密院官到来，面陈刑狱不平之状。于是太宗以寇准忠实任事，可以大用，故有枢密副使之命焉。大凡人臣阿谀苟容者多，刚直敢言者少。此非独人才之难，亦上之人喜软熟而恶方正，以致如此。彼魏徵与寇准论事，常犯人主之怒，然二君皆能屈己以从之，故功烈垂于二代，俱称太宗不亦宜乎！愿治之主，幸毋踈骨鲠之臣可也。

今评 古代大臣以敢言为难能可贵，因为这往往要有不惜身家性命的勇气。寇准就属于北宋刚直名臣，然而却落个被人诬陷的下场。虽然得到昭雪，但已说明专制君主在纳谏上的极大的局限性。

纡(yū)朱拖紫：比喻地位显贵。紫朱指高官服饰之颜色。

夏五月，以张洎、钱若水为翰林学士。帝谓侍臣曰："学士之职，清要贵重，非他官可比。朕常恨不得为。"又曰："士之学古入官，遭时得位，纡朱拖紫，前呼后拥，延赏

宗族，足以为荣矣！岂得不竭诚以报国乎！"若水对曰："高尚之士，固不以名位为光宠；忠正之士，亦不以穷达易志操。其或以爵禄荣遇之故而效忠于上，中人以下者之所为也。"帝然之。

【张居正讲评】 淳化四年夏五月，太宗以中书舍人张洎、职方员外郎钱若水为翰林学士。太宗因谕侍臣说："翰林学士，地居禁近，职在论思，最为清要而贵重，非他官可比。朕今虽贵为天子，常常以不得做这官为恨。卿等须自己爱重，勉图称塞，不可徒取清华，致负此官也。"又说："士在草野之中，与平民无异。一旦应举出仕，遭逢明时，致位通显，穿着朱衣，拖着紫绶，前徒呵呼，后人簇拥，又荫及其宗族子弟，并受国恩，书生之荣，可谓极矣！岂得不竭其诚悃以报知遇乎！"若水对说："陛下所言，固是臣子之分，然臣之报君，实有不系于此者。彼恬退高洁之士，爵禄不入于心，虽宠之以名位，固不以是为光荣。秉忠守正之士，忠义根于天性，虽所遇有穷通，亦不以是而变其志操。一则不可以爵禄拘，一则不必以爵禄劝，可见爵禄者，乃上之所以厚下，而非下之所由以为忠者也。如或以爵禄荣遇之故，然后效忠于上，则其心必不纯，其忠必不固，不过中人以下者之所为耳。岂可概望之诸臣乎！"太宗深以其言为是。然天性忠义不因爵禄而后劝者，上臣也，千百中无一焉！人君之治天下，如必待上臣而后任之，则天工之旷废者多矣！若水之言虽人臣自靖之道，而非明君驭下之术也。明主之所以驭臣，有德而后爵之，有功而后禄之。官不及私昵，爵罔及恶德。而人臣之事君也，量能而后受官，度德而后居位，不以无德而尸位，不以无功而冒赏，斯百王不易之道也。

【今评】 专制君主的高压政策，往往使士人甚至难于维系代表其统治阶级根本利益的志操忠正，只能退隐草莱，"独善其身"。

夏四月，吕蒙正、柴禹锡、苏易简罢。蒙正在中书，帝尝欲遣人使朔方，谕中书选才而可责以事者。蒙正以名上，帝不许。他日三问蒙正，三以其人对。帝曰："卿何执耶！"蒙正对曰："臣非执，盖陛下未谅耳。"因称其人可使，余人不及。臣不欲用媚道，妄随人主意以害国事。同列竦息不敢动。帝退，谓左右曰："蒙正气量我不如。"既而卒用其人，果称职。及罢相，剌河南，日引亲旧于林园欢宴。政尚宽简，委任僚属，事多总裁而已。

【张居正讲评】 太宗至道元年夏四月，平章事吕蒙正、知枢密院事柴禹锡、参知政事苏易简俱罢相不与政事。史臣因记吕蒙正在中书为宰相时，太宗曾要遣人奉使于朔方辽国，谕宰相择群臣中素有才干，可使外国者以闻。蒙正因择一人，以其名奏上。太宗以为不称，不许。他日三次问蒙正，蒙正三次

只将此人奏上,再不改易。太宗说:"卿何如此固执,全无变通耶!"蒙正对说:"臣非固执不通,盖因陛下未谅臣之心耳。"因备道此人素有才识,堪以奉使,除了此人,别的都不及他。夫人臣之义,当以忠诚正直事其君,是就说是,非就说非,宁可一时违拂上意,不可误国家的大事。若谄媚邪佞,只顺着人主的意思,要用便用,要舍便舍,以求取悦于一时,万一举措失宜,误国偾事,则其罪愈大,此臣所不敢为也。此时同僚官,皆悚息畏惧不敢动。而蒙正慷慨直言,略无互回。太宗退朝,与左右说:"蒙正气量凝厚,真有担当,朕也及他不得。"既而竟用此人,果然称职。可见蒙正知人之明,与其谋国之当、事君之诚如此。及至罢相,以右仆射出判河南府。河南是蒙正本贯地方,每日只引亲戚故旧于林园之中,欢宴叙情。为政不务苛细,只尚宽大简易。择僚属中可用者委任以事,己则总裁其大纲而已。大抵天下之事当以天下之心处之,故委任贤臣,所以审图国是。若但以人主之意裁决,必不能尽究天下事理之极,虽揽独断之权,实生意外之虑矣!此吕蒙正不欲妄随人主意以误国事也。而其治河南,委任僚属,意亦如此。太宗始虽未谅,终至信服,亦可谓英哲之主矣!

> **今评** 张居正评述归结为"不妄随人主之意以误国事",甚是。然非大公无私,大勇不忮者不能为。

卷之二十五

宋 纪

真 宗

名恒，是太宗第二子，在位二十五年。

> 真宗：赵恒（968—1022）。998年即位。前期勤于政事，分全国为15路，蠲放五代以来欠税。1004年与辽军订"澶渊之盟"以和。后期广建宫观，粉饰太平，劳民伤财，岁出日增。

以张齐贤、李沆平章事，向敏中参知政事，杨砺、宋湜为枢密副使。齐贤慷慨有大略，每以致君为志。尝从容为言皇王之道，而推本其所以然。帝曰："朕以为皇王之道非有迹，但庶事适治道，则近之矣。"帝尝问沆以治道所宜先。沆对曰："不用浮薄新进喜事之人，此最为先。"帝问其人。沆对曰："如梅询、曾致尧辈是矣。"

张居正讲评　真宗即位之初，召刑部尚书知安州张齐贤还京，与参知政事李沆同平章事。又以同知枢密院事向敏中参知政事，工部侍郎杨砺、给事中宋湜为枢密副使。齐贤在相位，慷慨任事，有经济大略，每以大臣事君，经开陈善道，匡救过失，使其君为圣帝明王，方副其志。故尝于奏对之时，从容陈说古昔皇王之道，而又推本其所以然。如论政事，则推原其出政之本。论治化，则究极其致治之由，以为必如此则合于皇王。不如此则否。真宗答说："朕以为皇王之道随时运用，非有定迹，但令事事都合于道理，无有差误，则不必拘泥陈迹，而自近之矣。"真宗又尝问李沆以治天下之道，何者最先。沆对说："天下之治乱，系于用人之得失。而明主之所信任者，似在于老成端厚之士。有等虚浮轻薄新进喜事的人，本无经国之远识，而好为高论，以猎时名，本无任事之实心，而急于立功，以希速进。人君一或用之，则上伤国体，下坏士风，不至于乱天下不止矣！故惟不用此浮薄新进喜事之人，乃第一要紧的事。不可不察也。"真宗因问，在朝之臣谁是此辈。沆对说："如户部判官梅询，粗有才辩，屡上书言西北边事，多不可行。户部员外郎曾致尧性甚刚率，前后论列时政，语皆狂躁。如此辈者非议朝政，排间老成，正是浮薄新进喜事之人，不可用也。"大抵英明之君多尚

真宗

功利，而厌闻皇王之道。喜新进而惮用老成之人。不知皇王之道如五谷之养人，不可暂废。若功利，则不察正味而徒取适口，所损必多矣。老成谋国，如良医之治疾，先固元气。若新进则不辨脉理，而妄投药剂，其害愈甚矣。古今治乱之迹，皆原于此。张、李二臣之言，真可为万世法也。

【今评】 真宗不能从根本大道领会治天下之所以然，却只从庶政具体事务去讲表面现象。这或许正是他后期昏愦腐败的基本原因。

> 李勉以为真奸邪是也：《旧唐书·李勉传》："他日上谓勉曰：'众人皆言卢杞奸邪，朕何不知？卿知其状乎？'对曰：'天下皆知其奸邪，独陛下不知，所以为奸邪也！'时人多其正直……"

帝又语及唐人树党，遂使王室微弱，盖奸邪难辨耳。沆对曰："佞言似忠，奸言似信。至如卢杞蒙蔽德宗，李勉以为真奸邪是也。"帝曰："奸邪之迹，虽曰难辨，久之自败。"帝一夕遣使，持手诏欲以刘美人为贵妃。沆对使者引烛焚诏，附奏曰："但道臣沆以为不可。"其议遂寝。帝尝以沆无密奏，谓之曰："人皆有密启，卿独无，何也？"对曰："臣待罪宰相，公事则公言之，何用密启？人臣有密启者，非谗即佞，臣常恶之，岂可效尤。"

【张居正讲评】 真宗一日又与宰相等论及唐时群臣，专树朋党，如牛僧孺、李德裕等，各相结纳以倾异己，遂使私议横行，王室微弱。盖正之与邪不容并立。正人固指邪人为邪，邪人亦指正人为邪。奸邪之人，心术诡谲，言语巧诈，最难分辨，故人主皆为所惑，以至于乱耳。李沆对说："凡人诚伪分明者易辨，惟似是而非者难辨。巧佞之言，似忠而非忠，奸邪之言，似信而非信。如唐之卢杞，极是奸邪小人，乃德宗被其蒙蔽，深信不疑。常说人言卢杞奸邪，朕殊不觉。御史李勉奏说：'人皆以为奸邪，而陛下不知，此卢杞之所以为真奸邪也。'由此观之，奸邪益深，则情状益伪。若卢杞者，正所谓佞言似忠，奸言似信者也。"真宗说："奸邪之人，一时固难分辨，久之自然败露，岂终不可辨哉！"真宗一夕遣中使持御札，要将爱幸的刘美人立为贵妃。沆对中使就引烛将诏书烧毁，因附中使口奏说："你只说臣沆以为此事不可行。"其议遂止。沆之持正不挠如此。真宗又曾以沆无机密章奏谕之说："他人都有密启，卿独无有，何也？"沆对说："臣幸待罪宰相，宰相当秉天下之至公，但有公事，则当于公庭言之，何用密启。凡人臣有密启者，不是谗毁群僚，即是佞谀主上，非公言也。臣尝恶此等人所为，岂可效尤乎！"盖人臣事君之道，莫贵于正直，而罪莫大于奸邪！凡阿意以养人主之欲，私交以结人主之心，既非正直之为，是即邪佞之渐也。今观李沆之事，真有正直大臣之风矣。然真宗能不以房闼之爱而违宰辅之言，岂不亦守成之令主乎？宜为史氏之美谈也。

【今评】 李沆向真宗提出自古以来忠奸难辨，特别指出大奸似忠，人皆知其奸，唯皇上不知。这是非常实际的问题，是对真宗提醒和警告。以后的事实证明真宗恰恰不能分辨近臣的忠奸！

以寇准为三司使，陈恕罢。恕久领三司。帝初即位，常命条具中外钱谷以闻。恕久不进，屡诏趣之。恕对曰："陛下富于春秋，若知府库充实，恐生侈心，是以不敢进也。"帝嘉之。

张居正讲评　三司使是总管盐铁、度支、户部三衙门钱粮的官。真宗以工部侍郎寇准为三司使，命三司使陈恕罢任。史臣因叙说陈恕在太宗时领三司事十余年，阅历既深，经理益密，国家财用甚赖之。真宗即位之初，尝命他开载中外衙门钱粮数目来看。恕久不进上。真宗屡有旨催促他上紧进来。恕乃对说："臣非敢故违明旨，但以陛下年龄正盛，志意或未收敛，德性或未坚定，若知道府库充实，只说这钱粮是容易来的，便不肯省费节用，凡声色、狗马、土木、甲兵，一切奢侈之心都从此而起，伤生伐性，劳民病国，其害有不可胜言者，是以不敢进也。"真宗知其忠爱恳切，深嘉纳之。大抵人主之心，常忧不足，则不期俭而自俭。一恃有余，则不期侈而自侈。侈心一生，如火之始然，难于扑灭。奸邪之臣，又从而导之，不至于燎原不止矣！真宗初嘉陈恕之言，后为丁谓、林特等争上会计录，而天书、封禅之事，遂纷纷不已，率如陈恕所虑。可见忠臣爱君，必防其渐，而明君自治，当谨其微也。愿治者宜加省焉。

今评　陈恕的预见是正确的。青年皇帝生长深宫，不知创业艰难，不知财富集聚的辛劳，为所欲为，挥霍浪费。以后的史事也恰恰证实这一点。

秋七月，右仆射平章事李沆卒。时西北用兵，或至旰食。参知政事王旦叹曰："我辈安得坐致太平，优游无事耶！"沆曰："少有忧勤，足为警戒。他日四方宁谧，朝廷未必无事。"旦以为不然。沆又日取四方水旱盗贼奏之。旦以为细事不足烦帝听。沆曰："人主少年，当使知四方艰难。不然，血气方刚，不留意于声色、犬马，则土木、甲兵、祷祠之事作矣。吾老不及见，此参政他日之忧也。"

张居正讲评　旰，是日暮。真宗景德元年秋七月，右仆射平章事李沆卒。史臣记李沆为宰相时，正当契丹入寇，西北边用兵，庙堂之上，调度兵马，处置钱粮，匆忙多事，或自朝至于日暮，才得退食。参知政事王旦叹说："我辈生当此时，受这等劳苦，不知何时得坐致太平，而忧游无事耶！"李沆说："人情处安乐则肆志，遇忧勤则小心。今边境未宁，君臣之间，有些小忧患勤苦之事，足以警戒人心，使不溺于晏安。此正国家之福。夫外宁必有内忧。他日若四方宁静，国家无虞，朝廷之上，未必不别生事端。那时方以为忧，而未可以为乐也。"王旦闻李沆之论，心中不以为然。李沆又每日将四方水旱盗贼事情，奏之于上。王旦以为人主总揽天下之大纲，其余琐碎的事不必一一烦渎圣听。李沆

真宗

答说:"圣人戒于方盛之时,人主当防未萌之欲。今主上年方幼冲,涉历未久,那黎民百姓,或匮于饥寒艰窘,或苦于盗贼纵横,或因粮差繁重,不得安居,或被贪官污吏,科敛剥削,种种苦情,无由上达。我等辅弼之臣,正当随事奏闻,使朝廷备知小民之劳苦,而不敢恣为逸乐之计。不然,则春秋正富,血气方刚,不留意于淫声美色,与夫狗马射猎之事,则将起土木之工以广宫室,兴甲兵之役以要边功,亲祷祠之事以奉鬼神,无所不至矣!我年已老,不及见此,此乃参政他日之忧,不可不豫为之虑也。"李沆此言,可谓深于爱君矣。未几,真宗与契丹讲和,天下无事,果然崇奉道教,信惑天书,而土木祷祠之事,纷然并作。王旦乃追思其言,叹说:"李沆能见事于未来,真圣人也。"向使真宗能存心于天下,防欲于未然,则沆之言不验,岂非真宗之福哉!明主抚盈成之运者,宜慎保此心,如朽索之驭马,加志穷民,如痌瘝之在身。然后可免于他日之忧,而长享太平之福也。李沆之言,真千古之明戒哉!

今评 李沆认为国有内忧外患,正可激励皇上惕然警醒!如天下一片升平之声,大臣疏于职守,朝廷不见得不出祸患。其远见卓识,称得起"千古明戒"!

丁谓与寇准善,准屡以谓才荐于沆。沆不用。准问之?沆曰:"顾其为人,可使之在人上乎?"准曰:"如谓者,相公终能抑之使在人下乎?"沆笑曰:"他日后悔,当思吾言。"沆又尝言:"居重位,实无补,惟中外所陈利害,一切报罢之,此少以报国尔。朝廷防制,纤悉备具,或徇所陈,请行一事,即所伤多矣!"

张居正讲评 史臣又叙李沆的事说:初沆为宰相时,有知制诰丁谓者,奸邪小人也。素与寇准厚善,而准不知其奸,常在沆前荐举他,说他有才能,可大用。沆终不用之。准问其故?沆答说:"朝廷任用大臣,必先德望,不但取其才而已。若丁谓之为人,可使之居于人上乎?"准心中不以为然。答说:"如谓这等才能,今日虽不用他,后必有用之者。相公终能抑之使久居人下乎?"沆笑说:"公若用此人,他日败坏国事,必然后悔。那时当思吾言之不妄也。"沆又尝自说:"我为宰相,当国家重任,无可补报,只于中外群臣上本条陈利害的,一切报罢,不曾举行,此则可以少报国恩耳。盖朝廷制度皆由祖宗经画,所以防制天下之利害者,已纤悉具备,不可复加矣!今日只宜守而勿失。若或轻听人言,纷纷举措,则变乱成法,百弊丛生,利未及见,而害已随之,所伤者多矣!此吾所以少补于朝廷者也。"其后寇准不听李沆之言,举用丁谓,同居相位。而谓以奸邪误国,准亦被其谮害。自真宗之后,朝廷之上,议论繁多,人主不能主张。每有一事,甲可乙否,朝更夕改,以致政事纷乱,国势衰弱而不可复救,皆如李沆之言。夫以丁谓之奸,寇准犹不能识,而沆独知之,可谓明矣!至于祖宗制度,每因喜事者好为条陈,以博声誉,庙堂或不深察而遽行之,又或心知其未当,而姑以徇之，则倏行倏罢，意见横出，不至于荡灭成法不止矣！故省议论者，尤第一要义。李沆之言，真可为相天下者之法也。

今评 名臣寇准，襟怀坦荡，因而被奸邪小人丁谓蒙蔽。用人是政治家首先要掌握的关键。寇准不识丁谓，后来遭他陷害，这说明识人选官必须先德后才！

沆尝读《论语》。或问之，沆曰："沆为宰相，如《论语》中'节用而爱人，使民以时'，尚未能行。圣人之言终身诵之可也。"及卒，帝惊恸，谓左右曰："沆为大臣，忠良纯厚，终始如一，岂意不享遐寿耶！"沆性直谅，内行修谨，居位慎密，不求声誉。遵法度，识大体，人莫能干以私。公退，终日危坐，未尝跛倚。治第封丘门内，厅事前仅容旋马。或言其太隘。沆笑曰："居第当传子孙，此为宰相厅事，诚隘，为太祝奉礼厅事，则已宽矣！"

张居正讲评 跛倚，是一足偏倚。太祝、奉礼，都是太常属官。宋时大臣荫子，多授此官。《宋史》又记李沆暇时，常诵读《论语》。或人问说：《论语》乃浅近之书，看他何故？李沆对说："我官居宰相，宰相之职，当使朝廷政事件件修举，天下百姓人人得所而后为称。且如《论语》中有两句说道，'节用而爱人，使民以时'。朝廷之上，冗费尚多，财用缺乏，是我不能节用也；间阎之间，差繁赋重，百姓愁苦，是我不能爱人也；一切不时的工作妨害民事者，往往有之，是我不能使民以时也。只这两句书，我尚不能行，何况其他。可见圣人之言，看着容易，做着实难。虽终身诵法之可也。岂可忽哉！"及是年沆卒，真宗闻之，震惊哀恸。与左右说："沆为国大臣，心性忠良，器宇纯厚，又且终始如一，不改其节。朕倚毗方殷，岂意不享遐寿耶！"其悼惜之如此。李沆为人，天性直谅不欺，内行修谨，少有过失。凡事谨密，绝无疏漏。所行务实，不求声名。遵祖宗法度，不为更张，识国家大体，不为苛细。奉公守法，直道而行，人不敢以私事干他。每公事既毕，退回私宅，则终日正容高坐，未尝懈怠而偏倚。尝盖造住宅一所，在封丘门内，规模狭小，厅事前空地，仅可牵马转身而已。或言其太狭。沆笑答说："宅第当传之于子孙，不止为一时之计。若论今日，这是宰相的厅事，诚为窄狭。若论传之子孙，他每的官，不过是太祝奉礼而已。有此厅事，已是宽了，岂可以为狭乎！"其遗子孙以俭朴如此。大抵古今名臣，所以能建立大功者，只是一个真实之心。实心为学，只一部《论语》，而其用无穷，不必记问之博；实心为政，只谨守法度，而其利无穷，不必可喜之功。至于不求声誉，人莫能干以私，尤正己格物之本。盖不徇名，则事皆当理而无违道干誉之病；不受私，则所行至公而无偏党颇僻之愆。宋之贤相当以李沆为第一，后世所当法也。

今评 李沆学《论语》，结合实政，讲求实效，非一般书生可比。对于

真宗

后代，他认识到要遗子孙以俭朴，不让他们无功受禄，有非份的享受，助长骄恣之心。李沆的人格和远见卓识难能可贵。

> 契丹主：此指辽圣宗耶律隆绪（971—1031），12岁即位，由其母萧太后摄政。统和元年（983），改国号辽为契丹。辽朝诸帝中在位最久，颇能拔用人才。在辽代有贤明之称。
> 定州：今河北定县。
> 太后（953—1009）：此指萧太后萧绰。辽景宗后，其子耶律隆绪即位后，被尊为皇太后，摄国政。

闰九月，契丹主侵定州，遂次于望都。契丹主奉其太后南下，命统军使萧达凛攻威虏顺安军，魏能、石普败其前锋。又攻北平砦，田敏等击走之。又攻保州皆不利。乃与契丹主合众攻定州，王超拒之于唐河。契丹遂驻师阳城淀。然每与宋师遇战小却，即引去，倘佯无斗志。寇准闻之，曰："是狃我也。请练师命将，简锐捷，据要害，以备之。"会降将王继忠以书诣莫州部署石普，言契丹欲讲和。普以闻于朝，朝臣皆以为不可信。毕士安曰："臣尝得契丹降人，言其虽深入，屡挫，不甚得志，阴欲引去，又耻无名，此请殆不妄。继忠之奏，臣请任之。"于是帝手诏谕继忠曰："朕岂欲穷兵，惟思息战，如许通和，即当遣使。"

张居正讲评

定州，即今真定府所属定州。望都，即今庆都县。保州，即今保定府。莫州，即今任丘县，皆宋时边境也。景德元年闰九月，北虏契丹侵犯定州，遂引军径入，屯于望都。契丹自奉其母萧太后南下，而命统军使萧挞凛分兵攻威虏地方。顺安军铃辖魏能，与副都总管石普出兵御之，败其前锋萧挞凛。又攻北平砦，总管田敏等又击走之。又攻城益急不得利，乃与契丹主合兵攻定州。都部署王超拒击之于唐河地方。契丹驻师于阳城淀。虽说内侵，然每与宋师遇合战，若小却，便引兵而去。其迹倘佯宽缓，无苦斗之志。寇准闻而疑之，说道："贼兵深入而不决于一战，是欲使我狃于小胜，志骄意懈，然后乘我之不备也。请练兵命将，简选果锐劲捷之兵，据要害之地以备之，毋堕其计。"适有契丹降将王继忠以书送莫州部署石普，说契丹本无斗志，只要与宋讲和。普以其言奏闻朝廷。朝臣皆以契丹多诈，不可信。独宰相毕士安奏说："臣尝得契丹降人，说契丹虽深入，屡经挫衄，不甚得意，阴欲引归，又无名色，自以为耻。由此观之，则讲和之请，似有可信，殆无他计也。继忠之奏，臣请以身任之。"于是真宗手书诏旨谕继忠说："朕方爱养元元，岂欲穷兵，惟思息战。如契丹果欲讲和，出于至诚，朕即当遣使通好，以定盟约，毋徒苦天下百姓也。"按宋之和议始于此时。真宗不忍生灵之困，而姑听其和，未为不可。但当时契丹拥兵南下，深入内地，以求关南地为名，实袭耶律德光割地于石晋之余策，岂是委心求和者。若真宗能用寇准之言，命将简锐与之一战，未必不胜。胜而后与之和，则制和在我，而其体常尊。乃不知出此，而幸契丹之许和，至与之盟于城下，输岁币以奉之。其后岁币愈增，国势愈弱，而靖康之祸，所由基矣。夫中国之于夷狄，必握其机而制之，可战可和，而不失中国之尊，斯久安长治之计也。

今评 如张居正所指出"宋之议和始于此时"。毕士安之议，在于求暂安,寇准所论,在于图远谋。

十一月,契丹主侵澶州,帝自将御之。时契丹败宋师于洺州,破德清军冀州,遂次于澶渊北边。书告急一夕五至,中外震骇。寇准不发,饮笑自如。帝闻之大骇,以问准。准对曰:"陛下欲了此,不过五日耳。愿帝幸澶州。"同列惧,欲退,准止之,令候驾起。帝难之,欲还内。准曰:"陛下入,则臣不得见,大事去矣!请毋还而行。"毕士安力劝帝如准所请,帝乃议亲征。

澶(tán)州:唐代州名,取古澶渊为名。
洺(míng)州:即今河北永年县。

【张居正讲评】 澶州,即今大名府开州。洺州,即今广平府临洺关地方。冀州,即今真定府冀州。景德元年十一月,北虏契丹,入犯澶州。真宗从寇准之谋,亲将兵以御之。史臣叙说:时契丹入寇,已败宋军于洺州,又攻破德清军于冀州,遂引军深入,屯于澶渊地方。北边声息紧急,一夜之间,凡五次飞报至,中外人心俱惊惶震骇,而宰相寇准不将警报传发,但饮酒欢笑,无异平时。真宗闻之,怪宰相不以边事为急,大骇异之,因召问寇准。准对说:"臣料契丹此来,其兵易破,陛下若欲剿除此虏,不过五日而已。但须陛下亲幸澶州,庶可成功耳。"同僚官闻准劝上亲征,皆畏惧不敢赞成,欲退班出朝。准留住同僚,令即候圣驾兴发。真宗以为难,要且还宫中。准奏说:"陛下若入宫,则臣不得进见,而亲征之策不成,天下大事从此去矣!请勿还宫,即刻起行,乃为御虏上策也。"宰相毕士安亦以准言为是,力劝真宗依准所奏。真宗于是始议亲征焉。盖用兵之道,当以气胜。真宗此时若不亲征,则我师之气不振,而虏之势愈张。寇准料之已熟,故决意劝帝亲征也。

【今评】 用兵之道,当以气胜。寇准从容不迫,决意劝真宗亲征,以励士气。此事得以实行,首先是寇准雄才大略,更由于寇准之上的宰相毕士安所见略同,协力同心,才得以形成决议。只可惜赵恒始终处于被动盲目,软弱无力,经不起考验的昏愦状态!这就为此后邪恶势力乘隙而入留下祸根!

召群臣问方略。王钦若临江人,请幸金陵。陈尧叟阆州人,请幸成都。帝以问准,准心知二人之谋,乃阳为不知者,曰:"谁为陛下画此策,罪可诛也。陛下神武,将臣协和,若大驾亲征,敌当自遁。不然,出奇以挠其谋,坚守以老其师,劳佚之势我得胜算矣。奈何弃庙社,欲幸楚蜀远地,所在人心崩溃,敌乘势深入,天下可复保耶?"帝乃决计幸澶州。二人由是怨准。庚午,发京师,准命朝士出知诸州,皆于殿廊受敕,戒之曰:"百姓皆兵,府库皆财,不责汝浪战。

真宗

但失一城一壁,当以军法从事。"钦若多智,准惧其妄有关说,疑沮大事,出钦若知天雄军兼都部署。契丹至城下,钦若闭门,束手无策,修斋诵经而已。时司天言曰抱珥,黄气充塞,宜不战而却。

张居正讲评 临江,即今江西临江府。金陵,即今应天府。阆州,即今四川保宁府。珥是日旁的气,如耳环之形,所以叫做珥。真宗因契丹侵犯澶州,欲从寇准之言,将议亲征,乃宣召在廷群臣,问以方略。有参知政事王钦若,是临江人,与金陵相近,因请真宗幸金陵以避虏。署枢密院事陈尧叟,是阆州人,与成都相近,因请真宗幸成都以避虏。这两人都顾念私家,不论朝廷利害。真宗心里疑惑,乃以其谋问于寇准。准心知是王钦若、陈尧叟二人之谋,只装做不知。对说:"这是谁人为陛下画此计策,据其误国之罪,真可斩也。夫陛下以神武驭世,将臣同心协和,愿效死力。若大驾一出亲征,敌必畏惧威灵,自然远遁。若不遁去,我则相其机宜,或用奇兵,出其不意,以挠其谋,或坚守城郭,不与之战,以老其师。战守皆由于我,彼处其劳,我处其佚,以佚待劳,我得胜算矣。奈何弃宗庙社稷欲幸楚蜀远地。大驾一动,则各处人心,都慌张无主,崩离溃散。敌于此时乘势长驱深入内地,天下岂复可保乎。"真宗见其说得明切,乃决计幸澶州。然王钦若、陈尧叟不得行其谋,则深怨寇准矣!庚午日,真宗驾发京师,准命在朝官员有才力者,出守诸州要害,都到殿廊领敕,因戒谕之说:"汝等莫愁无兵,百姓每都是兵,任汝选练。也莫愁无财,府库中都是财,任汝支使。朝廷只要保守地方,不责汝出兵浪战。但失了一城一壁,即以军法处治,决不轻贷也。"钦若为人诡谲多智。准恐其在朝妄有陈说,疑沮大事,乃出钦若知天雄军,兼都部署。契丹军马至天雄城下,钦若闭门束手,无计可施,只是修斋诵经,祈天保祐而已。小人遇事不能担当如此。时司天监奏言:"日边有晕如耳环一般,黄气周围充塞。据占法,虏当不战而却也。"其后车驾渡河,虏气遂夺,不待接战而和议已成,果如司天之言。

今评 大敌当前,王钦若、陈尧叟之流畏敌如鼠!寇准不畏强敌,以理服人,终于使昏愦的赵恒接受亲征方略,这就赢得主动权,终于使局势转危为安,可谓中流砥柱。

床子弩:一弩多弓带木架。始于唐五代。旧弩止射700步远。宋开宝九年(976),令作坊副使魏丕改造,射程至千步。世称斗子箭,又叫寒鸦箭,言其矢飞纷散如鸦飞奔。

驻跸:帝王出行中途暂住。跸,帝王车驾。

帝次于澶州,暨契丹平。帝在道,适苦寒,左右进貂裘。帝却之曰:"将士皆然,朕安用此耶!"壬申,契丹兵直犯前军而阵,未接战,萧挞凛出按地形,时威武军头张瓌守床子弩,发矢中挞凛,死焉。契丹主大惧,欲引去,而宋师数十万方至,由是和议益决。丙子,帝至澶州南城,望见契丹军势甚盛,众请驻跸。寇准固请,曰:"陛下不过河,则人心益危,敌气未慑,非所以取威决胜也。"众议皆惧。准力争之不决,出遇殿前都指挥使高琼于屏间,谓曰:"太尉受国恩,今日有

以报乎?"对曰:"琼武人,愿效死。"准乃复入,琼随立庭下。准厉声曰:"陛下不以臣言为然,盍试问琼等。"琼即仰奏曰:"寇准言是。陛下若不过河,百姓如丧考妣。"冯拯在旁呵之。琼怒曰:"君以文章致位两府,今虏骑充斥如此,君何不赋一诗退虏耶!"即麾卫士进辇。

张居正讲评 真宗从寇准之策,亲至于澶州,遂与契丹讲和。史臣叙说:真宗既发京师,在中途偶苦寒冷,左右进貂裘。真宗不用,说道:"今从征将士都冒寒远行,朕安可独尚此裘耶!"其体恤将士如此。壬申,契丹兵恃其强,直犯前军,排列阵势,尚未交战,契丹统军使萧挞凛,出马看视地形,时威武军头张瑰管守床子弩,见挞凛来,发弩放箭,正中挞凛而死。挞凛有机勇,契丹主甚倚赖之。见其死,大惧,欲引兵北归。而宋朝各处兵马数十万方至。彼气既夺,我势益张。由是契丹求和之议益决。丙子,众请上暂且驻跸。寇准再三奏请说:"陛下亲帅六师,而畏虏之盛,不敢过河,则人心益危,敌气未慑,非所以取威名而决胜策也。"众人皆惧,莫敢劝行。准尽力争之,不能决,出遇殿前都指挥使高琼于屏前,与之说:"高太尉,你受国厚恩,享此高爵,今日事势紧急如此,亦思有以报国家否乎?"高琼对说:"琼一介武夫,惟愿捐躯效死,以报国家。"准乃又入奏请。琼即随入,立于庭下。准大声奏说:"陛下若不以臣言为是,何不试问老将高琼等,当过河否?"琼即仰奏,说:"准所言极是,陛下若不过河,则将士之战不力,百姓无所归命。就如丧父母一般了。"签书枢密院事冯拯在旁,以琼言为非,遽呵止之。琼发怒说:"你等平日不过会做些文章,以此致位两府。今虏骑充塞如此,君何不赋一首诗以退虏骑耶!今当用武之时,文章何用?高琼保任寇准之策,定不差也。"于是真宗之意乃决。高琼就指麾护卫军士,进辇渡河。此时若非寇准决策,高琼力赞,则真宗未必就肯渡河。天下事尚未可知矣!

今评 可见赵恒懦弱无能,终难扶持!

帝遂渡河,御北城门楼。远近望见御盖,诸军皆踊跃呼万岁,声闻数十里,契丹气夺。帝悉以军事付寇准,准承制专决,号令明肃,士卒畏悦。已而契丹数千骑来薄城下,迎击,斩获大半,乃引去。帝还行宫,留准居北城上。徐使人视准何为?准方与知制诰杨亿饮博,歌谑欢呼。帝喜曰:"准如是,吾复何忧!"

张居正讲评 真宗既至澶州,因高琼力赞寇准之议,遂进辇渡河,御北城门楼上。远近望见乘舆伞盖,知天子果然亲征,诸军皆踊跃奋励,欢呼万岁,声闻数十里,契丹为之惧而夺气。真宗把一应军中的事,尽付与寇准,准承制得专决机务。凡发号施令,都明爽严肃,士卒无不畏惧悦服者。既而契丹遣数千骑来逼近城下,看我军动静。准令出军迎击之,斩获其太半。贼遭挫

真宗

衄,乃引去。真宗还行宫,留准居北城上,镇守调度从容。使人到准处审看准做些甚事?准方与知制诰杨亿饮酒博戏,歌谑欢呼,如无事一般。真宗乃大喜,说:"准当兵事匆遽之时,从容闲暇如此,必有万全之谋矣!朕复何忧哉!"盖准审势度时,已有胜算。且欲慰主上之心,安三军之志,而阴夺敌人之魄,故处之泰然如此。其识量宏远,出于寻常万万矣!

今评 寇准之远谋大略,真宗之畏葸怯懦,叙来真切如画。

戊寅,曹利用自契丹还,言契丹欲得关南地。帝曰:"所言归地事,极无名。若必邀求,朕当决战。若欲货财,汉以玉帛赐单于,有故事,宜许之。"准不欲赂之以货财,且欲邀其称臣,及献幽蓟之地,因画策以进曰:"如此,则可保百年无事。不然,数十年后,戎且生心矣!"准盖欲击之,使只轮不返。帝方厌兵,乃曰:"数十年后当有扞御之者,吾不忍生灵被困,姑听其和可也。"准尚未许。十二月,庚辰朔,契丹遣飞龙使韩杞持书来请盟。准不从。会有潜准幸兵以自取重者。准不得已,乃许其成。复遣曹利用如契丹军议岁币。帝曰:"必不得已,虽百万亦可。"准闻之,召利用至幄,谓曰:"虽有敕旨,汝所许过卅万,吾斩汝矣!"利用竟以绢廿万匹,银十万两,定和议。南朝为兄,北朝为弟,交誓约,各解兵归。自是南北弭兵,寇准之力也。

谮(jiàn):诬陷,谗言。

张居正讲评 关南地,是瀛、莫二州,即今河间府所属地方。晋石敬瑭割以与契丹。至周世宗伐契丹,取之,复归中国。契丹入寇,正欲得此地。又通书议和。真宗遣崇仪副使曹利用奉书往报之。至是十一月戊寅,利用回朝,说契丹要得关南地以和。真宗说:"这地是祖宗所传之地,岂可弃割。彼欲得之,极为无名。若必邀求不已,朕惟有决战而已。若欲货财,昔汉文帝尝以玉帛赐单于,有此故事,宜可勉许。"寇准以为,虏气已夺,我战守之力有余,岂可赂以货财,示之以弱。彼若欲求和,则令称臣于我,及献还中国幽州、蓟州等地,方可许之。因画计以进,说:"必如此而后可保国家百年无有边患。不然,则今日虽和,不过数十年之后,虏且生心,窥伺我动静矣!"盖是时,虏深入吾地,食尽兵疲,而我兵四集,士气正倍,准欲合兵击之,尽歼其众,使其只轮不返。而真宗素无远略,方厌兵革之苦,乃谕说:"但保今日无事,数十年后,另有人出来打御他。朕不忍驱民于战,使生灵被困,且许其和可也。"然准意尚未许。十二月庚辰朔,契丹遣其飞龙使韩杞,持书来求盟。准不从。适有逸谮寇准,说他幸国家用兵,以专权取重者。准恐获罪,不得已,乃许其和。又遣曹利用往契丹军中,定议每岁币帛之数。真宗谕说:"若契丹贪求无厌,你不得已,虽以百万许之亦可。"准闻之,私召利用到己帐房中,与之说:"你虽奉有圣旨,许他百万。然虏情无厌,事当慎始。汝须加忖量,若所许过卅万,我斩汝矣!"利用奉命而往,竟许他绢廿万匹，银十万两，而定和议。称宋朝为兄，契丹为弟，交写誓约文书，各罢兵而息。自此之后，南北兵息，天下无事，乃寇准劝上亲征之力也。按当时寇准之意，专主于战，真宗之意，专主于和。寇准岂不知战为危事。盖战胜而后与之和，则制和在我，而和可久长。惜乎！真宗仁而不武，遽许之和。其后岁币日增，而国势愈弱，至于靖康，竟有北狩之祸，一如准之所料。故御虏者，必以和好为权宜，以战守为长策，此不易之论也。

今评 澶渊之盟是赵宋历史上一件大事，就其积极意义说，这个和约确使宋辽弭兵，和平局面维系百年之久。然而，和约是力量平衡的产物。倘若没有一定的军事力量为后盾，没有寇准等主战派的坚决抵抗，就不可能有和平。倘若依着宋真宗一味退缩忍让，恐怕北方的半壁江山，已非赵家所有了。

春二月，寇准罢。准为相，用人不以次。同列颇不悦，目吏持例簿以进。准曰："宰相所以进贤退不肖也。若用例，一吏职耳。"自澶州还，颇自矜其功。帝亦待准甚厚。王钦若深嫉之。一日会朝，准先退。帝目送之。钦若因进曰："陛下敬准，为其有社稷功耶？"帝曰："然。"钦若曰："城下之盟，春秋耻之。澶渊之举是也。以万乘之贵，而为城下之盟，其何耻如之。"帝愀然不悦。钦若曰："陛下闻博乎？博者输钱欲尽，乃罄所有出之，谓之孤注。陛下，寇准之孤注也。斯亦危矣。"由是帝顾准寖衰，竟罢为刑部尚书，出知陕州。

张居正讲评 例簿，是升官的资格簿。陕州，即今河南陕州。景德三年春二月，寇准罢相位。史臣叙说：寇准为宰相，其用人只论才品，不拘资次。同僚以为非旧规，颇不喜。一日推升官员，同僚将眼觑着该吏，教他将升官例簿送看。准说："宰相以进退人才为职。知其贤，即当进之，知其不肖，即当退之，何必拘例。若不论贤否，只照旧例，挨次进用，则不过一掌案书吏之事耳，又安用宰相乎？"准澶渊回还，自以为有退虏功，颇露矜夸之意。真宗亦因澶渊之功，待准眷顾隆重。一日朝罢，准先退，真宗以目送之。钦若在旁，心生嫉妒。因进说："陛下敬重寇准，将谓其有安社稷之功耶？"真宗说："果然。"钦若奏说："陛下但知准有退虏之功，不知准有辱国之罪。昔春秋之时，楚人伐绞，兵临其国，绞人降服。楚人与之盟于城下而舍之。《春秋》以绞人不能御敌，特书以耻之。澶渊之举，正所谓城下之盟也。夫小国之于大国，势力不敌，故为此乞哀求和之举。今以堂堂天朝，乃亲屈万乘之尊，与虏人盟于城下，是《春秋》之所深耻也。而陛下乃以为功乎！"于是真宗愀然变色不乐。钦若又乘机进说："陛下曾闻赌博之事乎？赌博者，输钱将尽，无计可施，则尽其所有之钱，出与之博，以侥幸于一掷，这叫做孤注，为其输赢只此一举，更无第二着也。今澶渊之举，准不能

真宗

别出方略,遽欲圣驾亲征,万一不利,臣不知准再有何法可支?是准以陛下万乘之主,作一孤注耳,岂不危哉?"真宗中王钦若之谗言,由是眷顾寇准之意,渐见衰薄,竟罢准相位,为刑部尚书,出知陕州。大抵君子小人,势不两立,况功高则忌者愈深,宠盛则间者愈密,自非明君,鲜有不为所惑者。钦若之于真宗,既援《春秋》之义以愧之,又举孤注之喻以危之,其言若切于事情,使听者不觉其易入。此小人之所以可畏也。真宗不能深察,而轻弃社稷之臣,其亦不明甚矣!

今评 嫉贤妒能的王钦若,利用赵恒的昏庸搬倒了王朝柱石寇准!实是宋王朝的一大悲剧。

封禅:帝王祭天地的典礼。在泰山上筑土为坛祭天,报天之功,称封;在泰山下梁父山上辟场祭地,报地之功,称禅。秦汉以后,历代封建王朝都把封禅作为国家大典。

大中祥符元年春正月,有天书见于承天门之鸱尾,大赦改元。先是帝深以澶州城下之盟为辱,居常怏怏不乐。王钦若度帝厌兵,因谬进曰:"陛下以兵取幽蓟,乃可涤耻。"帝曰:"河朔生灵始免兵革,朕安能为此?可思其次。"钦若曰:"惟有封禅泰山,可以镇服四海,夸示外国。然自古封禅,当得天瑞希世绝伦之事,然后可尔。然天瑞安可必得?前代盖有以人力为之者,惟人主深信而崇奉之,以明示天下,则与天瑞无异也。"帝深思曰:"王旦得无不可乎?"钦若曰:"臣喻以圣意,宜无不可。"乃乘间为旦言,旦黾勉从之。

张居正讲评 鸱尾,是屋上兽头。封,是加土。禅,是筑坛。泰山,是东岳。世言古之帝王,致治升平,则加土筑坛于泰山上,祭天以告成功。然此皆秦汉之后怪诞不经之说,非实事也。黾勉,是勉强的意思。大中祥符元年春正月,有天书降于承天门之鸱尾上,大赦天下,改元为大中祥符。先是真宗听王钦若谗谮寇准之言,深以澶州城下之盟为耻,每常闷怏怏不乐。王钦若欲逢迎取宠,揣知真宗厌兵,却故意进说,陛下既追悔澶渊之盟,何不用兵攻取幽蓟地方,以洗雪前耻。真宗说:"河北生灵自讲和以来,才免于兵革之苦,朕安能再用兵耶?卿可更思一策。"钦若乃进说:"今惟有修举古帝王封禅泰山之礼,见得皇穹恩眷,天下太平,用以镇服四海,夸示外国,而洗雪澶渊之耻。但自古封禅者,必得天降祥瑞,希世绝伦不易有之事,乃可举行此礼。然上天祥瑞,岂可必得。前代人君也有将人力假做出来的。惟在人主先自深信而尊奉之,以明告天下,则天下的人,便道真是天降的祥瑞了。"真宗心知其非,而不能自断,沉思久之,乃说:"王旦每事持正,得无以为不可乎?"钦若又说:"臣请喻以圣意,旦宜无不可。"钦若乃乘旦空闲,具言其事。王旦知上意难回,遂不敢谏,而勉强从之。由是天书封禅之事成矣!按当时澶渊之盟亦未为失策。真宗若能修德自强,选将练兵以待敌人之衅,则故地可复,契丹可图,岂止雪澶渊之辱而已乎!不知出此,而听小人之邪说,为矫诬上天之事,垂之史书,遗笑千古,岂非后世之永鉴哉!

今评 真宗赵恒很爱面子,但又庸懦无能。想雪澶渊之耻,又不敢得

真宗

罪契丹。王钦若摸透了赵恒的心思，欲擒故纵，明知赵恒不敢用兵，偏要激他夺取幽蓟，非叫你赵恒自己说不敢动兵，然后再提出封禅泰山，夸示外邦这一自欺欺人的办法。真宗得以自我安慰，钦若借此擅宠固位。至于耗费民脂民膏，败坏风气，则不在考虑之列。此类事情，史不绝书，难道不应该从制度上去找一下原因吗？

乙丑，帝谓群臣曰："朕去年十一月二十七日夜将半，方就寝，忽室中光曜，见神人星冠绛衣，告曰：'当降天书大中祥符三篇。'适睹皇城司奏：左承天门屋之南角，有黄帛曳鸱尾上，盖所降之书也。"王旦等皆称贺。帝即步至承天门瞻望再拜，遣二内臣升屋，奉之以下。王旦跪奉而进，帝再拜受之，付陈尧叟启封，帛上有文曰："赵受命，兴于宋，付于昚，居其器，守于正，世七百，九九定。"缄书甚密。其书黄字三幅，词类老子《道德经》，始言帝能以至孝至道绍世，次论以清净简俭，终述世祚延永之意。读讫，帝复跪奉，韫以所缄帛，盛以金柜。钦若之计既行，陈尧叟等益以经义附和，而天下争言祥瑞矣！独龙图阁待制孙奭言于帝曰："以臣愚所闻，天何言哉？岂有书也？"帝默然。

昚(shèn)：古"慎"字。
绍(shào)：承继。
韫(yùn)：蕴藏。藏入金柜。

张居正讲评

星冠绛衣，是道家的冠服。老子姓李名耳，即孔子所称老聃，著《道德经》五千言，盖道家之宗也。大中祥符元年正月乙丑日，真宗既用王钦若之言假造天书，欲以夸示天下，乃谓群臣说："朕去年十一月二十七日，夜将半时，方欲就寝，忽宫中光曜满室，见一神人，戴着星冠，穿着绛衣，来告朕说：'上帝见今治化隆盛，将降下天书大中祥符三篇，以示眷异。'此神人传上帝之命以告我也。今日果见皇城司奏说：'左承天门屋之南角有黄绢一段，曳系于鸱尾之上'，必是天所降之书也。"王旦等都迎合上意，遂率群臣称贺。真宗即步行到承天门，瞻望再拜。遣二内臣登屋取天书，恭奉下，王旦遂跪捧而进。真宗再拜受之，付陈尧叟拆封。其黄绢上写着，"赵受命，兴于宋"，是说太祖姓赵，起于宋地也。"付于昚，居其器，守于正"，是说以天下神器付于后人，当守之以正也。"世七百，九九定"，是说国祚绵远，传之无穷也。其书缄封谨密，书上有黄字三幅，词语似老子所著《道德经》。初一段说真宗能以至孝至道绍述先世之业。次一段教真宗清净无为，简默俭约，以崇尚老子之术。末一段述宋家世祥久远之意，此即所谓天书三篇也。陈尧叟宣读讫，真宗又跪捧尊藏，仍将绢帛包裹，以金柜盛之。天书既成，钦若之计得行。陈尧叟等又援引经书所载祥瑞之事，附和其说，以阿奉上意，于是中外臣民揣知朝廷之意，争言祥瑞矣。独有龙图阁待制孙奭奏真宗说："祥瑞之事，本不可信。况天书尤为无据。以臣愚所闻，孔子有言，天何言哉？既不能言，岂有书也。"真宗不能答，为之默然。夫

真宗

自古言祥瑞，未有若天书之妄诞者，此虽庸愚之人，莫不窃笑，而在廷群臣，相率附和，无一能救其失者，独孙奭能言之。可见人臣容悦者多，正直者少。君心一有所惑，则谄谀四至，日陷于非而不自觉矣！岂非明主所宜深省者哉！

今评 人主至于以鬼力乱神自慰的地步，国运也就可虑了。孙奭以孔子之言诘之，义正辞婉，得讽谏之体。

汾(fén)阴：在汾水之南，宋代改名荣河，即蒲州府荣河县(今属山西)。

继迁(963—1004)：西夏创建者。原为拓跋氏，唐朝赐姓李，即李继迁。

八月，以王旦兼汾阴大礼使。时将有事汾阴而岁旱。龙图阁待制孙奭上疏陈不可者十事，且曰："陛下才毕东封，又议西幸，非先王卜征五年重谨之意。今国家土木之功，累年不息，水旱作沴，饥馑居多，乃欲劳民事神，神其享之乎？"又上疏言："今之奸臣以先帝尝停封禅，故赞陛下以继承先志。先帝欲北平幽朔，西取继迁，则未尝献一谋，画一策，乃卑辞厚币求和于契丹，蹙国縻爵，姑息于保吉，谓主辱臣死为空言，以诬下罔上为己任，是陛下以祖宗艰难之业，为奸臣侥幸之资，此臣所以长叹痛哭也。"时群臣争奏祥瑞。奭上言："方今野雕、山鹿，并形奏简，秋旱冬雷，率皆称贺。将以欺上天，则上天不可欺；将以愚下民，则下民不可愚；将以惑后世，则后世不可惑。夫国将兴，听于民；将亡，听于神。陛下何为而不思也？"帝嘉其忠，而不能从。

张居正讲评 汾阴，是地名，在今蒲州荣河县。汉武帝尝亲祀后土于此。继迁姓李，累世据银、夏等州。太宗时纳款，赐姓名为赵保吉，授以官爵，未几复叛，为西边患。大中祥符三年八月以宰相王旦兼汾阴大礼使。时真宗将祀后土于汾阴，适值岁旱。龙图阁待制孙奭上疏谏之，历言其不可者十事。且说："陛下才完东封泰山之事，又讲西幸汾阴之礼，非先王卜征五年，重谨巡幸之意。盖先王凡有征行，必先于五年前占卜吉凶。五年五卜皆吉，然后行，不吉，则不行，其谨如此。今国家营缮土木之功，连年不止，而各处水旱为灾，饥馑甚多，乃欲劳民力以事鬼神。鬼神有知，必不享矣。"奭又上疏，说："今在朝奸臣，因见先帝曾停止封禅，便说先帝有此志而未成，故赞陛下以继承先志。此言似是而实非也。昔先帝尝欲北伐辽以平幽、朔，西灭李继迁，以取银夏等州。今在朝诸臣，并不曾有献一谋、画一策，以赞陛下继承先志者，而乃使国家卑其言辞，厚其岁币，以求和于契丹，蹙小疆土，羁縻官爵，以姑息于保吉，不念主辱臣死之大义，而视为空言。不畏诬下罔上之大戒，而反为己任。是陛下以祖宗艰难创造之业，为奸臣侥幸富贵之资。君臣若狂，国家将乱，此臣所以长叹而痛哭也。"时群臣又争献祥瑞。奭又上疏，说："今人臣相率欺罔，阿意取容。虽野雕山鹿之微物，亦称为珍禽，而形之奏简；秋旱冬雷之异事，乃反谓瑞应，而率皆称贺。将以欺上天耶？则天居高听卑，不可以欺；将以愚下民耶？则民至愚而神不可以愚；将以惑后世耶？则人心是非昭然，不可以惑。大凡国将兴，则人君听察于民，

用舍好恶,惟民是从,故事皆得其当而兴;国将亡,则人君听信于神,不务修德,而谄渎鬼神,故事皆失其当而亡。陛下何为不自思省,而甘处于危亡之地也。"疏上,真宗虽心嘉其忠,而不能从。按当时天书之事,起于王钦若,而决于丁谓,虽以王旦、寇准之贤,不敢有异议,独奭反复言之,至剀切矣!真宗知钦若之奸而不能去,知奭之忠而不能用,谓之何哉?先王惟畏天明命,故无所不畏,若真宗者,上以欺天,下以欺民,中以自欺,方且欲以夸示夷夏,亦可谓至愚也已。

【今评】 "嘉其忠,而不能从",披览史书,如此记载何止百千,是孙奭一般直臣之最大悲剧。

太尉侍中王旦卒。旦为首相,会天下无事,慎守祖宗法度,无所变改。帝久益信,言无不从。凡大臣有所奏请,必问曰:"王旦以为何如?"旦与人寡言笑,及奏事,群臣异同,旦徐一言以定。居家贫,客恒满堂,察可与言,及素知名者,数日后召与语,询访四方利病,或使疏其言而献之。观才之所长,密籍其名,不复与之相见。遇有差除,必先疏四三人姓名以请,所用者,帝以笔点之。同列不知,争有所用,惟旦奏入,无不俞允。丁谓因是数潛其专,莫知其故也。

太尉侍中: 太尉北宋为三公官,从太祖至神宗真拜侍中者仅五人。

差(chāi)除: 差为派遣,除谓拜官授职。

【张居正讲评】 太尉侍中王旦病卒。史臣叙说:旦为首相,遇天下承平无事,谨守祖宗法度,未尝以己意变更。真宗任用既久,愈益敬信。旦之所言,无不听从。大臣欲行一事,有所奏请,真宗必问,说:"此事王旦意思以为何如?"其信重如此。旦性简默,与人相处,不轻发言笑,及至奏事,或群臣意见不合,议论异同,旦从容出一言以断之,即无不定。其操守廉洁,虽居相位,其家甚贫。宾客常至满堂,旦未尝拒之,而亦不轻与之接。察其中有才识过人,可与议天下之事,及素有名望者,数日后召与之语,咨访四方利弊,或口不能尽,使之书写其言而献之,观其才之所长,果可任用,即密记其名,自后不复与之相见。遇有差委除授,必预将所记者,开具四三人姓名,密请于上。真宗择其可用者,以笔点之。同僚不知,乃各以己见争欲荐用,多不合真宗之意。惟旦奏入,无不依允。丁谓因此嫉妒,时时在真宗前谮他专擅,不知旦已预先奏请得旨,非出于己意也。旦在宋为贤相,其事之可纪者固多,至于不妄言笑,而一言足以决大疑。不市私恩,而群才悉为所收用,尤得大臣之体。此史臣所以特书之也。

【今评】 王旦病重,真宗送药、送粥,赐白金五千两。王旦命家人还献,并有四句话:"已惧多藏,况无所用,见欲散施,以息咎殃。"皇上有诏不许,奉还。再至其门,王旦已故,死前推荐了常对他不满的寇准为相。

他所居甚陋,真宗欲为重建,王旦恳辞。每有赐予,他感叹此皆生民膏血,安用许多!生平不置田宅,他说:"子孙当念自立。"

子弟求官,王旦说:"岂可复与寒士争进!"至死其子未官。他最遗憾的是对王钦若、丁谓等奸邪"造天书"未能强谏,对其子说:"我别无过,惟不谏天书一节,为过莫赎。"作为封建士大夫,其为人为官确有难能可贵之处!

旦凡荐人,人未尝知。谏议大夫张师德两诣旦门不得见,意为人所毁,以告向敏中,敏中从容言之。旦曰:"旦处安得有毁人者。但师德后进,待我薄耳。"及议知制诰。旦曰:"可惜张师德。"敏中问之。旦曰:"累于上前言师德名家子,有士行,不意两及吾门。状元及第,荣进素定,但当静以守之尔。若复奔竞,使无阶而入者当如何也。"张士逊转运江西。见旦求教。旦曰:"朝廷榷利至矣!"士逊遵其言,不求羡利。人称士逊识大体。薛奎发运江淮,辞行。旦无他语,但云:"东南民力竭矣!"奎退,叹曰:"真宰相之言也。"

张居正讲评 转运、发运,都是掌管一路钱粮的官。史臣又叙,王旦每凡荐引人才,人未尝知其荐者。盖不敢以朝廷官爵市私恩也。谏议大夫张师德曾两次到旦门求见,竟不得见,以为被人谗毁,故为旦所拒。告于向敏中,敏中从容与旦言之。旦答说:"旦处安得有人谗毁人者。但师德乃后进之士,习于浮薄,不以厚道待我耳!"及知制诰缺官,议要用人。旦叹说:"可惜张师德是名家之子,素有才行可用。不意他两次到我门求见,希图荐举。夫师德以状元及第,荣进已素定,但当安静以守之,何患不做美官,而乃急于进用如此。状元犹且奔竞,将使孤寒之士,无阶而入者,又当何如耶?是其人才器可取,而不自爱为可惜也。"这是王旦裁抑奔竞,以正士风的意思。张士逊为江西转运使,见旦请教,旦告说:"朝廷征求财利之法,可谓至矣!不可更为搜括,以困吾民。"于是士逊遵守其言,并不加求羡余银两。时人翕然称之,以为识大体。乃旦教之也。薛奎为江淮发运使,辞行,旦无他语,只说:"东南民力已竭尽矣!可不思所以安辑之乎?"奎退而叹说:"宰相上佐天子,保国安民,旦惓惓以百姓为忧,真宰相之言也。"大抵辨论人才之法,当以平淡为上,躁竞为下。师德虽才,即其躁进一念,何所不至?宜为旦之所抑也。及旦每论理财,则以民力为言。盖民者财之所自出。民富则财充,而上下皆益,民穷则财尽,而上下皆损。旦之言若为民,实所以为国耳。《大学》论用人理财而思休休之大臣,若旦者真无愧矣!

今评 "躁进一念,何所不至"这是张居正所作非常精深的阐释,揭示出了名相王旦"裁抑奔竞"、"戒贪进,激薄俗"之深意!一个急于进用的人,四面八方到处钻营,势必无所不为,难道这类人还能信用吗?

真宗　仁宗

资治通鉴

秋七月，以王曾平章事，吕夷简、鲁宗道参知政事，钱惟演为枢密使。曾方严持重，每进见，言利害事，审而当理，多所荐拔，尤恶侥幸。帝尝问曾曰："凡臣僚请对，多求进者。"曾对曰："惟陛下抑奔竞而崇恬静，庶几有难进易退之人矣。"初真宗封岱祀汾，两过洛阳，皆幸吕蒙正第，曰："卿诸子孰可用？"蒙正对曰："诸子皆不足用，有侄夷简，颍州推官，宰相材也。"夷简由是进用。

张居正讲评　洛阳，即今河南府。颍州，即今凤阳府所属颍州。乾兴元年秋七月，仁宗即位，以参知政事王曾平章事。知开封府吕夷简、右正言鲁宗道、参知政事，枢密副使钱惟演为枢密使。这四人都是一时人望。史臣因叙说，王曾为人端方严毅，持重不苟，每进见真宗，言国家利害之事，议论详审，切中道理。于天下贤才多所荐拔。至于侥幸骤进者，尤深恶之。真宗尝问曾说："人臣进退，出自朝廷。今臣僚有所请对，多自求进用者，为之奈何？"曾对说："士人之节概，在上所以励之。惟陛下裁抑奔竞躁进之人，崇奖恬退静守之士，则天下知重廉耻，畏名义，即有奔竞躁进者，亦无所容，而士风自正。庶几有难进易退之人矣。"初真宗东封岱狱，及亲祀汾阴，两次过洛阳地方，皆枉车驾，临幸吕蒙正家。是时蒙正方致仕家居，真宗因问蒙正说："卿诸子中谁可大用者？"蒙正对说："臣诸子皆庸才，不足用。有一侄夷简，今任颍州推官，乃是宰相之材，可大用者也。"真宗记忆在心，故夷简得不次进用，至是擢居政府，推真宗之意也。按真宗之末，奔竞者多，至使人臣得自求进用。士风之坏，极矣！独王曾正色立朝，凛然有难进易退之节，故其告于君者，必欲抑奔竞而崇恬静，诚至当不易之论也。仁宗冲年，首用王曾为相，而一时名士如夷简、宗道辈，皆并入政府，朝廷可谓得人矣！

今评　士人能有"难进易退"之节，则吏治可清。

仁宗

名祯，是真宗之子，在位四十二年。

六月，大雨震雷，玉清昭应宫灾，诏系守卫者于御史狱。太后泣对大臣曰："先帝尊天奉道，故竭力成此宫，今一夕延燎几尽，惟长生、崇寿二小殿存，何以称遗旨哉？"范雍抗言曰："不若悉燔之也。先朝以此竭天下之力，遽为灰烬，非出人意。如因其所存，又将葺之，则民不堪命，非所以祇天戒也。"王曾、吕夷简亦助雍言。中丞王曙亦言："玉清昭应宫之建，非应经义，灾变来警，愿除其地，罢诸祷祠以应天变。"

宋仁宗（1010—1063）：赵祯，真宗第六子。1022年即位。在位期间国力渐盛，然冗官、冗兵、冗费亦较严重，三司财政入不敷出。对西夏屡战屡败，对辽求和。庆历四年，任用范仲淹、富弼、韩琦等，整顿吏治，施行新政，旋又废罢。

右司谏范讽复言："此实天变，不当置狱。"太后与帝感悟。遂减守卫者罪，下诏不复修治，以二殿为万寿观。

张居正讲评 玉清昭应宫，是真宗所建，以尊藏天书之处。天圣七年六月，京师大雨震雷，玉清昭应宫被雷火烧毁。有诏逮系看守宿卫人员，送法司问罪。此时仁宗嫡母刘太后临朝，见此宫被毁，涕泣而对大臣说："先帝尊事上天，敬奉道教，故不惜大费，竭力以建此宫。今守卫者不谨，一夕之间，延烧殆尽。只留下长生、崇寿二小殿而已。何称先帝之遗意哉？"枢密副使范雍直言对说："以臣愚见，不如将这两所殿尽数烧了更好。先朝因建此宫，至于竭尽天下财力，今一旦遽为灰烬，出于人所不意，乃上天以此示警耳。若因其所存，又将修葺，则民力益竭而愈不堪命，非所以上畏天戒也。"平章事王曾、吕夷简皆助雍言以为是。中丞王曙亦奏说："玉清昭应宫之建，乃崇尚异端，与圣经之义不合。天降灾异，正示警戒，愿扫除其地，不复营建，罢诸祷祠，不复修举，以应天变。"右司谏范讽又奏说："这是天灾，非因守卫不谨之故，不当置狱拷讯。"太后与仁宗闻诸臣之言，俱各感悟，遂减免守卫者之罪，下诏：已烧的不复修治，留下的长生、崇寿二殿，改为万寿观，以奉香火而已。盖人主继体守成，惟当谨守先朝之善政，而不当因循先朝之失德。若玉清昭应宫之建，正真宗之失德也。即无天灾，犹当毁之，况其灾乎。仁宗之时，君子满朝，故一听纳之间，而严天戒，宽民力，黜异端，明典礼，且补先帝之阙失，而有继述之善图，所得多矣！非明主其孰能之？

今评 中国历史上专制皇帝之弊政，只有等他死了，才得有所纠正。赵恒竭尽民力修建的这座玉清昭应宫，竟有3610楹。遭雷震烧毁后，刘太后想重修，众人反对，迫使太后下诏，明确不复修宫。"明德惟馨"，王曙、范讽之言，洵为正论。

枢密院：唐代始置。宋代与中书号为"二府"，中书主政，枢密院掌军国机密、兵防、边备等。

以吕夷简、章得象兼枢密使。知谏院张方平言："朝廷政令之所出在中书，若枢密院则古无有也。盖起于后唐权宜之制，而事柄遂与中书均，分军民为二体，则文武为两途，政出多门，自古所患。乞特废枢密院，或并本院职事于中书。"从之。

张居正讲评 仁宗以宰相吕夷简、章得象兼枢密使。宋初枢密院专领兵政，事权与中书省颉颃，号为二府。至是西北边用兵，知谏院张方平以边事重大，不当专委枢密，乃上疏说："宰相在密勿之地，职司机务，朝廷一政一令，不论文武军民，皆从中书省出，其事权自古重之。若枢密院，则古所未有也。盖起于后唐时，庄宗改崇政院为枢密，以腹心大臣领其事，乃一时权宜之制，不可为法。相沿至今，事权日盛，遂与中书省相均。凡中书所行，关军机武职者必报枢密；枢密所行，关民情文职者，必报中书。是军与民，分为二体，文与武，别为两途。宰相之外，复有宰相；政府之外，复有政府。所谓政出多门，甚非事体。自古乱亡之患，未有不由于此者也。自今乞复古制，裁革枢密院，或将本院所管职掌，并入中书省为便。"仁宗从其言，故有宰相兼枢密之命。夫百司庶府，各有专职，不可相兼。惟朝廷统领万几，而宰相实佐理之。有所分，则事权不一，有所参，则朝廷不尊。故百司庶府之事，皆当总之。况军国重务，必资庙算，而可使宰相不知兵哉？方平之言，可谓深识治体者矣！

今评 枢密院与中书并列为"二府"，使军事与政治两大事权分割，这是出于赵宋开国皇帝，竭力加强君权，压抑相权的需要，这种很不正常，弊病丛生，违反历代政治常规的制度，正如张方平所说，政出多门，不利于国家行政。张方平善于发现问题，敢于大胆揭发矛盾，是一位卓有见地的名臣。

以蔡襄、欧阳修、王素知谏院，余靖为右正言。襄喜言路开，而虑正人难久立也，乃上疏曰："任谏非难，听谏为难；听谏非难，用谏为难。修等三人忠诚刚正，必能尽言。臣恐邪人不利正谏，必造为御之之说。其御之不过有三，曰：好名、好进、彰君过耳。愿陛下察之。"修每入对，帝必延问执政，咨所宜行，既多所张弛，小人翕翕不便，修数为帝分别言之。

张居正讲评 宋时门下、中书两省，设有谏院，即古者补阙拾遗之职，以他官领者，叫做知谏院。右正言亦谏院官名。庆历三年三月，以馆阁校勘蔡襄、集贤校理欧阳修、知鄂州王素并为知谏院官。同知礼院余靖为右正言官。是时仁宗励精求治，增置谏官。蔡襄既拜命，喜朝廷清明，言路大开，而又恐直道难容，正人不能久立于朝，乃上疏说："人君委任谏之人不为难，惟虚心听谏为难；听信忠谏之言，也不为难，惟实用其谏为难。今欧阳修、王素、余靖等三人皆忠诚不欺，刚正执法之臣，必能尽言极谏，裨益国家。臣不患其不能谏，只恐在朝邪人，不利正谏，必将设出沮抑他的说话来。其沮抑之说，不过三样，一说他沽名卖直，一说他结知求进，一说他居下讪上，以彰君过而已。夫忠臣危言激论，身死且不避，何暇顾区区身后之名声，与其身外之富贵乎？可见说好名好进者，不足信矣！人君若能受谏，则有改过不吝之美，而天下享无穷之福，乃所以增其善，岂所以彰其过乎？可见说彰君过者，不足信矣！愿陛下察之，毋使邪人之言得以谗间正人可也！"仁宗嘉纳其言。其后欧阳修每入对，仁宗必以其言问于宰相，咨访其可行者行之。于是革弊厘奸，多所张弛，小人翕翕腾谤，以为不便。修恐善人不胜，数与仁宗分别言之。大抵好治之主，惟恐人之不言，言路既开，则君子因得尽其忠，而小人亦将肆其说。一不加察，则巧佞者进，而忠直者疏，此蔡襄所以虑用谏之难，而欧阳修汲汲于君子小人之别也。然君子小人岂难辨哉！惟明主清心寡欲，无隙可投，则小人自不能入，而君子至矣！

仁宗

今评 "任谏非难,听谏为难;听谏非难,用谏为难",是探本达要之论。

初范仲淹之贬饶州,修及尹洙、余靖皆以直仲淹见逐。群邪因目之曰党人,于是朋党之论起。及仲淹日受眷注,修乃进《朋党论》,以为君子以同道为朋,小人以同利为朋,皆自然之势。然小人无朋,惟君子则有之。盖小人所好者利禄,所贪者财货。当其同利之时,暂相党引以为朋者,伪也。及其见利而争先,或利尽而反相贼害,虽兄弟不能相保。君子则不然,所守者道义,所行者忠信,所惜者名节。以之修身,则同道而相益,以之事国,则同心而共济,终始如一。故为君者,但当退小人为伪朋,用君子之真朋,则天下治矣。修论事切直,人视之如仇。帝独奖其敢言,顾侍臣曰:"如欧阳修者,何处得来。"

张居正讲评 饶州,即今江西饶州府。史臣又记欧阳修的事说:初范仲淹知开封府时,上疏讥切时政,吕夷简恶之,谪贬仲淹于饶州。那时欧阳修与尹洙、余靖等,皆以仲淹之言为是,各相论救,亦见斥逐。于是群邪小人韩渎等请书仲淹等为党人,揭之朝堂,而朋党之论遂起,士君子被祸者多矣。及仲淹见知于仁宗,日受眷注,公道昭明。修作《朋党论》一篇,进于仁宗。其大略说:君子小人,势不并立。君子但知有道,道同则相与为朋,小人但知有利,利同则相与为朋。此皆自然之势也。然小人虽有所同,其实无朋。惟君子则有之。何也?盖小人所喜好的是利禄,所贪慕的是财货。当其同利之时,暂相交结,党助援引以为朋者,都是假意。及其见利,则争先取之,不肯少让。或利尽则交绝,反相倾害,虽兄弟至亲亦不能保,何况他人?所以说小人无朋。若君子则不然,所操守者在道义,所践行者在忠信,所爱惜者在名节。以此修身,则彼此切磨,同道而相益;以此事君,则夙夜匪懈,同心而共济。且自始至终,真切无二,这才叫做朋友。所以说惟君子有朋。为君者,但当虚心鉴别,孰为小人之伪朋,则退远之;孰为君子之真朋,则进用之。天下自无不治矣!何必以朋党为疑,使小人得以借口,而君子不能自保乎?修凡论事,俱恳切正直,无所隐讳,人都恨他,视之如仇敌,思欲害之。惟仁宗知其敢言,特加称奖。顾侍臣说:"人臣正直者少,阿随者多。如欧阳修者,何处得来?"盖叹其不可多得也。按朋党之论,欲人主退小人,用君子,其言甚切。然正人指邪人为邪,邪人亦指正人为邪,其几难辨。而况小人之言,婉娩而易入;君子之言,正直而难容。自非明主先正其心,以端好恶之原,未有不为小人所惑者。仁宗能用仲淹等于弃逐之后,奖欧阳修于众恶之中,君子满朝,一时称盛,亦可谓宋之明主矣!

今评 以"朋党"为名攻击政敌,是中国古代政坛一大发明。其实"同类相从,同声相应"是事之必然,区分是否为朋党的标准是以义合,还是以利合,即孔子所谓"君子周而不比,小人比而不周"。

戊子，雨，辅臣称贺。帝曰："天久不雨，将害民田。朕每焚香上祷于天。昨夕寝殿中，忽闻微雷遽起，冠带露立殿下，须臾雨至，衣皆沾湿，移刻雨霁，再拜以谢，方敢升阶。自此尚冀槁苗可救也。比欲下诏罪己，撤乐减膳，又恐近于崇饰虚名，不若夙夜精心密祷为佳尔。"

张居正讲评 庆历三年，自正月至五月，天久亢旱不雨。至戊子日，乃雨，远近沾足。辅臣率百官称贺。仁宗谕说："今岁天久不雨，小民难以种作，将害农事。朕心甚悯，每自焚香上祷于天，以祈玄祐。昨夜在寝殿中，忽闻微雷之声，心中喜幸，急遽起来，整冠束带，露立于殿庭之下。瞻望须臾，大雨来至，朕身袍服，尽皆沾湿。直待移时雨霁，朕又再拜以谢上苍，方敢升阶还宫。自此之后，犹望枯槁之苗，尚可救济，以期丰熟也。近者朕意本欲下诏罪己，引咎自责，撤去常用之乐，减损日尚之膳，以回天心，又恐近于崇饰虚名，徒美观听，不若夙兴夜寐，精白一心，密地祈祷，不以外闻，庶几应天以实不以文，或可精诚感通，乃为佳尔。"按仁宗此谕，为不敢受贺而发，可以见其侧身修行之实矣。盖自汉唐以来，人君每遇灾异，则下诏罪己，撤乐减膳，以为修省，初意非不美也。但相传既久，徒为虚文而已。夫匹夫犹不可以虚文感动，况上天乎？人君心与天通，则降监孔赫，修饰虚文，反涉矫诬。仁宗此论真修德弭灾之彝宪也。

今评 祈雨之想虽不经，黜虚尚实却可取。

九月晏殊罢，以杜衍平章事，兼枢密使，贾昌朝为枢密使，陈执中参知政事。衍在枢密，每有内降，率寝格不行，积诏旨至十数，辄纳帝前。帝尝语欧阳修曰："外人知杜衍封还内降耶？凡有干求，朕每以衍不可告之而止者，多于所封还也。"

张居正讲评 庆历四年九月，宰相晏殊罢任。仁宗以枢密使杜衍平章事兼枢密使，参知政事贾昌朝为枢密使。召工部侍郎知青州陈执中参知政事。杜衍在枢密院守正不阿，未尝以朝廷官爵，轻易与人，每有内旨传升官员，衍皆停阁不行，积诏旨至十数通，即封还御前，竟不传出。仁宗知其忠直，愈加信重。一日仁宗谓欧阳修说："杜衍封还内降，外人亦知其事耶？此事人或知之。至于人在朕前干求进用，朕每每告以杜衍在朝，必有所不可，因而遂止者，比封还之数尚多。此则外人不及知而朕独知之耳。"古者爵人于朝，与众共之，虽天子不得私以与人。若使干求进用者皆从内降，则是以天下名器为人主市私之物。爵禄不足重，统体亦甚亵矣！杜衍封还内降，最为忠直。然仁宗不以为忤，而且称之，亦贤矣哉！

今评 仁宗之举，得任人不疑，任人以专之旨。

仁宗

无为军：宋熙宁年间置无为县，明代归庐州府。今属安徽省。

夏六月，诏州郡自今勿得献瑞物。知无为军茹孝标献芝草三百五十本，帝曰："朕以丰年为瑞，贤臣为宝。至于草木虫鱼之异，焉足尚哉！免茹孝标罪，戒天下勿献。"

张居正讲评　无为军即今庐州府无为州。仁宗皇祐三年夏六月，诏天下州郡，自今以后，毋得贡献祥瑞等物。是时知无为军茹孝标献芝草三百五十本于朝，希图恩宠。仁宗不悦，却之。因下诏说："天子职养万民，明王不宝异物。朕他无所好，只以丰年为瑞，贤臣为宝。盖时和物阜，五谷丰登，则百姓安乐，而国本安于泰山，岂不是瑞；贤俊登庸，君子满朝，则朝廷有人，而国势重于九鼎，岂不是宝。至于草木虫鱼之异，饥不可食，寒不可衣，有之不足为重，无之不足为轻，徒盅人耳目，荡人心志而已，何足尚哉？茹孝标妄献瑞物，本当治罪，姑从宽免究。其布告天下，自今勿得贡献瑞物。"大抵人主好尚，关系甚大，不可不谨。除天下岁贡额办外，凡有不时进献者，即系谄邪小人，败坏圣德，以为希宠干进之图，所宜亟加诛绝者也。然小人百计钻伺，为术甚工，而人主一念不谨，即为所惑，若非真以亲贤乐善，保国爱民为心，未有不为嗜欲引去者。故丰年为瑞，贤臣为宝，真治天下之药石也。明主其深念之。

今评　仁宗斥责州郡献祥瑞是比乃父赵恒高明之处。问题的处理颇为得体，告知天下，当今天子拒绝"祥瑞"，表明了如今皇帝的政治价值取向。

以文彦博、富弼平章事。初彦博与弼同召至郊，诏百官迎之。范镇言曰："隆之以虚礼，不若推之以至诚。"及宣制，士大夫相庆于朝。帝遣小黄门觇知之，语翰林学士欧阳修曰："古之命相，或得诸梦卜。今朕用二相，人情如此，岂不贤于梦卜哉！"修顿首贺。会契丹使者耶律防至，王德用与射于玉津园。防曰："天子以公典枢密，而用富公为相，将相皆得人矣！"

小黄门：汉有小黄门，由宦者任职。侍皇帝左右，受尚书事，为关通宫内外人员。

张居正讲评　仁宗召忠武军节度使文彦博，宣徽南院使判并州富弼还朝同平章事。史臣叙说：初彦博与弼同召至国门外。仁宗因两人具耆旧大臣，德望素重，特召文武百官都出郊外迎接，以示尊礼之意。知谏院范镇奏说："人君之于大臣，固当有致敬之仪文，尤贵有倚毗之实意。若外貌隆重，只以虚礼加之，不若推至诚恻怛之意，专心委任，始终如一，尤为得任贤之实也。"及传宣制书，以文彦博、富弼为相，满朝士大夫莫不私相庆幸，以为老成秉政，社稷之福。仁宗密遣小黄门出外探听众论何如？及知朝臣相庆，仁宗甚喜，乃谓翰林学士欧阳修说："古之明君，其命相或得之于梦，如高宗之于傅说，或得之于卜，如文王之于太公，皆非偶然。今朕用文彦博、富弼二人为相，虽不假于梦卜，而人情欢悦如此，可谓得贤矣！岂不更胜于梦卜哉？"修乃顿首称贺。是时适有

契丹使臣耶律防至京，枢密使王德用与之射于玉津园中。防因谓德用说："南朝天子，以公掌枢密院，任将帅之事，而又用富公为相，将相皆得其人矣！"夫人君用一宰相，中外之观望系焉。得其人，则朝野相庆，而四夷皆畏之。不得其人，则不惟朝野失望，彼四夷则窥见朝廷之无人，而侵侮之患至矣！仁宗召用二相，深惬中外之心，其后韩、范诸臣亦相继柄用，有宋得人之盛，莫过于此，其称一代之令主，宜哉！

今评 文彦博、富弼为相，朝野一致庆贺。但这两位声名烜赫的人物，政治上都比较保守，缺乏革新朝气，这正是那个时代的政治倾向。

　　以包拯权知开封府。拯性峭直刚毅，恶吏苛刻。为政务敦厚，虽嫉恶如仇，而未尝不推以忠恕。与人不苟合，不伪辞色以悦人。平生无私书。及知开封，贵戚宦官为之敛手，吏民不敢欺，童稚妇女亦知其名，呼曰：包待制。京师为之语曰："关节不到，有阎罗包老。"以其笑比黄河清焉。

张居正讲评　　开封，即今河南开封府。宋都汴梁开封为京府，用皇太子管府事。仁宗时未有皇太子，乃以龙图阁直学士知瀛州包拯，权知开封府事，盖重用之也。包拯为人素性峭厉正直，刚毅不挠。深恶当时官吏以苛细刻薄为务。其为政专尚敦笃仁厚，不事苛刻，见了为恶的人，虽是深加嫉恶，如冤仇一般，然待之未尝不以至诚忠恕，情意恳切，盖未尝弃人于恶也。与人相交，必择正人端士，不为苟合，必以诚心直道相与，不为假言语，虚体面，以求悦于人。奉公守法，平生绝不与人通私书。及知开封府命下，一时贵戚宦官，皆为之肃然敛手，不敢犯法。吏民畏其严明，不敢欺瞒，下至儿童妇女也都晓得他的声名。因其曾为龙图阁待制，叫他做包待制。京师中有两句谣言说："关节不到，有阎罗包老。"说别的官都通得关节，可以干求请托，只有包待制就如阎罗王一般，通不得一些关节。言其公直无私如神明也。又以其赋性严毅不轻喜笑，将他的笑容比做黄河清一般，言其难得也。大抵朝廷之事，自有公法，人臣之节，难于无私。无私则法行，而天下并受其赐矣！若包拯者，真可谓执法之臣，故虽至今儿童妇女犹知称之，况当时乎！然其敦厚忠恕，又其立身行己之本，故虽执法而民不以为惨也。人主得斯人而用之，则可以振纪纲，正风俗，其于治道非小补矣。

今评 包拯作为中国古代清官的代表被传颂千古，甚至有将他神化的倾向。然而这恰恰反映出中国古代大部分时间内吏治之腐败，清官之稀少。民众含冤负屈，投诉无门之际，自然会希望包拯式的清官出现为他们主持公道，伸张正义。从"清官崇拜"这一历史现象中，我们所能窥见的，不正是那个时代民众的苦难么！

仁宗

六月壬子朔，日有食之。司天言当食六分之半，食四分而雨，群臣欲援例称贺。同判尚书礼部司马光言："日之所照，周遍华夷，云之所蔽，至为近狭。虽京师不见，四方必有见者。天意若曰人君为阴邪所蔽，灾异甚明，天下皆知其忧危，而朝廷独不知也。食不满分者，乃历官术数不精，当治其罪，亦非所以为贺也。"帝从之。

张居正讲评　嘉祐六年六月壬子朔，日有食之。时司天官推算日行度数，该食六分五秒，及期止食得四分，即下雨不见。群臣以为当食不食，乃是休征，欲援旧例称贺。同判尚书礼部司马光奏说："日之照临，合中国蛮夷之地，无不周遍。若云则不过蔽于一方，最为近狭。今在京师日为云蔽，虽不见其食，那四方远地无云的去处，必有见之者。岂可因此地不见，便以为休征而称贺乎？夫日者君之象，云者阴之气，日为云蔽，正上天警戒的意思。若谓人君为阴邪所蔽，聪明壅塞。凡民间之愁苦，四方之灾害，天下人共见共闻，莫不忧惧，而朝廷之上，独不得知，就如日食之变，其为灾异甚明，四方共见，乃为阴云所蔽，而京师独不见的一般，故垂此象耳。且日之运行，本无差忒，其食不满分者，乃是历官术数不精，推测未至，非缘当食不食，正当治其失职之罪，亦非所以为贺也。"仁宗从其言，竟罢朝贺。古者日食，则天子素服而修六官之职，所以荡阳事而谨天变也。若遇灾不畏，日以受贺，岂非慢天之甚乎！司马光之言，甚得其正。仁宗即能从之，皆可为后世法矣！

今评　司马光之论，要在戒仁宗惕息自勉。

复以三札子上殿，其一论君德曰："臣切惟人君大德有三：曰仁、曰明、曰武。仁者，非妪煦姑息之谓也。兴教化，修政治，养百姓，利万物，此人君之仁也。明者，非烦苛伺察之谓也。知道谊，识安危，别贤愚，辨是非，此人君之明也。武者，非强亢暴戾之谓也。唯道所在，断之不疑，奸不能惑，佞不能移，此人君之武也。故仁而不明，犹有良田而不能耕也。明而不武，犹视苗之秀而不能耘也。武而不仁，犹知获而不知种也。三者兼备则国治强，阙一则衰，阙二则危，三者无一焉，则亡。"

妪(yù)煦：生养抚育。煦，指天降气以养物；妪，地赋物以形体。

张居正讲评　札子，即今奏本。司马光既知谏院，入对之后，又条陈三事，上殿奏之。其一论君德说道："臣切思人君之德，大者有三：一件是仁，一件是明，一件是武。所谓仁，不是妪煦姑息，沾沾然为私恩小惠以悦人，叫做仁。必也兴教化以正人心，修政治以安民生，兼利万物，使天下百姓个个都蒙被其福泽。如天地之无所不容，这才是人君之仁。所谓明，不是烦苛伺察，屑屑然为小见私智以惊人，叫做明。必也知道谊而审察其当否，识安危而不失其事机,别贤愚使人品无所混淆,辨是非使国是无所摇乱,如日月之无所不照。这才是人君之明。所谓武,不是强亢暴戾,刚愎自用,敢作敢为而不顾。叫做武。必也凡事之来,一以道理揆度之,道之所在,即断然行之而不疑。虽有奸邪,不能为之惑。虽有谀佞,不能为之移。如雷霆之无所不服,这才是人君之武。这三件不可缺一。仁而不明,则虽有仁心仁闻,而民不被其泽。如有良田而不能种作的一般。明而不武,则见善而不能用,见不善而不能去。如看着田苗被草莱荒芜,而不能耘耨的一般。武而不仁,则但知威严以检下,而无慈爱以及物。如但知收获,而不知种作的一般。三者兼备,然后威福并行,刚柔相济,庶事和平,而国家治强。少了一件,则德有所偏,事有所失,而国以衰。少了两件,则其偏愈甚,其失愈大,而国以危。三件通无,则君德全亏,天命去,人心离,而国以亡矣!然则人主可不务修三德,以为治国安民之本哉?"按司马光所谓仁、明、武三大德,即孔子告鲁哀公所谓知、仁、勇三达德也。三德人所同具,但为私欲所蔽,其始虽若甚微,而其后遂至于昏愚残暴而不自觉危亡之祸,皆由于此,可不畏哉?孔子说:"好学近乎知,力行近乎仁,知耻近乎勇。"此人君修德之要务也。

今评 司马光根据儒学对君德进行了阐释,将人君三达德智、仁、勇,提为仁、明、武。这对提高君主的道德修养,制约君主的行为还是有益的。

"臣切见陛下天性慈惠,谨微接下,子育元元,泛爱群生。虽古先圣王之仁,殆无以过。然践祚垂四十年,而朝廷纪纲,犹有亏缺,闾里穷民,犹有怨叹。意者群臣不肖,不能宣扬圣化,将陛下之于三德万分一亦有所未尽欤?臣伏见陛下推心御物,端拱渊默,群臣各以其意有所敷奏,陛下不复询访利害,尽察得失,一皆可之。诚使陛下左右前后股肱耳目之臣皆忠实正人,则如此至善矣!或有一奸邪在焉,则岂可不为之寒心哉!望陛下以天性之至仁,廓日月之融光,奋乾刚之威断,善无微而不录,恶无细而不诛,则唐虞三代之隆,何远之有?"

端拱:端身拱手。帝王敛手无为而治。渊默:深沉不言。

唐虞:陶唐氏尧,有虞氏舜。

张居正讲评 元元指小民,是善良的意思。司马光既论人主当用三德,遂直指仁宗说:"臣切见陛下天性慈祥温惠,处盈成而能谨察细微,居崇高而能接遇臣下。间阎小民,育之如子,群生庶类,泛爱不遗,虽古先圣王之仁,殆无以加矣!然登极几四十年,而朝廷纪纲尚有亏缺废坠之处,间里穷民,尚有怨咨愁叹之声,其故何也?意者群臣不肖,不能仰承德意,以敷扬圣化,抑或陛下于仁明武之三德,容有万分一之未备欤?臣伏见陛下之待群臣,推诚相与,略无猜疑,且端拱无为,渊默不发。群臣各以其意见,有所陈奏,陛下不复咨访其事之利病,深察其言之得失,一皆允行之。夫使陛下左右前后股肱耳目之臣,果皆忠实不欺、守正无私之士,则如此御之,可谓至善矣。设或有一奸邪参于其间,

陛下漫无可否，听其所为，必至蠹国害民，危亡立见，岂可不为之寒心哉！盖陛下仁则有余，而明、武尚有所不足。臣愚，伏望陛下以此天性之至仁，培养国脉，而又廓日月之融光，以精鉴别，奋乾刚之威断，以揽权纲。使善者得以敷扬，虽微而必录；恶者不能逃遁，虽细而必诛。则明与武，足以济其仁之所不及，而三德备矣！是之谓帝王之全德。以此为治，虽唐虞三代之隆，亦何远之有哉！夫人君父母天下，使可以仁厚治之，何乐于明察，亦何乐于威武？惟是人情之隐伏无尽，事几之交错无常，一不明则受其蒙蔽，一不武则至于废弛。自古昏懦之害甚于严刻，故必主之以仁，而济之以明武，然后为帝王之全德也。"司马光之言，最切仁宗之病，愿治者宜深省焉。

今评 "主之以仁，而济之以明武"，可爲在上位者座右铭。

其二论御臣曰："致治之道无他，在三而已，曰任官，曰信赏，曰必罚。国家御群臣之道，累日月以进秩，循资涂而授任。苟日月积久，则不问其人之贤愚而置高位；资涂相值，则不问其人之能否而居重职。非特如是而已。国家采名不采实，诛文不诛意。夫以名行赏，则天下饬名以求功；以文行罚，则天下巧文以逃罪。陛下诚能博选在位之士，使有德行者掌教化，有文学者待顾问，有政术者为守长，有勇略者为将帅。有功则增秩加赏而勿徙其官，无功则降黜废弃而更求能者，有罪则流窜刑诛而勿加宽贷，如是而朝廷不尊，万事不治，百姓不安，四夷不服，臣请伏面欺之诛。"

张居正讲评 司马光第二札子是论人主临御臣下之道，说："人主治天下之道，固为多端，然其大者，只有三件而已。一件，选任官职，必当其才；一件，有功必赏，而赏当其功；一件，有罪必罚，而罚当其罪。自古明君未有舍此而能治者也。今国家御群臣之道则不然。吏部凡有升迁，只算他历俸日月而进其品秩。凡有铨注，只照他出身资格，而授以事任。若其历俸已深，则不问其人之贤愚，虽素称庸劣者皆得以躐跻高位矣！若其资涂相当，则不问其人之能否，虽不堪驱策者，皆得以滥叨重职矣！这岂是任官之道。又不但如此而已也。今国家凡有升赏，只采访人之虚名，而不核其实行。凡有黜罚，只在那文移案牍上责其罪状，而不审察其本意之所在。夫以名行赏，则天下之人都将旷废本业，崇饬虚名，以求功绩矣。以文行罚，则天下之人都将隐匿真情，巧弄文法，以逃罪责矣！这岂是信赏必罚之道。陛下诚能博选在位之臣，务令有德行者，使之掌教化以表正风俗。有文学者，使之待顾问以辅养圣德。有政术者使之为守长以安辑百姓。有勇略者，使之为将帅以镇抚四夷。不论日月之久近，而论人品之贤愚，不论出身之资格，而论才能之称否？有功则或增秩，或加赏，使之久任而勿迁其官。无功则或降黜，或废弃，更求能者以代其职。有罪则或流窜，或刑诛，必论之如律，而勿姑息宽贷以至于长恶容奸。这等御臣，然后人人各善其能，事事

各得其理。如此而朝廷有不尊,万事有不治,百姓有不安,四夷有不服,则是臣诈妄不忠,请伏面欺之诛。"按司马光此疏非谓资格可废也。用人以资格,虽有贤愚同滞之叹,而可以抑奔竞,防奸私,定才品,其法终不可改。但当以资格待常流,以超擢待异才耳。然非人主明目达聪于上,安得异才而擢用之哉!故司马光以此望仁宗,真得知人官人之意,而明主所宜深念也。

今评 司马光说的虽是老生常谈的大道理,但敢于在皇上面前,有针对性地宣扬这样的大道理都不是一般官僚所能办到的。宋明之世大体如此。司马光敢于针对仁宗弊政从正面谏诤,亦算难得。

其三论拣军。言养兵之术,务精不务多。上以其一留中,其二送中书,其三送枢密院戒拣军官。又曰:"赦书害多而利少,非国家之善政也。汉吴汉曰:'臣死无所言,愿陛下无赦而已。'王符亦曰:'今日贼良民之甚者,莫大于数赦。'蜀人称诸葛亮之贤,亦曰军旅屡兴,而赦不妄下。然则古之明君贤臣,未尝以赦为美也。"

张居正讲评 司马光第三札子专论拣选军士,大略说:"养兵之法,贵精不贵多。盖精则一可当十,百可当千,何贵于多?若多而不精,虽有百万之众,亦徒寄虚名,费粮饷而已。"仁宗以其第一札子论仁、明、武三德的留宫中省览;第二札子论任官赏罚的,送中书省综核庶职;第三札子论选兵的,送枢密院戒谕拣军官。司马光又尝奏说:"朝廷每降赦书,除释人罪,虽是与民更生之意,其实害处多,利处少。盖法以布信,犯者罪必不免,然后人不敢犯。若一赦之,则为恶者无所惩,而犯法者愈众,非国家之善政也。昔汉臣吴汉临终对光武说:'臣死无所言,惟愿陛下法必行于奸人,慎无轻赦而已。'又汉隐士王符作'述赦篇'亦说为国者,必先知民之所苦,祸之所起而禁之。今日贼害良之甚,使被害而不得伸,见仇而不得讨者,莫大于数赦。盖恶人昌则善人伤矣。诸葛亮治蜀,蜀人称其贤,亦说军旅屡兴而赦书不妄下。由此观之,则古之明君贤臣皆未尝以赦为美,正以其害多而利少故也!岂非今日所宜慎哉!"夫国家养兵之费皆取于民,若多而不精,则以民之膏血养无用之兵,不惟无救缓急而反为民累矣!至于威奸惩恶,正以除民害也。数赦则惠奸轨而贼良民,非先王五刑五用之义。况奸猾之党有知赦书之必下而故犯者,其风亦岂可长乎?司马光之言,切中时弊,明主宜慎思之。

今评 不知黎民甘苦的统治者要表达其所谓"佛"心,往往对那些罪大恶极的罪犯讲大赦,实非善政!张居正曾多次劝阻慈圣太后以"佛"心下赦令!确如司马光所说,是违背了"劝善沮恶"之意。

> 稽颡：以额触地，表臣服归顺。

又进五规。一曰保业。其略曰："天下，重器也，得之至艰，守之至艰。王者始受天命之时，天下之人，皆我比肩也。相与角智力而争之，智竭不能抗，力屈不能支，然后肯稽颡而为臣。当是之时，有智相偶者，则为二，力相参者，则为三，愈多则愈分，自非智力首出于世，则天下莫得而一也。斯不亦得之至艰乎？及夫群雄已服，众心已定也，人之性皆以为子孙万世，如泰山之不可摇也，于是有骄惰之情生。骄者玩兵黩武，穷泰极侈，神怒不恤，民怨不知，一旦涣然，四方糜溃，秦、隋之季是也。斯不亦守之至艰乎？"

【张居正讲评】司马光既进三札之后，又条上五事，叫做五规。其一是保业，大略说："天下是重器也。其开创而得之者固为至难，其继世而守之者亦非容易。何以见之？盖王者初受天命，起于草莽之时，天下之人都与我比肩共事，素无统属。一旦与他每斗智较力而争天下，直到那百战之后，彼智竭而不能抗，力屈而不能支，然后降心服气，稽颡而臣服于我。当此之时，若有一人的智与我相偶，则天下便中分而为二，有两人的力与我相参，则天下便鼎足而为三。有智力者愈多，则海宇瓜分，疆土割裂而其势愈分矣！自非真命天子，智侔鬼神，力夺造化，首出于一世之上，则天下不可得而混一也。这岂非得之艰乎？及夫继世之后，群雄已服，众心已定，天下之势归于一矣！为之子孙者，自以为传之万世，可以长享富贵，如泰山之不可摇动矣！于是乎骄侈惰慢之情生焉。骄心既生，则必至于玩兵黩武，勤远略以事四夷，穷泰极侈，竭民力以供耳目。至于神怒于上而不恤，民怨于下而不知，一旦众心离散，涣然不收，瓦解土崩，四方糜烂，如秦二世、隋炀帝是也。皆因一念之骄，以至于杀身亡国而不知，这岂非守之艰乎。"然创业之难，人所皆知，守成之难，人所易忽。创业之难，难于智力之不足；守成之难，难于富贵之有余。继世之君，若不深思创业之难，则以骄惰失之者多矣！可不戒哉？可不惧哉？

【今评】得天下，成一统实在是非常艰难。但如果认为，既已享有天下之大权，后世子孙就可以穷兵黩武，穷奢极侈，那就会落得如同秦二世、隋炀帝一样的下场。

> 孔子传：即《易》中之彖(tuàn)传，就是卦辞，统括一卦之辞，断定一卦之义。相传为孔子所传。

二曰惜时。其略曰："《易》泰极则否，否极则泰。丰亨宜日中。孔子传之曰：'日中则昃，月盈则食。'是以圣人当国家隆盛之时，则戒惧弥甚，故能保其令闻，永久无疆。"

【张居正讲评】泰、否、丰都是《易》经卦名。司马光进五规，其第二款是惜时。大略说："隆盛之时，难得易失。《易》经上天地交为泰卦。泰之极，则变而为否。天地不交为否卦，否之极，又转而为泰。盖治乱相生，乃天运之自然，有不可常恃其治者。故丰卦民物咸亨，若可无忧矣！而又谓王者至此，宜戒于日中。孔子象传释之说：'天地之数，自盛必有衰，如日到中天，其势必昃，月到盈满，其体必亏。'人君处丰大之世，虽若无虞，而不知盛极当衰，实有大可忧者在焉。是以圣人当国家隆盛之时，恒存日中之虑，戒谨恐惧，日甚一日，故能挽回天运，保令名于不坠，延国祚于无疆也。若失此不为，使颓败之势已成，后虽顿足扼腕而恨之，亦无及矣！时其可不惜哉！"

【今评】 司马光依据《易》经哲学原理论证，圣君治国，即使在隆盛之际，也要时刻警惕，只有如临深渊，如履薄冰般兢兢业业，居安思危，才能保持和发展大好形势。

三曰远谋。其略曰："诗云'迨天之未阴雨'者，国家闲暇无灾害之时也。'彻彼桑土'者，求贤于隐微也。'绸缪牖户'者，修敕其政治也。"

【张居正讲评】 迨，是及，彻，是取，桑土，是桑根的皮。绸缪是缠绵补葺的意思。牖户，是鸟之窠巢通气出入的去处。司马光进五规，其第三款是远谋。大略说："天下之患，有隐于幽远而不在目前者，人君当思患而预备之。《诗经》上的《豳风·鸱鸮》之篇说，鸟之为巢，及天未下雨之时，取那桑根的皮，补葺巢之牖户以防患害。夫所谓'迨天之未阴雨'者，比喻国家当承平之时，上下安闲，无水旱盗贼之警，如天气晴明，阴雨未施之日也。所谓'彻彼桑土'者，说贤才隐于侧微，当汲汲求之，以待国家之用，如鸟之取桑土也。所谓'绸缪牖户'者，说资贤才之力，以修明其纪纲，整饬其政教，如鸟之绸缪牖户，而不使倾覆也。"盖天下之事，谋之于目前则仓卒苟且，而无救于败，谋之于久远，则从容周密，而不至于败。故《书经》说"远乃猷。"孔子说"人无远虑，必有近忧。"古之圣王，方暑而忧寒，方食而备饥，惕然远览，不敢荒宁，正为此也。愿治者宜永念之。

【今评】 司马光以鸱鸮为例，要未雨绸缪。在承平之时，整饬政治。一旦危机爆发，就可有备无患。

四曰谨微。其略曰："宴安怠惰，肇荒淫之根；奇巧珍玩，发奢泰之端；甘言悲辞，启侥幸之涂；附耳屏语，开谗贼之门；不惜名器，导僭逼之源；假借威福，授陵夺之柄。凡此六者，其初甚微，而日滋月益，遂至深固。比知而革之，则用力百倍矣！"

张居正讲评 司马光进五规，其第四款是谨微。大略说："天下之患，每起于至微，不可不谨也。且如宴安怠惰，暂尔肆意，不过此心之少懈耳。然由此不已，必至于沉湎酒色，以极心意之娱。是乃所以启荒淫之根也。奇巧珍玩，偶然好之，不过此心之少侈耳。然由此不已，必至于穷极靡丽，以供耳目之欲。是乃所以发奢泰之端也。或为近习之人，甜言美语，为悲哀可怜之辞，有所求乞，而遽听许之，则必至于升赏纷纷。倖幸之途，自此而启矣。或为阴私之辈，附耳而言，屏人而语，专为诡秘，而不早斥之，则必至于颠倒是非。谗害之门，从此而开矣。爵赏乃朝廷之名器，不可不惜，一不加惜而轻与人，则位愈高而势愈逼，是僭逼之源，自我而导之矣。赏罚乃天子之威福，不可下移，一日下移，则权日去而势日卑。是陵夺之柄，自我而授之矣。凡此六者，方其初起之时，端倪甚微，常以为无害而不谨。然日滋月益，渐增渐长，遂至于深根固蒂而不可救。至于知其为害而后改图，则用力甚难，百倍于前矣。岂若禁于未发之为易乎？《周书》有言：'勿谓胡害，其祸将大，勿谓胡伤，其祸将长。'古语说：'涓涓不塞，流为江河，萌芽不折，将寻斧柯。'古之圣王，所以为大于其细，图难于其易者，为是故耳。明主可不慎诸。

今评 此节重在论防微杜渐。

五曰务实。其略曰："夫安国家，利百姓，仁之实也。保国绪，传子孙，孝之实也。辨贵贱，立纲纪，礼之实也。和上下，亲远迩，乐之实也。决是非，明好恶，政之实也。诘奸邪，禁暴乱，刑之实也。察言行，试政事，求贤之实也。量材能，课功状，审官之实也。询安危，访治乱，纳谏之实也。选勇果，习战斗，治兵之实也。实之不存，虽文之盛美，无益也。"帝深纳之。

张居正讲评 司马光进五规，其第五款是务实。大略说："为国家者，不宜崇饬虚文，须要敦尚本实。如君道莫大于仁。然屡赦有罪，沿门散钱，特姑息之仁耳。惟义安国家，普利百姓，使天下穷民个个都受实惠，乃是仁之实也。君德莫先于孝，然建立宫庙，修广御容，特一节之孝耳。惟保守祖宗之绪业，传之子孙，使继逋之美，世世可以遵行，乃是孝之实也。礼非繁缛之谓，礼之实也。乐非器数之谓，必和气通于上下，亲爱行于远近，风俗熙然，不相离怨，乃乐之实也。钩校簿书，非政之要领，惟别白是非，审定好恶，使万事各当于理，乃政之实也。苛责微文，非刑之本务。惟究诘奸邪，禁止暴乱，使威令必行于下，乃刑之实也。求贤不在文词声病之末，察之以言行，试之以政事，取有益，罢无用，乃求贤之实也。审官不在出身资序之间，量其材能之大小，课其功状之上下，进有功，退不职，乃审官之实也。纳谏之道，不贵于从，而贵于审，必问其安危之故，咨访其治乱之由，略浅近之言，而图久大之计，乃纳谏之实也。治兵之道不贵于多，而贵于精，必选勇果之士，习战斗之方，入可以守，而出可以战，乃治兵之实也。凡此十者,皆务实之道。实存则不求文而自文。若实之不存,虽有文采之饰,歌颂之声,亦终必亡而已矣,何益之有哉!"仁宗见其疏,深嘉纳之。按司马光五规,事事恳切。至于务实之言,尤中时弊。盖天下所以不治者,只缘本实不存,虚文日盛。方其无事时,非不称为太平,眩曜耳目。一旦有事,则百孔千疮,杂然并出。譬之病在腹心,虽有四肢百骸,无能为矣!故象龙不足以致雨,画饼不足以疗饥,虚文不足以致治,欲久安长治者,其尚务其实哉!

今评 治理国家要敦本尚实,绝不能崇饰虚文。这是司马光五规之中,尤切时弊者。历来封建王朝政治上都程度不同地崇尚虚文,官僚主义者也从来就靠崇饰虚文过日子!仁宗见其奏疏,总算表面上表示嘉奖,至于真正见之行动谈何容易!

仁宗可谓至仁之主。大辟疑,必谳上,所活岁以千计。尝云:"朕未尝訾人以死,况敢滥刑。"语近臣:"昨因不寐而饥,思食烧羊。"曰:"何不取索?"曰:"恐遂为例,可不忍一夕之饥,而启无穷之杀。"或献蛤蜊二十八枚,枚千钱。曰:"一下箸,费二十八千,吾不堪也。"北使言高丽职贡踈,今欲加兵。仁宗谓曰:"此只王子罪,不干百姓事。今加兵,王子未必能诛,且屠戮百姓。"卒寝兵。京师疫,太医进方,内出犀角二,一通天犀也。或请留供服御。帝曰:"朕岂贵异物,而贱百姓哉!"

大辟:死刑。
谳(yàn):议罪、平议。

张居正讲评 这一段是新安胡一桂总叙仁宗的事,以赞美他的说话。说宋仁宗可谓一代至仁之主,恩德隆厚,不可及矣!凡死罪囚犯,少涉矜疑,必令拟议上请,多从宽宥,所全活每岁以千计。尝说:"朕以好生为心,不曾将死字骂人。骂且不敢,况敢滥刑而置之死地乎?"又曾谕左右说:"朕昨夜因不睡而饥。偶思烧羊吃。"左右奏说:"何不传旨取讨?"仁宗说:"我今取讨一次,以后该衙门便日日准备,遂为永例。朕岂可不少忍一夜之饥,而开他日无穷之杀乎?"或献蛤蜊二十八枚,每一枚直钱千文。仁宗说:"一枚千钱,二十八枚,直二十八千,一下箸之间,而费钱至二万八千。暴殄天物,吾不为此也。"契丹使臣来说:"高丽国职贡踈慢,今欲加兵伐之。"仁宗谕说:"高丽不贡,这只是他王子的罪,与百姓何干。今若加兵,彼必悉力拒命。王子未必能诛,而百姓且受杀戮之惨矣!"契丹闻之,竟为罢兵。京师中疫疠流行,太医进方救疗。内库出犀角二枝制药,其一乃通天宝犀也。或请留下以供上位服御。仁宗说:"明主不贵异物,而以爱民为先。朕岂以一犀为贵,而轻贱民命,不以拯救之哉?"即此五事,可见仁宗之心,无所不用其仁矣。有罪之人尚不忍,况于良民!蠢动之物尚不忍,况于同类!异国之民尚不忍,况于本国!服御之珍尚可舍以救民,况于他物!此心即天地生物之心也。其享四十二年之太平,而为宋之称首,宜哉!

今评 仁宗仁德五事可称道，张居正三"尚不忍"之说可玩味。

苏辙制策言过直，或请黜之，曰："求直言而以直弃之，天下谓何？"又好学崇儒，扶植斯道，上承一祖二宗之心，下开濂洛道学之懿，尤为盛美。经筵谓侍臣曰："朕盛暑未尝少倦，但恐卿等劳耳。"诏州县皆立学，定太学生员，以孙复、石介、胡瑗为国子直讲。王尧臣及第，赐《中庸》篇。吕臻及第，赐《大学》篇。于戴记中表章此二篇，以风厉儒臣。是已开四书之端矣。

张居正讲评 濂，是濂溪，即今湖广道州地方。洛，是洛阳，即今河南府地方。宋儒周敦颐讲学于濂溪。程颢、程颐讲学于洛阳。学者宗之，因谓之濂洛之学。戴记，是汉儒戴德、戴圣所定的《礼记》。胡氏又赞仁宗说，初，端明殿学士苏辙应举之时，制策中极言得失，且于禁廷之事尤切。考官胡宿以为不逊，请黜之。仁宗说："设科策士，本求直言。今乃以直而摈弃，是外务求言之名，而阴实沮之。朝廷诏令，先自背驰矣！天下其谓我何哉？"竟不黜。又仁宗平生好学不倦，崇重儒臣，常与诸臣讲明治理，以维持斯道于不坠。上承太祖、太宗、真宗羽翼斯道之心，下开濂洛诸儒道学之懿，尤为盛美而莫及者也。仁宗一日御经筵，谓侍臣说："朕每听诸臣讲解经史，真觉意味深长，虽盛暑未尝少有厌倦之意。朕殊不为劳，但恐卿等劳耳。"又以教化之本在于学校，诏天下州县皆立儒学，仍亲定太学生员，以名儒孙复、石介、胡瑗为国子直讲训诲之。王尧臣及第，则赐《中庸》篇。吕臻及第，则赐《大学》篇。这两篇书载在戴记中，向未有表章之者。仁宗独以《中庸》一书其中和位育之化，《大学》一书立修齐治平之准，故特表而出之，以风厉儒臣，使家藏而户习焉。是时虽未有四书之名，而学、庸二篇盛行于世。后与《论语》、《孟子》列为"四书"，则自仁宗开端矣。按三代以后，世不乏英明之主，然非习于功利，则狃于词章，未有究心于圣贤之学者。而仁宗乃能崇儒重道，表章微言，使濂洛诸儒得以衍其统于不坠，其功大矣。惟其日御经筵，盛暑不倦，故心志无所分，聪明无所眩，而义理自为之融通也。有志于圣学者，尚念之哉？

今评 濂洛学派确是北宋中期、仁宗之世得以昌盛。孙复、石介、胡瑗三位大师被置于国子监主持讲席，大有功于北宋初黄老之学向中期儒学的转化。

卷之二十六

宋 纪

神 宗

名顼,是英宗长子。昔仁宗无子,养濮王允让之子于宫中,后即位为英宗皇帝,在位四年崩。顼即位,在位十八年,庙号神宗。

> 宋神宗(1048—1085):赵顼(xū),1078年即位,思有作为,以革累世之弊。任用王安石实行变法,发展社会经济,改善朝廷财政,军事实力亦有增强。元丰中,改革官制,以求名实统一。但对西夏作战连败,郁郁病逝。

冬十一月,有事于南郊,赦。时执政以河朔旱伤,国用不足,乞南郊勿赐金帛。诏学士议。司马光曰:"救灾节用,当自贵近始,可听也。"安石曰:"常衮辞堂馔,时以为衮自知不能,当辞职,不当辞禄。国用所以不足者,以未得善理财者故也。"光曰:"善理财者,不过头会箕敛尔。"安石曰:"不然。善理财者,不加赋而国用足。"光曰:"天下安有此理。天地所生财货百物,不在民,则在官。彼设法夺民,其害乃甚于加赋。此盖桑弘羊欺武帝之言,司马迁书之,以讥武帝之不明也。"争议不已。帝曰:"朕意与光同。然姑以不允答之。"会安石草诏,引常衮事责两府,遂不复辞。

【张居正讲评】 堂馔,唐时宰相有日赐御馔,可食十人,叫做堂馔。秦始皇时赋税繁苛,计人头出谷以箕敛之,故谓之头会箕敛。宋时天子每一行郊礼,即覃恩大赉。大臣皆荫子,费以百余万计。故人主虽在位久者,其亲郊亦不过一二次而已。熙宁元年冬十一月神宗初即位,乃亲祀天于南郊,赦天下。是时宰相以河北旱伤,方议蠲赈,而国用不足,乃辞免南郊所赐金帛,以佐国用。诏下学士议。司马光奏说:"救灾是国家急务,节用为理财良法。若欲节用,宜从贵近大臣始。宰相既辞,即宜允从。"王安石奏说:"昔唐时宰相常衮辞免堂馔,当时人讥之,以为衮若自知不堪相位,便当辞职。既居其职,则常禄乃朝廷之所以养廉也,何必辞乎?今南郊恩赐,乃国家常典,宰相亦不必辞。若国用

神宗

所以不足，非是无财，以无善理财之法故耳。"司马光驳之说："你所言善理财之法，不过是秦始皇时头会箕敛，加赋小民而已。"安石说："不然。善理财者，不必加派于常赋之外，而国用自足。"司马光说："天下安有此理。天地所生的财货百物，止有此数，不是散之而在民，即是敛之而在官。彼设为巧法以夺民财，其害无穷，乃甚于加赋。所谓不加赋而自足，乃汉时奸臣桑弘羊欺罔武帝之言。司马迁作《史记》，特书以讥武帝之昏愚，所以垂戒后世也。"于是两人争议不已。神宗谕说："朕意亦与光同。宰相辞赏，委可允从。然且以不允答之，见朕优礼大臣之意。"于是命安石草诏。安石遂引常衮辞堂馔故事，以责中书枢密两府，令其必受。两府官遂不敢复辞。《大学》说："生财有大道，只是务本节用，此外更无别法。"人主若能节用，则四方所入，自然有余，何用巧取于民乎？司马光之言诚万世不易之论也。

今评 节流与开源，本理财两大途径。张居正理财有方，不会不明此理。其所以是司马而非安石，用意在戒君王勿侈靡，勿巧取。

时帝以灾变避正殿减膳彻乐。王安石言于帝曰："灾异皆天数，非关人事得失所致。"弼在道闻之叹曰："人君所畏者天耳，若不畏天，何事不可为者。此必奸人欲进邪说，以摇上心，使辅弼谏诤之臣无所施其力，是治乱之机，不可以不速救。"即上书数千言，杂引《春秋》、《洪范》及古今传记，人情物理以明其决不然者。及入对，又言："君子小人之进退，系王道之消长，愿深加辨察，勿以同异为喜怒，喜怒为用舍。陛下使使人伺察外事，故奸憸得志。又今中外之务，渐有更张，此必小人献说于陛下也。大抵小人惟喜动作生事，则其间有所希觊者。若朝廷守静，则事有常法，小人何所望哉！愿深烛其然，无使后悔。"

憸(xiān)：奸邪。

张居正讲评 这一段是记宰相富弼的事。是时神宗因各处灾荒，天变屡见，乃避正殿而不御，减省常膳，彻去音乐，以示修省之意。王安石面奏神宗说："凡灾异都是天时流行，气数使然，非关人事得失所致。人主但当尽其所当为者，不必拘泥灾祥之说，穿凿傅会以求合也。"此时富弼方自汝州召还。途中闻王安石之言，乃叹说："人君处崇高之位，他无可畏，只有天鉴于上，一举一动，祸福随之，为可畏耳。若谓天不足畏，则骄奢淫虐，何事不可为？此必是奸人欲进其邪说以乱天下，恐廷臣排斥其非，故倡为此言以摇惑上心，使辅弼谏诤之臣无所施其救正之力耳。是治乱之机，关系不小，不可以不速救。"即于途中上书数千言，极论天人相应之理，且杂引《春秋》灾异之事，《洪范》五行五事，休征咎征之说，与夫古今传记，人情物理，凿凿不爽者为证，见其说之必不然也。及进京入对，又言："为治不难，难于用人。君子进而小人退，则王道日长；小人进而君子退，则王道日消。愿陛下深加辨察。听言必虚其心，勿以同于我者

卷之二十六 宋纪

为喜,异于我者为怒。用人必稽于众,勿以我所喜者用之,我所怒者舍之。且陛下好使人探察外事,意欲自广其聪明,而不知奸险之人,得因是而行其毁誉,适为蒙蔽之地耳。又今中外政务,渐有更张,此必小人献其邪说,而陛下不及深思故也。大抵小人之情状,惟喜朝廷动作生事,则其间可以徼功希宠,有所图望。若朝廷守静无为,则事事都有成法,无功可见,无宠可希,小人何所望哉?故凡为更张之说者,必是小人欲逞其私意,尤愿陛下深烛其奸而早黜之,无使后日有败事之悔也。"富弼此言,盖恶安石之纷更多事,故于天人感应之理,王道消长之机,辩之不遗余力,至谓小人惟喜动作生事,则又深烛其微,而预防其变法之渐也。老成之忠于谋国如此。

今评 此节张居正又肯定富弼而否定安石,根因在于在改革问题上,安石主张激进,以致小人躁进弄权,以至变法失败。张居正有鉴于此,故主渐进而慎用人,并非泥古不变者。

以王安石参知政事。帝欲用安石,曾公亮力荐之。唐介言:"安石难大任。"帝问之,介曰:"安石好学而泥古,故议论迂阔。若使为政,必多更变。"介退谓公亮曰:"安石果大用,天下必困扰,诸公当自知之。"帝问孙固,对曰:"安石文行甚高,处侍从献纳之职可矣。宰相自有度,安石狷狭少容。必求贤相,吕公著、司马光、韩维其人也。"帝不以为然,竟用安石。谓之曰:"人皆不知卿,以为卿但知经术,不知经世务。"安石对曰:"经术正所以经世务也。"帝曰:"卿所设施,以何为先?"安石对曰:"变风俗,立法度,正方今之所急也。"帝深纳之。

张居正讲评 熙宁二年二月,神宗以翰林学士王安石参知政事,预机务。是时神宗欲用安石为相,平章事。曾公亮以安石素有才名,因力荐之。参知政事唐介奏安石不可大用。神宗问其故。介对说:"安石虽好学,多读古书,而执泥不通。凡有议论,率多迂阔难行。若使为政,必且取祖宗成法多所变更,非国家之福也。"介退朝,与曾公亮说:"安石若果大用,天下必从此困扰多事矣,诸公当自知之,恐他日悔之无及也。"神宗见人情不协,又问于侍读孙固。固对说:"安石文章行谊,卓尔不群。使之居侍从献纳之职则可,若夫宰相,当有休休容人之度。安石狷狭少容,多所抵牾,天下贤才岂乐为之用乎?必欲求贤相而用之,如翰林学士吕公著、司马光、龙图阁直学士韩维此三人皆时望所归,真宰相也。何必安石哉?"神宗不以诸臣之言为然,竟用安石。拜相之后,神宗谕之说:"他人都不知卿,说卿只会读古书,知经术,不晓得经世之务。"安石对说:"经术世务原非二途,古先圣王之道,句句皆可施行,是经术正所以经世务也。"神宗又说:"朕今用卿,卿所设施,当以何者为先?"安石对说:"方今风俗颓靡,法度纵弛,上下务为姑息,不可以兴治。必须变风俗以去玩习之弊,直法度以

定经久之规，此方今之急务也。"神宗深纳其言。大抵天下之事，久则不能无弊，固宜通变，然须合乎人情，宜乎土俗，从容改图，而后天下蒙其福。宋至神宗，国势颇不振矣。安石所谓变风俗，立法度，未为不是。但其不达事理，不识时宜，直任已见而专务更张，遂使天下嚣然，丧其乐生之心，而君子为之一空，有才而无识，可胜惜哉！明主当以此为鉴，审察治体，因革得宜，则大业可永保矣。

今评 神宗任用王安石参知政事。虽得曾公亮助力，但大多数有影响的大臣如唐介、孙固、吕公著、司马光、韩维都不支持他。保守势力过于强大，而改革力量却非常单薄，失败也就在所难免。

以程颢权监察御史里行。颢，河南人。初举进士，调晋城令。民以事至县者，必告以孝弟忠信。意乡村远近为伍保，使之力役相恤，而奸伪无所容。凡孤茕贱废者，责之亲戚乡党，使无失所。行旅出于其途者，疾病皆有所养。乡必有校，暇时亲至，召父老与之语。儿童所读书，亲为正句读。教者不善，则为易置。择子弟之秀者，聚而教之。乡民为社会，为立科条，旌其善恶，使有劝有耻。在县三年，民爱之如父母。至是吕公著荐为御史。帝素知其名，数召见。每退，必曰："频求见，欲常常见卿。"一日从容咨访，报正午，始趋出。庭中人曰："御史不知上未食乎？"颢前后进说甚多，大要以正心窒欲，求贤育才为言。务以诚意感悟人主。尝劝帝防未萌之欲，及弗轻天下士。帝俯躬曰："当为卿戒之。"

张居正讲评 监察御史里行是官名，即今之试御史。晋城即今山西泽州地方。神宗以晋城令程颢权监察御史里行。史臣叙说，颢，河南人，初举进士，除晋城县令，其为政专以化民善俗为务。民有事到县的，必告以孝亲弟长，忠信不败的道理。量度乡村远近，立为保甲之法，使之力役则彼此相恤，而不至偏累，奸伪则昼夜相诘，而不得容留。凡地方有孤寡茕独，及残疾废弃之人，责令亲戚乡党，助其不给，使不至于失所。行旅出于其途，或有疾病，皆为之药食以养之。每乡必设有小学，教其子弟。暇时亲到学中，召父老与之言语，访问民间利病。儿童所读的书，亲为正其句读。教者或不善则更易之。又于其中择子弟之秀敏者，聚而教之，以责其成。乡民有作社会者，替他立下条约，为善的众共称之，为恶的众共斥之，使善者有所劝，而恶者有所耻。在县三年，民爱之如父母焉。至是御史中丞吕公著荐颢为御史。神宗素知其名，时常召见，问以朝政得失。每于颢将退之时，必分付说："卿可频来求对，朕欲常常见卿耳。"一日神宗与颢从容咨访，自早入对，不觉到正午时候。颢闻报午时，方才趋出。庭中人问颢说："御史奏对许久，岂不知上犹未食乎？"颢前后进说甚多，大要欲神宗正心遏欲，以端化原，求贤育才，以资治理。每进对，务积诚意，以感悟人主。尝谓人主处富贵之极，欲心一萌，难于禁制，骄心一生，易轻贤士大夫，故每劝神宗以

道御情,防简未萌之欲,及勿轻慢天下贤士,使乐为我用。神宗感其言,乃俯身致敬而答之说:"卿言甚切,朕躬当为卿戒之。"夫邑有贤令,则民行修而一方治;朝有弼士,则君德修而天下治。观程颢所以为令为御史者,皆可为治民事君之法,神宗有是大儒而不能用,岂亦悦而不绎故欤?

今评 理学家本身品行大多可敬,但归结治国大要为正心寡欲,于经世致用则不甚了了,神宗悦而不绎,似未可概以不用贤论之。

冬十月,富弼罢。时王安石用事,雅不与弼合,弼度不能救,多称疾求退,章数十上。帝曰:"卿即去,谁可代卿者。"弼荐文彦博。帝默然良久,曰:"王安石何如?"弼亦默然。遂出判亳州。弼常言:"君子与小人并处,其势必不胜。君子不胜则奉身而退,乐道无闷。小人不胜,则交结构扇,千岐万辙,必胜而后已。迨其得志,遂肆毒于善良,求天下不乱,不可得也。"

张居正讲评 熙宁二年冬十月,左仆射门下侍郎平章事富弼罢解相职。是时参知政事王安石方受知神宗,柄权用事,议论偏执,素不与弼合。弼自度难以救正,告病求去。疏至数十次进上。神宗将许之,因问说:"卿若去,谁可以代卿者?"弼荐侍中文彦博,久历将相,老成持重,堪以托用。神宗方喜于有为,轻彦博以为无能,默然不答,良久方说:"王安石才识甚高,卿以为何如?"弼知上意难回,也默然不对,微示不足之意。弼遂罢相,出判亳州。弼常说:"国之盛衰系于君子小人之进退。君子若与小人同朝而处,则君子必不胜矣。何也?盖君子以正自处,如道有不合,即奉身而退,乐天知命,遁世无闷而已。小人心怀邪媚,若有不胜,则交结朋党,构扇凶恶,千岐万辙,变幻不测,必至于胜君子而后已。及其一旦得志,遂为罗织,以肆毒害于善良。故正人云亡,邦国殄瘁,求天下不乱,不可得也。君子小人之进退岂可忽哉?"按富弼此言,可谓深知人情矣。盖知人则哲,自古难之,岂独小人难辨,虽君子亦有不易知者。若王安石其初不可谓非君子也,特因性执而少容,好学而泥古,遂至引用小人,基宋室之祸。可见人之才不能无偏,用其所偏,亦足以召乱,而与小人同归矣。惟人主以至公至明,用天下之才,则无此弊也。

今评 保守派大官僚富弼与改革家王安石水火不相容。于是富弼以君子自居,斥责王安石为小人。富弼宣扬其易退难进之美德。其实王安石也是易退而难进者,这在当时是一种封建士大夫的政治风度。所谓"遁世无闷"有消极成分,也包含真理的颗粒。

神宗

以司马光为枢密副使，固辞，许之。时帝御迩英阁听讲，光读曹参代萧何。帝曰："汉常守萧何之法不变，可乎？"光对曰："宁独汉法也。使三代之君常守禹汤文武之法，虽至今存可也。汉武取高帝约束纷更，盗贼半天下。元帝改孝宣之政，汉业遂衰。由此言之，祖宗之法不可变也。"吕惠卿曰："先王之法有一年一变者，正月始和，布法象魏是也。有五年一变者，巡守考制度是也。有三十年一变者，刑罚世轻世重是也。光言非是，其意以风朝廷耳。"帝问光，光对曰："布法象魏，布旧法也。诸侯变礼易乐者，王巡狩则诛之，不自变也。刑新国用轻典，乱国用重典，是为世轻世重也，非变也。且治天下譬如居室，弊则修之，非大坏，不更造也。"

张居正讲评 象魏，是宫阙之名，古者悬法象于阙门，其状巍然高大，所以叫做象魏。神宗以司马光为枢密副使。司马光上疏力辞，神宗许之。史臣叙说，时神宗御迩英阁听讲经史。光读汉臣曹参代萧何为相，凡事一遵萧何所行的，无所变更。神宗因问光说："使汉常守萧何所定之法，世世不变，亦可以为治乎？"光对说："岂独汉守祖法可以常治，假使三代继体之君常能守其祖禹汤文武之法，则政教岂得废坠，国本岂得动摇，虽至今犹存可也。只因他后世子孙自作聪明，轻改成法，以至于亡。如汉武帝骋其雄才，把高帝裁定的约束纷纷更乱，致民穷财尽，盗贼半于天下。汉元帝任用儒生，把宣帝整理的政事渐次改革，致吏民无所信守，汉业自此而衰。由此言之，祖宗之法皆从创业时熟思审处，至当不易，不可得而变也。"司马光盖因王安石创立新法故为此言以感悟神宗。时崇政殿说书吕惠卿正阿附安石者，乃进说："夫法，亦何常之有。先王之法有一年一变者，如周官正月之吉，天气始和，县法象于魏阙，使万民观刑象，是一年一变其刑象也。有五年一变者，如天子五年一巡狩侯国，考较其制度，是五年一变其制度也。有三十年一变者，如《周书》吕刑，谓刑罚世轻世重。夫三十年为一世，而刑罚之轻重随之，是三十年一变其刑罚也。今如光言，则祖宗之法虽百世不可易，其究将使天下坐守其弊而不为之所矣，岂是确论！光之意盖借汉事以讥讽朝廷耳。"神宗以惠卿之言诘问光，光对说："如惠卿所称，妄引经义，尤为无当。夫所谓布法象魏者，谓张布旧法，使民知所守也，非新立一法也。所谓巡狩考制度者，谓诸侯有不守制度变礼易业也，为不从王者巡狩则诛之，是诛其变法者也，不自变也。所谓刑罚世轻世重者，谓新立之国，民未习于教，则用轻法以治之，叛乱之国，民化于恶，则用重法以治之。是为世轻世重也，非变而为轻重也。且人君承藉祖宗之业，其智虑未必有加于前人，法有不便处，只宜补其偏而救其弊，不可轻有更张。譬如住房子一般，有弊坏处则修理之，非至于大坏，不可更造。盖更造则费多而力倍，未必胜前，而家业自此废矣！今惠卿之言，所谓不务修理而务更造者也。岂国家之利哉！"司马光前后论辩可谓切直。然神宗不用其言，而徒置之要地，所以固辞不拜也。其后宋业竟以新法而敝，守成业者，可为永鉴矣。

今评 张居正谓"宋业竟以新法而敝",非探本之论。王安石变法失败在于时机与用人二事。若能斟酌新旧承革,因势利导,并绝幸进之门,新法未必失败。

文彦博罢。彦博久居枢府,以王安石多变旧典,言于帝曰:"朝廷行事务合人心,宜兼采众论,以静重为先。陛下励精求治,而人心未安,盖更张之过也。祖宗法未必皆不可行,但有偏而不举之弊尔。及市易司立,至果实亦官监卖,有伤国体。凡衣冠之家,罔利于市。缙绅清议,尚所不容,岂有堂堂大国,皇皇求利,而不为物议所非者乎?"不报。因求去益力,遂以司空制河阳府。身虽在外,而帝眷有加。

> 缙绅:插笏于绅。古之仕者,垂绅插笏,故指称士大夫。绅,束腰的大带。

张居正讲评 熙宁六年三月枢密使文彦博罢职,不预朝政。是时彦博久管枢密府事,以宰相王安石多变祖宗旧典,天下不便,乃上疏于神宗说:"朝廷四方之极,凡有行事,务须合于人心,广询博采,使众论佥同,以静重为先,勿蹈轻举妄动之弊。今陛下励精求治,宜致太平,而反令人心兀兀不安者,盖更张太过,轻变祖宗之法故也。祖宗之法皆至精至密,其在于今,岂皆不可行?但时异势殊,不无偏而不举之弊耳。只宜救偏补弊以求可行,岂宜一扫而更之乎?及其最可鄙者,如市井上买卖生理,宜从民便,乃亦设市易司,官为之监督,下至果品微物,也都经官监卖,岂不伤损国体。盖市易乃商贾之事,凡缙绅士大夫之家,若有经商贩卖,罔利于市者,尚不为清议所容,岂有堂堂大国,遑遑求利不已,而不为四方非笑、公论鄙薄者乎?陛下何为而不务大体,而屑屑于小事也。"疏上,留中不报,于是求去益力,遂以原官司空出判河阳府。然彦博以宿德众望,身虽在外,而神宗之眷念特有加焉,此可见神宗之于彦博,知之未尝不深,尊之未尝不至,然不能用其言,安其身者,正以求治太急,偏听安石之深故耳。夫治天下者,当以天下之贤,共成天下之治。今神宗之所贤者,独安石一人,而老成耆德纷纷引去,尚可以为治乎?虽加之眷礼,亦虚文而已,宜乎宋事之日非也。

今评 文彦博论义利,亦未为探本之论。《吕氏春秋·无义》:"义者,百事之始也,万利之本也。"可见由义求利,先贤不废。

初光州司法参军郑侠监安上门,及久旱岁饥,征敛苛急,东北流民每风沙霾曀,扶携塞道,羸疾愁苦,身无完衣。并城民买麻籸、麦麸,合米为糜,或茹木实草根。至身被锁械,而负瓦揭木,卖以偿官,累累不绝。乃绘所见为图,奏疏诣阁门,不纳。遂假称密急,发马递上之银台司,言:"陛下南征北伐,皆以胜捷之势作图来上,料无一人以天下忧苦,父母妻子不相保,迁移困顿,遑遑不给之状为图而献者。臣

> 霾(mái)曀(yì):大风杂尘土而下,谓霾,天色阴沉而多风。
> 籸(shēn):粉渣。

谨按安上门逐日所见绘成一图,百不及一,但经圣眼亦可流涕,况于千万里之外哉!陛下观臣之图,行臣之言,十日不雨,乞斩臣以正欺君之罪。"疏奏,帝反覆观图,长吁数回,袖以入内。是夕寝不能寐。翌日命开封体放免行钱。三司察市易。司农发常平仓。三卫具熙河所用兵。诸路上民物流散之故。青苗、免役,权息追并,方田、保甲并罢。凡一十八事,民闻之欢呼相贺。

张居正讲评 光州,即今河南光州。司法参军,是断理刑狱的官。麻稃,是麻查。麦麸,是麦皮。糜,是粥。熙、河,是二州名,即今陕西临洮府,河州卫。在京商贾,输钱于官,而免其当行,叫做免行钱。朝廷自出钱帛货物与民交易,叫做市易。当青苗在田之时,把官钱借与人户,待收成加利还官,叫做青苗钱。当役人户,以等第出钱,免其差役,叫做免役钱。立为方限,丈量出土,而分等定税,叫做方田。京畿及河北诸路,各立保甲,令自置弓箭,叫做保甲。皆王安石所行之新法也。初光州司法参军郑侠监守安上门。是时久旱岁饥,民不聊生,而有司奉行新法,征敛愈急。百姓每四散逃移。东北一带的流民,每遇风沙霾蔽之时,扶老携幼,塞满道路,羸疾愁苦,身无完衣。其榜城居民买麻稃、麦麸和米为粥而食之。或有采木实,掘草根以充饥者。又被官府比较钱粮,只得拆卸房屋,甚至身被枷锁而负瓦揭木,卖以还官。如此者累累不绝。郑侠在安上门见了许多情状,心甚不忍,思量小民这等穷苦,朝廷如何知道。乃将每日所见,画成图本,叫做流民图,连本奏上。阁门不肯收纳。遂假称有机密紧急事情,发驿马走递,进上银台司,径达御前。本中说道:"陛下近来南征交址,北伐熙河,人都以战胜克捷之势画图来献。至于天下忧苦,父母妻子不相保,迁移困顿,遑遑不给之状,料无一人为图以献者。臣谨将安上门一带逐日所见,画成一图,中间困苦流离之状,百分中画不尽一分。然只此一经圣眼亦可伤心流涕矣!夫安上门一处,近在辇穀,尚且如此,况于千万里之外哉!所以然者,只因新法不善,贻百姓之害,伤天地之和,所以久旱不雨。今欲挽回天意,须是急罢新法。陛下观臣之图,行臣之言,若十日之内不雨,乞斩臣以正欺君之罪。"疏奏,神宗将此图反覆省览,才晓得新法之害如此。长叹数声,袖了入宫,一夜不能安寝。到明日传旨着开封府官宣除免行钱。三司官审察市易禁革奸弊。司农发常平仓,赈济饥民。殿前马步三卫开具熙河所用兵食若干,以听裁省。诏天下诸路各上言民物所以流散之故。青苗钱、免役钱暂停追并。方田、保甲并罢不行。一时革去新法共有一十八件。百姓欢呼相庆,有再生之望焉。夫小民穷苦之状,无处无之。但人君深居九重,无由得见,而所司又不以时闻。此下情所以不通,德泽所以不究耳。神宗有感于郑侠之图,而不能不惑于安石之说,以致民心离叛,国本摇动,岂非壅蔽之习已成,而忧危之言难入哉!此古之帝王所以贵清问下民,而先知小人之依也。明主宜深监于斯。

今评 此节虽亦攻讦王安石变法,然张居正所云"贵清问下民,而知小人所依也",亦为政者所宜谨记。

先是帝语翰林学士承旨韩维曰："天久不雨。朕日夜焦劳,奈何?"维对曰："陛下忧闵旱灾,损膳避殿,此乃举行故事,恐不足以应天变。当痛自责己,广求直言。"因上疏极言青苗及开边之害。帝感悟,即命维草诏。诏出,人情大悦。会侠疏至,帝慨然行之,是日果大雨,远近沾洽,辅臣入贺,帝示以侠所进图状,且责之,皆再拜。安石上章求去,外间始知所行之由。群奸切齿,遂以侠付御史,治其擅发马递罪。吕惠卿、邓绾言于帝曰："陛下数年以来,忘寝与食,成此美政,天下方被其赐,一旦闻狂夫之言,罢废殆尽,岂不惜哉!"相与环泣于帝前,于是新法一切如故。惟方田暂罢矣。

【张居正讲评】 史臣叙神宗未罢新法之先,曾谕翰林学士承旨韩维说:"方今久旱不雨,朕闵念小民,日夜焦劳,当如何处之?"韩维对说,陛下忧旱灾,损膳避殿,意非不诚,但此只是沿袭旧规,举行故事而已,恐不足以上应天变,格天心也。当痛自责己,广求直言,庶民隐不壅于上闻,而朝廷得改其缺失,乃有益耳。"维因上疏极言青苗与开边之害,于是神宗感悟,即日命维草诏罪己。诏书一出,人情无不欢悦。适郑侠流民图疏亦至,故神宗慨然独断于心,罢新法十八事。是日天果大雨,远近沾洽,可见天人感应之机不爽如此。于是辅臣入贺,神宗将郑侠所进图状出以示之,且责其变法扰民。辅臣皆再拜谢罪。王安石因不自安,上疏求去。起初诏从中出罢新法,外边人莫知其故,至是知其由于郑侠。安石党中群奸切齿痛恨,遂锻炼其罪,拿侠付御史狱。因疏中难以指摘,说他不合擅发马递,以此治罪。翰林学士吕惠卿、御史中丞邓绾这两个小人共奏说:"陛下数年以来忘寝与食,讲求经书,以成美政。天下方才得被恩赐,一旦闻狂夫之言,便轻信之,罢废几尽,岂不惜哉!"因相与环泣于上前,以蛊惑煽动之。于是神宗又失了主张,将一切新法仍都照旧施行。只方田一法,暂且停止。天下复被其害矣。夫新法之行,举朝以为不可,神宗不听也。及民害已深,天变示异,方始知惧,而韩维之言,郑侠之图得以感动之。观于新法罢雨泽降,而天之告戒明矣。使能由此省悟,尽复祖制以与民更始,宋祚未可量也,乃惑于群奸,甘蹈欺天之罪,竟为有宋基祸之主,岂非万世之永鉴哉!

【今评】 神宗年轻无知,思想浮浅,缺乏坚定的政治主张,韩维、郑侠这些保守派旧臣讲说一套,他就立即下诏罢废新法18条;新派吕惠卿、邓绾痛哭流涕申诉一番,他又马上恢复新法如故。天下大事如此忽左忽右,暴露出君主独裁局限性实在是很大!

以吕公著、薛向同知枢密院事。公著在翰林,读《后汉书》毕,帝语以释老之事。公著曰:"尧舜知此道乎?"帝曰:"尧舜岂不知?"公著曰:"尧舜虽知此,而惟以知人安民为难,所以为尧舜也。"帝默然。又论前世帝王曰:"汉高祖、武

帝有雄才大略。高祖称吾不如萧何,吾不如韩信,至张良独曰吾不如子房。盖以子房道高尊之,故不名。"公著曰:"诚如圣谕。"帝又曰:"武帝虽以汲黯为戆,然不冠则不见。后虽得罪,犹以二千石终其身。"公著曰:"武帝之于汲黯,仅能不杀耳。"帝又论唐太宗。公著曰:"太宗所以能成王业者,以其能屈己从谏耳。"帝临御日久,群臣畏上威严,莫敢进规。至是闻公著言,竦然敬纳之,故有是命。

张居正讲评 释,是佛家。老,是道家。神宗以端明殿学士吕公著、工部侍郎薛向同知枢密院事。公著平生以忠直事主,不肯阿旨取容。在翰林尝至御前读《后汉书》,读毕,神宗偶言及释老之事。公著即问神宗说:"陛下取法尧舜,而谈及释老,不知尧舜当时亦知此道否?"神宗答说:"尧舜是圣人,岂不知此道。"公著对说:"尧舜虽知此道,然其心之所汲汲者,惟曰知人则哲,安民则惠,以此为难,而不敢暇逸,未尝为释老遗世绝俗之事。此所以为尧舜也。"神宗默然不答。神宗又尝与公著评论前代帝王,谓:"汉高祖及武帝俱有雄才大略,非庸君世主可及。高祖尝叙取天下之功,谓镇抚百姓,馈饷不绝,吾不如萧何。连百万之众,战胜攻取,吾不如韩信,二人皆称名。至论张良,独说运筹帷幄,决胜千里,吾不如子房。盖以子房道高而尊之,故称其字而不名也。"公著对说:"诚如圣谕。"神宗又说:"汉武帝时,汲黯屡好直谏。武帝虽怪他愚戆,然心敬重之,不戴冠则不相见。后虽坐小法免官,未几,复召用为淮阳太守,竟以二千石终其身,恩礼亦不薄矣。"公著对说:"所贵乎敬礼贤臣者,为其能用之耳。武帝之于汲黯,每以切谏不令出入禁闼,是但能不杀之而已,岂真能用之乎!"神宗又论及唐太宗。公著说:"太宗所以能成其业者无他,只是屈己从谏,不以势位骄人,不以才能自是,所以人乐为用,而王业遂成耳。"是时神宗临御日久,群臣都畏其威严,莫敢以规讽之言进者。至是闻公著之言,句句都是规讽,知得公著是个忠直之臣,竦然敬纳之。故有同知枢密之命。古语说,千人之诺诺,不如一士之谔谔。吕公著当群臣畏避缄默之时,独能因事纳忠,尽言不讳,可谓直亮之臣矣。然神宗不以为忤,而且重用之,其知人纳谏之明亦不可及。宜史臣记之以为后法也。

今评 讲评结末数语当细味。

太皇太后曹氏(1016—1079):景祐元年(1034),册为皇后。英宗即位,尊为皇太后,垂帘听政。神宗即位,尊为太皇太后。语神宗法度不宜轻改、勿轻用兵。

太皇太后曹氏崩。帝事太后致其诚孝,后亦慈爱天至。故事,外家男子毋得入谒。帝以后春秋高,数请召弟佾入见,久之乃许。及见少顷,后谓佾曰:"此非汝所当得留",趣遣出焉。帝尝有意于燕蓟,与大臣定议而白其事。太后曰:"事体至大,吉凶悔吝生乎动,得之,不过南面受贺而已。万一不谐,则生灵所系,未易以言。苟可取之,太祖、太宗收复久矣!何待今日。"帝曰:"敢不受教。"

> 太皇太后曹氏，是仁宗继后，神宗之祖母。武惠王曹彬孙女也。元丰二年十月崩。史臣记神宗事太后，敬养尊崇，极其诚孝。太后亦慈爱笃至，出于天性，非由勉强。旧制，外家男子不许入宫朝见。神宗以太后年事已高，心中必思念至亲骨肉，屡请召太后弟曹佾入见，欲以承顺其意。太后初间不许，及后神宗请之不已，日久方许。及宣佾入见，才得少顷，太后便与佾说："这宫禁之地，非汝外人所当得留。我岂可徒徇私情，不顾祖宗家法。"即时遣令出宫。其内治之严如此。神宗尝以燕蓟本中国地方，自石晋时陷入契丹，为虏久据，要兴兵取之。与大臣计议已定，奏知太后。太后说："这事情关系甚大。大凡吉凶悔吝，由动而生。惟安静无事，可以获福。今取得燕蓟，不过南向而坐，受百官朝贺而已，更何加益。万一不成，则兵连祸结，仇杀无已，此乃生灵性命所系，岂可轻言。若这燕蓟地方，可以容易取得，昔太祖、太宗的时节，兵精将猛，所向克捷，那时必已收复久矣，何待今日。况今日钱粮兵马大非太祖、太宗之时可比，而欲取其所不能取，不亦难乎！"于是神宗感悟，奏说："敢不谨受教训。"自此不言取燕蓟矣。夫太后以一妇人而知天下之大计。神宗受命，其不妄兴，可谓伟矣！不然，宋室之祸将不待靖康而始烈也。史又称太后性慈俭，常于禁苑种谷亲蚕，左右臣仆毫分不假借，宫省肃然，其坤仪纯备，可以为万世宫闱之法矣！

今评 太皇太后曹氏可称知大义，识大体者。内则肃整宫闱，外则平议大计，张居正赞为"可以为万世宫闱之法"，曹氏当之无愧。

以司马光为门下侍郎。既而苏轼自登州召还。缘道人相聚号呼曰："寄谢司马相公，毋去朝廷，厚自爱以活我。"是时天下之民引领拭目以观新政。司马光既入，上言新法之弊："陛下微有所改而远近皆相贺。不可泥三年不改于父道之说。"而当时进言者犹谓三年无改父道，欲稍稍损其甚者。公毅然争之曰："先帝之法，其善者百世不可变。若王安石、吕惠卿所建，非先帝本意者，改之当如救焚拯溺也。况太皇太后以母改子，非子改父。"众议乃定。

> 登州，即今山东登州。先是司马光居洛阳十五年。及神宗崩，哲宗即位，遂以光为门下侍郎，同平章事。天下闻司马光入相，无不欢呼相庆。适有知登州苏轼被召还京，沿路的人相聚号呼，向苏轼说："朝廷用司马相公，实天下生灵之幸。为我寄谢司马相公，慎勿轻去朝廷。愿厚自爱护，相天子以全活我等。"是时天下之民憔悴困苦，皆引领拭目，愿观新政。其系天下之望如此。司马光既入京，即上疏极论新法之弊，且言："为治当顺人心。陛下近来小小改易新法，远近便举手加额，交相庆贺。人心望治，有如饥渴。陛下急宜俯顺人心，不可拘泥三年无改父道之说，致失民望也。"盖当时进言者谓神宗初崩，不宜遽反其所为，犹执三年无改父道之说，欲稍稍去其太甚者。司马

神宗　哲宗

光毅然争之说："先帝之意本欲爱养斯民，其法出自先帝者，未常不善，虽百世不可易。若王安石、吕惠卿所立，元非先帝本意者，改之当如救焚拯溺，出民于水火之中，岂可缓也。况今太皇太后主持于上，就使有所改革，亦是以母改子，非是以子改父，何得拘三年无改之说。"于是众议乃定，遂尽罢保甲诸法。□司马光历事先朝，忠谋谠论，始终不渝，其系天下之望久矣！故其居洛也，天下惟恐其不为宰相。其既相也，天下惟恐其去朝廷。而外夷之人亦且谓中国相司马，慎毋生事，贤相之为国家重如此。然则人主之谕相，可不慎哉！

今评 从司马光释"三年不改父道"可见，经典的诠释，总是为现实政治服务的。

卷之二十六 宋纪

哲　宗

名煦，是神宗之子，在位十五年。

宋哲宗(1077—1100)：赵煦，神宗之子。元丰八年登基，因年幼由祖母宣仁太后垂帘听政。元祐八年(1093)，始亲政。元祐中，宣仁太后废除新法，排除新党。亲政后，改元绍圣，恢复新法。亲政七年间，绍述之政颇有成效，对西夏开边获得成功。

诏详定役法。苏轼言于光曰："差役、免役，各有利害。免役之害掊敛民财，十室九空，敛聚于上，而下有钱荒之患；差役之害，民常在官，不得专力于农，而贪吏猾胥得缘为奸。此二害轻重盖略等矣。"光曰："于君何如？"轼曰："法相因则事易成，有渐则民不惊。三代之法，兵农为一。至秦始分为二。及唐中叶，尽变府兵为长征卒。自尔以来，民不知兵，兵不知农。农出谷帛以养兵，兵出性命以卫农。天下便之，虽圣人复起，不能易也。今免役之法，实大类此。公欲骤罢免役而行差役，正如罢长征而复民兵，盖未易也。"光不然之。轼又陈于政事堂，以为役法可雇不可差，第不当于雇役实费之外，多取民钱。若量入为出，不至多取则自足以利民，何必改法。

张居正讲评 宋初役法，佥民丁壮，轮流官府应役，叫做差役。及王安石变法，令民计丁出钱，征收在官，雇人应当，叫做免役。哲宗初即位，用司马光为相，凡熙宁新法不便于民的渐次更罢。至元祐元年闰二月，诏资政殿大学士韩维等详定役法所宜因革，中书舍人苏轼与司马光说："差役、免役这两样法各有利有害，皆不能无弊。免役之害在于敛财太重，以至十室九空，财聚于官，而民间匮乏，有钱荒之患。差役之害，在于羁民在官，常用供役，不得专力务农，更兼贪官猾吏，因缘为奸，抑勒剥削，困辱卖放，无所不至。这两者之害，轻重略同，所宜审择便宜以为行止也。"光问说："于君之意当何如？"轼答说："大凡立法，因旧而为之，则事势便而易成，以渐而改之，则民情安而不惊。且如三代之法，不分兵农，无事则散而为农，有事则起而为兵。兵无坐食之患，农无养兵之费。岂不是善制。至秦并天下，始分兵农为二。历两汉、魏晋、六朝皆遵行之。至唐太宗乃立府兵之法，以仿古者寓兵于农之意。然行之未久，府兵废坏。比及玄宗时复募民为兵，叫做长征卒，仍用秦法。自此以来，民不习兵革战斗之事，兵亦不知稼穑耕获之事。然农得一意耕作，出谷帛以养兵。兵得一意战守，出性命以卫农。天下亦以为便，虽三代圣人复起不能改也。今免役之法，乡户人出了钱，得一意于耕作，官府有钱雇役，也不缺人差使，正与兵制相类。公欲骤然罢免役，而行差役，正如要罢长征而复民兵，反致惊扰而无益于事，盖未易也。"司马光不以其言为然。轼又诣宰相政事堂言之，说："雇役便民，不必更改，但不当于实费之外多取民财，民所不便，只是这一节耳。若严为禁令，使有司量入为出，不许于实费外多取分毫，则民力易供，自不至于十室九空，无钱荒之患矣！何必纷纷改法为也。"大抵法无古今，要在因时宜民而已。时势既改，民所不宜，虽圣王之法，安得不变；果合时宜，顺民情，虽非贤圣所立，然其法不可改也。王安石轻变宋朝祖宗之法，纷纷为百姓患苦，如青苗、方田等法，诚当急罢之，以利民矣！至于免役、保甲之类，却又民之所便，岂可概以其人而废之哉！苏轼之言，可为议法之准，保治者所当深念也。

今评 苏轼对役法的意见比较客观，切实可行，较少政治偏见。司马光因人废法，对熙宁新法全盘否定，给此后的朋党之争留下祸根。司马光认为王安石偏隘，其实他自己也未尝不偏隘。

五月，以韩维为门下侍郎。初神宗崩，维以提举嵩山崇福宫赴阙哀临。太后劳问，维对曰："人情贫则思富，苦则思乐，困则思息，郁则思通。诚能常以利民为本，则民富；常以忧民为心，则民乐；赋役非民力所堪者去之，则劳困息；法禁非人情所便者蠲之，则郁塞通。推此而广之，尽诚而行之，则子孙观陛下之德，不待教而成矣。"

张居正讲评 元祐元年五月，哲宗以韩维为门下侍郎。史臣叙说，初，神宗崩时，维以提举嵩山崇福宫赴京哀临。太皇太后因维是先朝旧臣，特加慰劳，且问以当今政务何者为先？维对说："为政在顺人情。今日之切务，惟察人情之所思者为之处置而已。彼人情当贫窭之时，则思财富；当疾苦之时，则思快乐；当劳困之时，则思安息；当拂郁之时，则思通畅。此自然之情也。今天下民情有所思而不得久矣。诚能知民之思富也，为之薄其税敛，常以利民为本，则财不在官而在民，民自富矣。知民之思乐也，为之御其灾患，常以忧民为心，则忧以一人，而乐以天下，民自乐矣。知民之思息也，凡赋役之重，非人力所堪者，悉罢去之，则不尽人之力，而劳困者得息矣。知民之思通也，凡法禁之苛，非人情所便者，悉蠲除之，则不尽人之情，而郁塞者得通矣。即此数者而推广之。凡人情有所思而无以自遂者，莫不为之经营，而又以实心行之，不徒以虚文塞责，

则不惟天下穷民如解倒悬,而圣子神孙观感陛下之德者,亦皆约己裕民,无敢侈然肆于民上,不待教而自成矣。岂非今日之切务哉!"然欲富、欲乐、欲息、欲通,乃人之恒情,君民之所同也。惟在上者,但知遂己之欲,而不复体民之情,剥下以奉上,拂民以从欲,至于人心怨叛而上不知,覆亡之祸率由于此。诚能以己之心,度民之心,所欲与聚,所恶勿施,则民心悦而邦本固,君之所欲者,亦未尝不两遂矣。此又君天下者所当知。

【今评】 孟子云"与民同乐",张居正云,从民之欲而遂君欲,亦善推孟子所论矣。

九月,尚书左仆射兼门下侍郎司马光卒。时两宫虚己以听光为政,光亦自见言行计从,欲以身徇社稷,躬亲庶务,不舍昼夜。宾客见其体羸,举诸葛亮食少事多以为戒。光曰:"死生,命也!"为之益力。病革,不复自觉,谆谆如梦中语,然皆朝廷天下事也。及卒,太皇太后为之恸,即日与帝临其丧,赠太师温国公,谥文正,年六十八。京师为之罢市往吊,鬻衣以致奠,巷哭以过车。及如陕葬,送者如哭私亲,岭南封州父老亦相率具祭,都中四方皆画像以祀,饮食必祝焉。

革(jí):急。通"亟"。

【张居正讲评】 陕,即今河南府陕州,是司马光原籍。岭南,是广东地方。封州,即今肇庆府封川县,是极南界上。元祐元年九月,宰相尚书左仆射兼门下侍郎司马光卒。是时哲宗幼冲,太皇太后高氏临朝,以光名德宿望,用以为相,虚心委任,凡朝廷政事,一切听光整理,无毫发疑沮。光亦见己之所言必行,所谋必从,感激非常知遇,誓欲委身致命,以为社稷,凡一应机务,虽至纤细之事也都身亲经理,不肯放过,以夜继日,未尝休息。宾客见其形体渐渐衰弱羸瘦,举汉时丞相诸葛亮故事,劝他节劳。说诸葛亮为相,自较簿书,夙兴夜寐,罚二十以上皆亲览,所食不至数升。司马懿说他食少事烦,岂能久活,果然不久而死。今公当以此为戒可也。司马光答说:"人之死生有命,非关劳佚,我岂可自爱其身,而不为国家尽力乎?"于是为之益力。及到病危之日,精神昏愦,不复自觉,口里犹谆谆说话,不甚明白,如梦中语,却都是朝廷天下的事。其精诚为国至死不休如此。及卒,太皇太后因失了贤相,不胜哀恸,即日与哲宗亲到他家哭临,赠官为太师温国公,谥文正,一应恩数,尊隆无比,年止六十八岁。京师人争去吊丧,虽常日市井人多的去处,也都空虚无人交易,至于卖衣服以供祭奠,丧车过时,合巷聚哭。及归葬陕中,送丧的人,如哭其私亲一般。至于岭南封州极边去处的父老,也相率具祭,京中及四方人皆画他形象,朝夕祭献,一饮一食必告祝焉。按司马光自元丰八年五月入相,至是才一年有余,而身死之日,天下痛惜之如此,何哉?史称光生平不欺,诚心自然,虽儿童妇女皆知其名,盖惟至诚故能动物,不期月而化成,良有本也。若光者,可为万世人臣之法矣。

今评 新旧党争,是非功过、未可一概而论。至于司马光律己勤政的个人品格,确有其可敬处。时人记载:都城居民闻其进京,叠足聚观,以至车马不得通行。可见其人望。

三月,程颐请就崇政、延和殿讲读。颐又上疏曰:"臣近言迩英渐热,只乞就崇政、延和殿。闻给事中顾临以延和讲读为不可。臣料临之意,不过谓讲官不可坐于殿上,以尊君为说尔。臣不暇远引,只以本朝故事言之。太祖皇帝召王昭素讲《易》,真宗令崔颐正讲《尚书》,邢昺讲《春秋》,皆在殿上。当时仍是坐讲。立讲之仪,只始于明肃太后之意。此又祖宗尊儒重道之盛美,岂独子孙所当为法,万世帝王所当法也。今世俗之人,能为尊君之言,而不知尊君之道。人君惟道德益高则益尊。若势位则崇高极矣!尊严至矣!不可复加也。"又曰:"天下重任,惟宰相与经筵。天下治乱系宰相,君德成就责经筵。"

明肃太后(969—1033):即真宗刘皇后。天禧四年(1020),真宗久疾居宫中,政事多决于后。仁宗即位,后垂帘决事,称制凡11年,史称"章献垂帘"。

张居正讲评 元祐二年三月,崇政殿说书程颐,请哲宗每日讲读,移就崇政、延和二殿。颐又上疏说:"臣近言迩英阁渐热,只乞就崇政、延和殿者,恐圣躬临幸未便故也。今闻给事中顾临以延和讲读为不可。臣料临之意无他,不过谓延和殿乃天子临御朝群臣之所,不可使讲官坐于殿上,以尊君为说耳。臣以为此非所以尊其君也。臣不暇远引异代,只以本朝故事言之。太祖皇帝尝召布衣王昭素讲《易经》,真宗尝令直讲崔颐正讲《尚书》,邢昺讲《春秋》,皆在殿上,当时都是坐讲。立讲之仪只起于仁宗时明肃皇太后之意,非祖制也。此可见祖宗尊儒重道不以势分为拘,诚旷古之盛节,昭代之美事,岂独子孙所当遵守,实万世帝王所当法也。今世俗之人,见人主稍自谦损,便以为亵尊,是徒能为尊君之言,而不知所以遵之道也。盖天下至尊者道,至贵者德,人君惟讲学亲贤,使道德益高,则其尊益至,故以道德责成于君,乃为尊君之至也。若只以势位论之,则其崇高已到极处,尊严已到至处,不可复有加了。区区堂陛之节,乃其分所固有,何足以尊其君哉!"又说:"天下至重之任有两件:一是宰相之任,一是经筵之任。宰相佐天子理万几,得其职则天下治,失其职则天下乱。是天下之治乱系宰相也。经筵乃辅养君德之地,养之善则君德日就,养之不善则君德日非。是君德之成就责经筵也。"夫经筵之任,与宰相并重如此,则虽坐而讲读,岂为逾哉!然君德虽责经筵,而朝夕纳诲未尝不系于宰相也;治乱虽系宰相,而端养化原,未尝不系于君德也。人君知此而亲贤讲学,与躬行实践,并行而不废焉。则道德有于身,而至尊至贵,又有出于势位之上者矣,万世太平之业至岂外是哉!

今评 "以道德责成于君,乃为尊君之至也",此语至今可以为法。

会夏暑，权罢讲筵，祖禹上言："陛下今日之学与不学系他日治乱。如好学，则天下君子欣慕，愿立于朝，以直道事陛下，辅佐德业而致太平；不学，则小人皆动其心，务为邪谄以干富贵。且凡人之进学莫不于少时。今圣质日长，数年之后恐不得如今日之专，窃为陛下惜也。"

> **张居正讲评** 史臣记哲宗在位时适因夏天暑热，传旨暂辍讲筵。著作佐郎兼侍讲范祖禹上疏说："天下之治乱在君德，君德之成否在讲筵。今陛下辍讲，必谓暂时优闲，未为大害。然今日之学与不学乃他日之治乱所关，非细故也。陛下若好学，则圣志清明，君德日进，天下之贤人君子皆欢然欣慕，以为圣君在上，无不愿立于朝，或敷陈正言，或修举正事，皆以直道事陛下，而辅佐德业以致太平，天下自此治矣！陛下若不学，则无义理养心之助，无贤人夹辅之功。天下之小人皆谓有隙可投，而动其不肖之心，务为邪佞谄谀以干富贵，苟可以蛊惑君心，浊乱朝政者亦无所不至，而天下自此乱矣！且学者难进而易退，时者难得而易失。人之进学莫不在于少年之时，盖以情欲未开，志虑专一故也。今圣质日长，正当汲汲学问之时，岂可一日放过。若失今不学，臣恐数年之后，情欲渐广，志虑渐分，必为他事所夺，不得如今日之专矣。臣窃为陛下惜此光阴，须及时勉学可也。"范祖禹此言，明白痛切，至于虑数年之后，恐不得如今日之专，尤当深省。夫人方年少，未尝不谓将来之日尚多。至于长大，未尝不以少年失学为悔。苟有远虑，则所以爱惜光阴者，宜无不至矣！

> **今评** 观祖禹之言，可知所谓"天下之治乱在君德，君德之成否在讲筵"并非虚言，风行于上、波动于下，而有宋代理学之大盛。这是中国文化史上一个重要现象。

以苏辙为御史中丞。时熙丰旧臣争起邪说以惑在位。吕大防、刘挚患之，欲稍引用以平夙怨，谓之调停，太皇太后疑不决，辙面斥其非，复上疏曰："君子小人，势同冰炭，同处必争。一争之后，小人必胜，君子必败。何者？小人贪利忍耻，击之则难去；君子洁身重义，沮之则引退。此辈若返，必将戕害正人，渐复旧事，以快私怨。人臣被祸，盖不足言，所惜者祖宗朝廷也。惟陛下断自圣心，勿为流言所惑，勿使小人一进，后有噬脐之悔，则天下幸甚。"疏入，太皇太后曰："辙疑吾君臣兼用邪正，其言极有理。"调停之说遂已。

> **张居正讲评** 噬脐，是以口咬脐，势不相及，比喻事势已成，救之无及的意思。哲宗以翰林学士苏辙为御史中丞。是时正人在朝，新法尽革，把熙宁、元丰年间神宗所用的旧臣一概摈斥不用。于是失志之人怨入骨髓，乃捏造不根之言以离间朝廷，摇惑在位之士。宰相吕大防、刘挚恐激成大变，心甚

忧之，因奏请太皇太后欲稍稍引用一二旧人以平夙怨，使两下和解，叫做调停之法。太皇太后心中疑虑不决。苏辙深以宰相之议为不可，乃于太后前面斥其非。又退而上疏说："君子小人，道各不同，其势如冰之与炭不相容入。若同处一朝必至争竞。一争之后，小人必胜，君子必败。何也？小人贪着利禄，忍得耻辱，虽被人排击，不肯便去。君子洁己不污，守义不屈，少或沮之，即引身而退。今君子所以得安其位者，幸不与小人同处耳。此辈若返旧位，必将乘机肆毒，戕害守正之人，渐复熙宁之法，以快其私忿。小人安得不胜，君子安得不败乎！夫人臣被祸害止一身，犹不足言，所可惜者祖宗之基业，朝廷之法度，一旦为小人所坏，可为寒心耳。愿陛下为祖宗朝廷万世之虑，断自圣心，勿为流言所惑，勿使小人一进，致后来击之不去，救之不能，有噬脐无及之悔，则天下幸甚。"疏入，太皇太后深自感悟，谓丞相说："苏辙疏中疑吾君臣兼用邪正。夫邪正岂可兼用，其言极有理。"于是宰相皆同声和之，调停之说，遂罢不行矣。夫国之有小人犹田之有莠，芟之尚恐不尽，况复引用，则蔓延之势益难图矣。汉时陈蕃、窦武协心同力而不免党锢之祸。张柬之等方中兴唐室，而武三思一得志，即相继窜移，皆除恶未尽之故也。苏辙之言，盖监于此。惜乎哲宗不悟，卒致群邪害正，而汉唐之祸复见于绍圣、元符之间，可为永鉴矣！

今评 苏辙把保守派与改革派的矛盾绝对对立起来，称自己为君子，斥对方为小人。这与两汉党锢之祸，中唐宫廷朋党之争的祸患一样，成为最高统治集团内部分裂斗争的表现形式。古代统治阶级越近王朝末日，越难以超越这种派系之争，于是成为王朝崩溃重要因素之一。

翰林学士范祖禹上疏，其略曰："陛下方揽庶政，延见群臣。今日乃宋室隆替之本，社稷安危之机，生民休戚之端，君子小人进退消长之际，天命人心去就离合之时，可不畏哉！太皇内决大策，拥立陛下，斥奸邪，抑侥幸，九年之间，虽德泽深于天下，然小人怨者多矣！今必有小人进言曰：'太皇不当改先帝之政，逐先帝之臣。'此离间之言，不可听也。"

张居正讲评 元祐八年十月，是时太皇太后高氏既崩，哲宗初亲政事，旧朝乱政的小人，久被斥逐，都要夤缘起用，人情汹汹。翰林学士范祖禹上疏，大略说："陛下临御以来，赖太皇太后主持调护，得以坐享太平。今太皇太后宾天，陛下初揽庶政，延见群臣，访求治理。今日不是寻常的时候，乃宋室隆替之本原，社稷安危之机括，生民休戚之端倪，君子小人进退消长之界限。上而天命之去就，下而人心之离合，皆在此时，一念正，则延无疆之休，一念偏，则贻无穷之祸。可不兢兢业业深加敬畏哉！昔先帝晏驾之时，中外危疑，赖太皇太后以至公之心，决定大策，拥立陛下，又斥退奸邪以正朝廷，裁抑侥幸以清左右，九

哲宗

年之间兴利除害，海宇清宁，德泽之被于天下者深矣！然而先朝小人失职怨望者亦多。臣料今日必有小人捏造邪说以惑圣听，说先帝孜孜图治，所行的都是正事，所用的都是正人。太皇太后只宜件件遵守，不当更改先帝之政，斥逐先帝之臣。这等的说话皆非忠言，乃欲离间陛下，构起衅端，以开群邪进用之门耳。陛下宜审察之，不可轻听也。"大抵小人心怀不测，舌辩难穷。苟欲遂其私，则离间人之骨肉而不顾；苟欲行其说，则倾败人之国家而不惜。其为害有不可胜言者。祖禹此言，至为剀切，而哲宗不悟，卒至奸邪柄用，国事日非，谗间之说一行，则祸乱之关已启，岂非万世之鉴哉！

【今评】 祖禹所论虽为抑止新党东山再起，有党争之嫌；就独裁政体而言，最高统治者交替之际，总是各派政治力量最为活跃之时，政策之延续与变更，亦一决于此。

"陛下初立，上书言法不便者万数。太皇因人心之欲改，与陛下同改之，非以己之私而改也。既改其法，则作法之人，及主其法者有罪当逐，亦以众言逐之，皆上负先帝，下负天下者也。惟陛下清心察理，敢以奸言进者，痛惩一人，以警群慝，则帖然无事矣。若稍入其言，则奸言继进，万一追报之礼少有不至，于太皇圣德无损，而于陛下孝道有亏。今初揽政事，乃小人乘间伺隙之时，故不可不谨防。此等既上误先帝，今又将复误陛下，天下事岂堪小人再破坏耶！"

【张居正讲评】 范祖禹疏中又说："陛下初即位时，中外臣民上书言新法之不便者至有万数。太皇太后因人心之所欲改，与陛下同改之。盖出于天下之至公，非一人之私意也。夫既以法为病民而改之，则当时立法之人，与附和而行其法者，自然有罪当逐。太皇太后亦因天下人心之共愤而逐之。盖此辈皆诬上行私，蠹国害民，上负先帝知遇之恩，下负天下仰望之意，罪不容诛者也。太皇亦岂以私意逐之哉！愿陛下清心察理，鉴太皇忧勤保国之心，烛群小挟私兴谤之故，敢有以离间之言进者，重处一人以警群邪，则小人自知慑服，朝廷帖然无事矣！若陛下一不主持，稍入其言，则奸言望风而兴，凡可以上诬太皇而阴间陛下者，必相继而进。万一陛下追报太皇之礼少有未至，于太皇圣德固无所损，而于陛下孝道则大有亏缺，所系岂小小哉！今陛下初揽万几，人怀观望，正小人乘间伺隙之时，不可不谨防之也。此辈昔日既上误先帝，今又结党窥伺，将复误陛下。天下事被此辈破坏久矣！以太皇十年之培养尚未全复，岂堪小人再坏之耶！"按哲宗以冲年践祚，赖太后同政，信用诸贤，故元祐之政庶几仁宗。及太后一崩而群奸窥伺者望风而至，虽以祖禹辈之极谏而不能阻章惇诸人之频进，议论纷纭，国是不定，以致国家破坏，卒不可收拾，岂非万世之明鉴哉！

【今评】 张居正于"元祐更化"之态度虽不无可讨论处，然所论"议论纷

纭，国是不定，以致国家破坏，卒不可收拾"，却足为后世借鉴。

按元祐中，帝御迩英殿，吕大防等进曰："祖宗家法甚多，所立最善。自古人主事母后，朝见有时。祖宗以来，事母后皆朝夕见。此事亲之法也。前代大长公主用臣妾之礼，仁宗以侄事姑。此事长之法也。"帝曰："今宫中见行家人礼。"大防等曰："前代宫闱多不肃。本朝宫禁严密，此治内之法也。前代外戚多预政事。本朝母后之族皆不预事，此待外戚之法也。前代宫室多尚华侈。本朝宫殿止用赤白，此尚俭之法也。前代人君虽在宫禁，出舆入辇。祖宗皆步自内庭，出御后殿，此勤身之法也。前代人主在禁中冠服苟简。祖宗以来，燕居必以礼，此尚礼之法也。此皆祖宗家法，所以致太平者。陛下不须远法前代，但尽行家法，足以为天下。"帝深然之。

张居正讲评 史臣记元祐年间，一日哲宗御迩英殿，宰相吕大防等侍侧，因奏说："本朝祖宗家法极多，立得规矩最好。前代人主事母后，朝见有定期，情礼疏简。祖宗以来事母后皆朝夕朝见，以尽昏定晨省之礼。此事亲之家法也。前代大长公主入宫则行臣妾之礼，是以姑拜侄。我朝仁宗皇帝以侄礼事姑，不敢少慢。此事长之家法也。"哲宗说："今宫中姑侄之间，见行家人礼，尊仁宗故事。"大防等又奏说："前代宫闱之内，多不严肃，致多秽德。我朝宫禁严密，内外肃清。此治内之家法也。前代皇亲外戚，多干预政事，致有擅权乱政害国亡家之祸。我朝母后之族，但荣之以爵禄，并不委任政事。此待外戚之家法也。前代宫室多尚华侈，竭民财力以作无益。我朝宫殿止用赤白二色，并无五彩辉煌之制。此尚俭之家法也。前代人君虽在宫禁近地，出入必乘舆辇。我朝祖宗皆从内廷步行出到后殿，宫中无乘舆之制。此勤身之家法也。前代人主在宫禁中适情自便，冠服多苟简非礼。我朝祖宗以来，燕居独处，必正衣冠，尊瞻视，依礼而行。此尚礼之家法也。此等都是祖宗以来世守之家法，故家齐国治，累世安享太平，皆由于此。陛下不须远法前代之君，但尽行祖宗家法，即为守文之令主，而足以治天下矣！"哲宗深纳其言。按宋之立国规模不及汉唐，而家法则远过之。若吕大防等之所宣述，皆修身齐家要务，诚其子孙所当世守也。

今评 赵宋宫廷整肃，在中国古代史上是比较突出的，这与宋朝具有一套严密的家法有关。但宋代宫廷千奇百怪的离奇故事传说也并不少。已有的宫廷制度远远不足以制约宫廷后妃与君主的复杂斗争。

徽 宗

名佶,是神宗第十一子。哲宗无子,佶以端王继统,在位二十六年。

宋徽宗(1082—1135):即赵佶,神宗子,哲宗弟。元符三年(1100)即位。任用蔡京等主持国政,排斥异己,崇奉道教,搜刮民财,导致方腊起义。宣和二年(1120),与金立盟攻辽失利。七年金灭辽南下,传位于太子恒,自称太上皇。靖康二年(1127)被虏北迁,死于五国城(今黑龙江依兰)。能书善画,书法世称"瘦金体"。

以朱勔领应奉局及花石纲于苏州。初蔡京过苏州,欲建僧寺阁,会费钜万,僧言必欲集此缘,非郡人朱冲不可。京即召冲语之。居数日,冲请京诣寺度地,至则大木数千章积庭下。京器其能。逾年,京召还朝,遂挟冲子勔与俱,窜姓名于童贯军籍中,皆得官。帝颇垂意花石,京讽冲密取浙中珍异以进。初致黄杨三本,帝嘉之。后岁岁增加,贡五六品。至是渐盛,舳舻相衔于淮汴,号花石纲。置应奉局于苏州,命勔总其事。

张居正讲评 应奉局是供应上用衙门。花石纲是管运花木山石的领头。这一段是记宋徽宗崇信奸回,纵欲害民的事。崇宁四年十一月,徽宗新设应奉局于苏州,以朱勔领之,就教他兼管解运花石的领头。史臣因叙花石纲根由及朱勔所以进用的缘故,说初蔡京未入相之时曾过苏州,要于僧寺建一佛阁,估计支费该用钱钜万。僧说这工力艰大,非得郡人朱冲干办不可。蔡京随即唤朱冲来,以此事托之。数日之间,朱冲便请蔡京到寺,看度建阁的地基。及蔡京到寺,已有大木数千株堆积庭下,可以建阁。于是蔡京以朱冲干济敏给,才力过人,堪备委用。次年京被命还朝,遂将朱冲并他儿子朱勔,一同带到京中。时童贯为熙河等处经略使,用兵于西边上。蔡京就将朱冲、朱勔父子姓名诡窜入童贯军籍中,后皆冒滥军功,得授官职。是时徽宗怠于政事,颇留意于花木山石之好。蔡京乃教朱冲密地采取浙中所产珍异之物以进。初间止进黄杨树三株以窥探上意。徽宗果甚喜之。以后便年年进贡,加增至五六样。至是所进益多,用大船装载,前后连续不绝,以百千计,从淮入汴,运到京师,号为花石纲。因置应奉局于苏州地方,命勔总管其事。此应奉局花石纲皆自古所未有之事。史臣叙之,见宋之所以亡也。大抵小人欲盗君之权,必先中君之欲,使其心流连于淫乐而无忧危之远图,使其身羁迷于玩好而无清明之暇日,然后得以纵其恶而无忌矣。蔡京之于徽宗正用此术。是以明主必清心寡欲,以端治原,则小人无所投其隙矣。

今评 穷奢极欲的宋徽宗从江南设应奉局,运花石纲开始,侵扰百姓,民不聊生,终于爆发方腊领导的东南农民起义。花石纲是六贼罪恶生涯的典型事例。

勔指取内帑如囊中物，每取以数十百万计。于是搜岩剔薮，幽隐不置。凡士庶之家，一石一木稍堪玩者，即领健卒直入其家，用黄帕覆之加封识焉，指为御前之物，未即取，使护视之。微不谨，即被以大不恭罪。及发行，必撤屋抉墙以出。人不幸有一物小异，共指为不祥，惟恐芟夷之不速。民预是役者，中家破产，或卖子女以供其须。斸山辇石，程督惨刻，虽在江湖不测之渊，百计取之，必得乃止。至截诸道粮饷纲，旁罗商船，揭所贡，暴其上，篙工柁师，倚势贪横，凌轹州县，道路以目相视。

帕(pà)：手巾。

芟(shān)夷：削除。
斸(zhú)：斫，锄断根株。

【张居正讲评】粮饷纲，犹如今运粮的船。篙工柁师，是驾船的人。朱勔既奉朝命，总领应奉局，遂恣意购求花石，指供奉为名，动支内库钱粮，就似囊中取物一般。每一取，辄以数十百万计。于是岩穴薮泽之中，无不搜剔，虽幽深隐辟去处也不放过。凡士民之家有一块石，一根木，稍稍可玩者，即带领健卒径入其家，用黄帕盖上，加以封识，指为朝廷御用之物。又未即取去，着本家早晚看守。一或不谨，小有损伤，便加以大不敬之罪。及发行时，必撤毁房屋，抉破墙壁以出。人家不幸有一物小异，都指为不祥，惟恐芟除不速，致受其累也。百姓每为这差使，中等人家都破荡产业，或至鬻卖子女以供其费。如山上有奇石，就令人凿山取之，用车搬运，催督工匠，极其惨刻，虽在江湖不测之渊，也千方百计取之，务要得了才罢。及装载入京，船只众多，至将各道粮船都截住不行。又四散捉拿商船，将贡物安放暴露于上。篙工柁师，因而恃势贪横，凌轹所过州县。道路观者不敢出一言，只以目相视而已。夫人主以四海之富，垂意一花石，似无甚害。乃其弊至于耗国用，竭民财，敛天下之怨，何哉？盖人主一有所好，则小人争致奇美以中其欲，而取用必多，征求必广，其势必至此极也。昔魏明帝起土山于芳林，正与徽宗之事相类。然两君皆立致丧乱，曾不得终享花石之乐。人主推此而观其嗜好，可不慎哉！

【今评】六贼之一的朱勔，一旦得充走狗，则其骄横跋扈，忘乎所以，如若疯狗。不论士庶之家，都要遭逢这种凶恶横暴的劫夺。这样的大抢劫、大动荡、大破坏，中国历史上古往今来发生过多次，每次出现都招致国家频临沦亡的边缘。

二月，蔡京有罪免。京怀奸植党，威福在其手中。托绍述之名，纷更法制，贬斥群贤，增修财利之政，务以侈靡惑人主，动以《周官》"惟王不会"为说。每及前朝惜财省费者，必以为陋。至于土木营造，率欲度前规而侈后观。时天下久平，吏员冗滥，节度使至八十余员，留后、观察下及遥郡刺史多至数千员，学士、待制中外百五十员。京因睹帑藏盈溢，遂倡为"丰亨豫大"之说，视官爵财物如粪土，累朝所储扫地

丰亨豫大：语出《易》，谓富足隆盛的太平安乐景象。这是为宋徽宗的奢靡制造舆论。

矣。及彗星见，帝悟其奸，凡所建置一切罢之，而免京为中太一宫使。

张居正讲评 遥郡刺史，是不到地方，但遥领各州刺史的职衔。徽宗崇宁五年二月宰相、司空、右仆射蔡京有罪罢免。史臣因叙他罪状说，蔡京在朝，心怀奸恶，广植私党，窃弄国家刑赏之柄，作威作福在其手中。以绍述熙宁、元符之政为名，将朝廷制度纷纷更改。凡一时贤人君子，目为党人，贬斥流窜，死亡略尽。增修聚敛财利之政，务在剥民媚上，以淫侈华靡之事迷惑人主。每常将《周礼》中"惟王不会"一句借为口实。盖《周礼》中载周时制度，凡诸司费用钱粮，每岁终则会计其多少，惟王之所费则不会计，不敢以有司之法制王也。然虽不会计，却自有九式定制，不是荡然无节。蔡京要阿奉徽宗，乃妄引圣经以恣其欲。又每论及前朝圣帝明王惜财省费之事，则曲加诋毁姗笑，以为鄙陋，不能以天下自奉。至于土木营造之工，都要极其宏丽，度越前人之规制，而震耸后人之观瞻。是时天下太平日久，官秩冗滥。如各路节度使至八十余员，留后、观察下及遥郡刺史多至数千员。兼学士与待制衔的官，在京外至百五十员。其耗财扰民无有纪极如此。京因见库藏充溢，遂倡为丰亨豫大之说，说王者当这等极盛之世，百凡规模都宜恢弘阔大，以明示得意。故其视官爵财物，略不爱惜，如粪土一般。不但百计巧取的四方物货浪费尽绝，并将累朝祖宗之所储蓄皆扫地尽矣！及是彗星出见，徽宗始悟其为奸。于是下诏，凡蔡京之所建置如诸州供奉之物，方田之法，党人之禁，一切都停革，并免京为中太一宫使，罢其宰相职事。按宋室之乱始于哲宗之相章惇，成于徽宗之相蔡京。今因大变而黜京，宋事犹可为也。乃未及一年，而京复入相，迄于颠覆播迁而不悔，何哉？徽宗侈忲自恣，宴安成性，徇于耳目玩好之事，溺于流连荒亡之业，始终皆蔡京引诱赞成之。蔡京一去，则承顺无人。徽宗之心必有寂然不乐者，是以明知其作奸误国，天怒人怨而终身不能去也。可为万世之永鉴矣！

今评 以《周礼》"惟王不会"句为恣惠君王奢靡依据，亦蔡京一大发明。对经典取实用主义态度者，可以为戒。

以赵挺之为尚书右仆射。初，挺之首兴边事，用兵累年。至是帝临朝语大臣曰："朝廷不可与四夷生隙，隙一开，祸拏不解，兵民肝脑涂地，岂人主爱民恤物意哉？"挺之退谓同列曰："上志在息兵，吾曹所宜将顺。"

张居正讲评 徽宗召中太一宫使赵挺之复为尚书右仆射。挺之在朝专务迎合上意。初时见徽宗喜好边功，遂首建用兵西夏之议，致夏人进略镇戎，再攻湟州，兵连数年不息，边民横遭屠掠，财力困竭。至是徽宗悔悟，临朝谓大臣说："朝廷与四夷，但当以威信服之，不可擅生衅隙。衅隙一开，则兴兵构怨，祸患不解，徒使兵民糜烂，肝脑涂地，岂人主爱民恤物之意哉！"挺之知

其意,乃退谓同列说:"主上志在息兵,我等正宜将顺。西方用兵之事,所当止矣。"按西夏在宋世,自元昊纳款以后,世奉盟约,未有衅端,而挺之与童贯等徼功生事,自启祸阶,误国之罪大矣!徽宗因兵连祸结,知四夷不可生隙,乃不能推类观变,而复听邪说,约金灭辽,自挑强敌,以至国破身辱,何哉?盖沉酣逸欲,内鲜谋议之臣,是以颠倒迷谬,轻蹈危亡而不顾也。

今评 张居正以赵挺之为"专务迎合上意"之臣,可称一针见血,然必先有颠倒迷缪之君,方有"专务迎合"之臣。

赐方士林灵素号通真达灵先生。灵素,温州人,少从浮屠,苦其师笞骂,去为道士。善妖幻,往来淮、泗间,丐食僧寺,僧寺苦之。及王老志死,王仔昔宠衰,帝访方士于左阶道箓徐知常,知常以灵素对,即召见。灵素大言曰:"天有九霄,而神霄为最高,其治曰府。神霄玉清王者,上帝之长子,主南方,号长生大帝君,陛下是也。既下降于世,其弟号青华帝君者。主东方,摄领之。又有左元仙伯,书罚仙吏褚慧等八百余官,今蔡京即左元仙伯,王黼即文华吏,盛章、王革即园苑宝华吏,郑居中、童贯等皆有名",而己即褚慧下降也,佐帝君之治。时刘贵妃方有宠,灵素以为九华玉真安妃。帝心独喜其事,甚加宠信,赏赉无算。灵素本无所能,惟召呼风霆,间祷雨,有小验而已。

张居正讲评 温州,即今浙江温州府。浮屠,是僧。淮、泗,即今南直隶、淮安、泗州等地方。王老志、王仔昔都是方士,蔡京所荐以蛊惑徽宗崇奉道教者也。政和六年正月,徽宗赐方士林灵素道号为通真达灵先生。史臣叙灵素原籍温州人,少本无赖,出家投僧为师,不守戒律,苦被其师打骂,因逃去为道士。善为妖幻之术,以煽诱愚俗,常往来于淮、泗间,从僧寺中乞丐度日,僧人都厌苦之。是时徽宗崇奉道教,尊礼道士王老志、王仔昔等。及王老志病死,王仔昔术穷宠衰,徽宗乃访求方士于左阶道箓官徐知常。知常遂将林灵素姓名奏荐。徽宗闻之,即时召见,灵素因妄设无影虚言以耸动徽宗,说:"天上有九霄,而神霄是最高的去处,其王者所居,号名为府。其王是神霄玉清王,乃上帝之长子,主管南方,别号为长生大帝君,因下界无主,故降生为天子,即陛下是也。长生大帝君既下降于世,他有个兄弟号青华帝君,主管东方,今替他带管南方之事。长生大帝君名下,又有左元仙伯,书罚仙吏唤名褚慧等,共有八百余员仙官。今宰相蔡京就是左元仙伯的化身。学士王黼,是文华吏的化身。盛章、王革是园苑宝华吏的化身。枢密使郑居中、童贯等都是有名的仙吏。"林灵素说他本身也就是褚慧下降,都为长生大帝君出世,共来辅佐政治耳。此时刘贵妃正得宠,林灵素因谄奉徽宗说贵妃是天上九华玉真安妃。其言诡怪鄙浅,人皆知其妄诞,无

不非笑，而徽宗心为所惑，独喜其事以为实然，甚加宠信，赏赐不可胜算。灵素虽利口狂言，然其实别无本事，只有些小法能呼唤风雷，间或使之祷求雨泽，略有小验而已。古语说，国将兴，听于人，国将亡，听于神。圣王之世，有左道乱政者杀无赦，岂有亲奉异端，务为妖幻以惑世者乎！昔梁武帝舍身佛寺，而终饿死于台城。今宋徽宗倾信道教而亦陷没于房地。二氏所称祸福报应之谈不足信亦明矣。所以孔子说，务民之义，敬鬼神而远之。此治天下者所宜审察也。

今评 昏愦无道的宋徽宗，宠信方士妄诞邪说以惑世欺众，至于癫狂迷乱的程度，遂成北宋亡国又一祸根！

九月，朝散郎宋昭上书谏伐辽，诏编管于海州。昭上书极言辽不可攻，金不可怜，异时金必败盟为中国患。乞诛王黼、童贯、赵良嗣等。且曰："两国之誓，败盟者祸及九族。陛下以孝理天下，其忍忘列圣之灵乎？陛下以仁覆天下，其忍置河北之民于涂炭之中，而使肝脑涂地乎？"王黼大恶之。

张居正讲评 罪人迁谪远方，编籍为民，着地方收管，叫做编管。海州，即今淮安府海州。金，是前代女直夷人国号。宋自太祖以来，与辽人通好，世世不绝。至是金人乘辽国内乱，发兵攻之，辽主败奔。宋遂用王黼、童贯等议，与金人约夹攻辽，以复燕云之地。宣和四年九月，朝散郎宋昭以伐辽为不可，上书切谏。徽宗怒其妄言，命革职编管于海州。昭疏中极言辽为中国唇齿，必不可伐。金人如豺狼，必不可亲。今金人所以通好于我者，不过欲借我兵力共灭辽耳。他日得了辽地，便垂涎中国，必将败盟为中国患。此社稷存亡所系，识者无不忧之。而少傅王黼、内侍童贯、秘书丞赵良嗣等方以为得计，力主此议，误国之罪不可胜诛，乞斩此三人以谢辽主，而阴折金人之心，天下幸甚。又说："祖宗时与辽结好，两国誓书中有言，败盟者祸及九族。列圣相承，世守勿失。陛下以孝治天下，其忍背此信誓，基九族之祸而忘列圣在天之灵乎？且争地以战，杀人盈野。陛下以仁覆天下，河北之民，皆陛下赤子，其忍驱之战斗，置斯民于涂炭之中，而使肝脑涂地乎？"王黼见其疏大恨之，故有海州之贬。大抵善为国者，惟在政事之修举，而不在土地之广大。向使宋能亲贤图治，保境安民，虽无燕云，何损于治。徽宗荒废政事，信用小人，忽宋昭之忠言，而信王黼等之谬计，贪一时之小利，而忘万世之远图，卒之燕云甫复，而金师既至，靖康之祸举族北辕，岂不深可恨哉！

今评 赵佶虽是天才艺术家，瘦金体书与花卉画有很高的成就。但他不是一个成功的政治家，他根本不会也不该做皇帝。一定要他做皇帝，只能是信任"六贼"，成为败坏国家大政的昏君。

卷之二十七

宋纪

高宗

讳构,徽宗第九子。初封康王。在位三十六年。

> 宋高宗(1107—1187):即赵构(1127—1162在位)。金军掳徽、钦二帝北去,他在南京(今河南商丘)即位。后建都临安(今浙江杭州)。又用秦桧为相,惧敌求和,杀大将岳飞,割弃秦岭、淮河以北土地,向金国称臣纳贡。

建炎元年,元祐孟后降手书告中外,俾康王嗣统。其略曰:"历年二百,人不知兵。传世九君,世无失德。虽举族有北辕之衅,而敷天同左袒之心。乃眷贤王,越居旧服。汉家之厄十世,宜光武之中兴;献公之子九人,惟重耳之尚在。兹乃天意,夫岂人谋。"王受命即位于应天府。

> 应天府:今河南商丘,并非江苏金陵(今南京)之应天府,《直解》误。

张居正讲评　建炎,宋高宗年号。元祐,宋哲宗年号。孟后,宋哲宗后。元祐三年,废为仙师,出居瑶华宫。自道君太上皇帝,及太上皇后、诸妃、诸王、公主、驸马都尉如金师,及六官有位号者,皆从。元祐皇后孟氏,以废居私第获免。至是尊为元祐皇后,入居禁中,垂帘听政,乃降手书,诏告国中侯国知道,使康王承大统。诏大意云:"历有二百年来,人无有知兵者。祖孙父子,相传九代为君,代代无有恶行。今日虽因金人虏去二帝,举亲族都随驾去,其祸非常,然而布满天下人心,都左袒我宋者。昔汉高帝殂,吕后临朝,吕氏肆横,刘氏失职。周勃曰:'为刘氏者左袒,为吕氏者右袒。'军皆左袒,无向吕氏的。今日天下都左袒我宋,乃思念康王有贤能,使居祖宗之旧位,着祖宗之成服。当昔汉业十传后,遭王莽之篡,而光武皇帝中兴,不失旧物。又晋献公生九子,为惑于骊姬,九子中止重耳逃入外国,其余诸公子都被诛戮。这都是天数,不是人谋可及也。康王为嗣王,受命钦哉!"乃即帝位于金陵之应天府。

今评　元祐太后孟氏屡遭磨难,但是她能正确对待各种祸患。面对似乎天塌地陷的巨变,她亦能清醒地认识形势,沉着应对。徽、钦被掳,她拥立康王。苗、刘叛乱,她巧妙周旋,终于维系了赵宋

王朝的统治。

召李纲为尚书右仆射。纲上疏曰:"兴衰拨乱之主,非英哲不足以当之。惟其英,故用心刚,足以莅大事而不为小故之所摇。惟其哲,故见善明,足以任君子而不为小人之所间。在昔人君体此道者,惟汉之高、光,唐之太宗,本朝之艺祖、太宗。愿陛下以为法。"

张居正讲评 仆射者,制六部尚书,左右仆射为入座。当时,李纲者,以河南、河东路宣抚使罢知扬州,特召为尚书右仆射。纲一拜职,即上奏疏云:"国以一人兴,以一人衰,及反乱为治之君,不是英敏明哲者,不能胜其任焉。何也!惟其英敏,故作用存心刚果,足以断大事,而不使小事得以摇惑之。惟其明哲,故见善洞彻朗鉴,足以识君子,而不使小人得以离间之。此往昔为君体贴此道者,惟汉之高祖,与光武皇帝,唐之太宗,我朝之太祖、太宗二帝者,臣望陛下取法而无失焉。"

今评 李纲论"英"、"哲"之语宜细参。

监察御史张所上言曰:"河东、河北,天下之根本。昨误割三镇,两河民怨入骨,因而用之,可藉以守。"且请帝还京。具言五利:奉宗庙,保陵寝,一也;慰安人心,二也;系四海之望,三也;释河北割地之疑,四也;早有定处,而一意于边防,五也。帝欲用所,会所言黄潜善奸邪不可用。潜善引去,帝留之,乃安置张所于江州。

割三镇: 靖康元年(1126)正月,金宗望(斡离不)率东路军围攻开封。宋输金银珠玉,并许割太原、中山、河间三镇,宗望退兵。

张居正讲评 初集百官于尚书省,议三镇弃守。百官多请割三镇与金。何卓曰:"三镇国之根本,奈何一旦弃之。金人无信,割亦来,不割亦来。且河北之民,皆吾赤子,弃地,则并其民弃之,为民父母而弃其子,可乎?"故所言民怨割地,仍用之可仗以为守。就请帝复归京师,且陈五利以献上。欲大用张所,会说黄潜善奸邪不可用,潜善求致仕,留之。乃责张所,改御史,斥之江州。正言正人,自不两立也。

今评 既已听张所之议而欲用之,复以留黄潜善而斥之。高宗不唯轻信奸邪,更兼胸无全局。北渡恢复,至此已成画饼。

李纲至行在,固辞相位。帝曰:"朕知卿忠义智略久矣,

其勿辞。"纲泣谢，且言："昔唐明皇欲相姚崇，崇以十事要说。今臣亦以十事仰干天听：一议国是，二议巡幸，三议赦令，四议僭逆，五议伪命，六议战，七议守，八议本政，九议久任，十议修德。"

张居正讲评 行在者，高宗自济州受即位诏也。李纲至帝行宫，见帝力辞相职，且说："当时唐明皇要姚崇为相，崇著十事要说进。今臣纲亦以十事干渎天朝听闻，臣即不在臣位，臣亦有荣矣。"

今评 李纲以中唐改革家姚崇为例，向赵构提出要他继续为相的十大纲领，是切中时弊的，也就是当时迫切需要明确的重大原则问题。赵构不是李隆基，李隆基照准姚崇十大纲领，开创盛唐国势，赵构否定李纲十条，南宋国势垂危。

翼日班，纲议于朝，僭逆伪命二事，留中不行。纲曰："二事乃今日政刑之大者，陛下欲建中兴之业，而崇僭逆之臣，用伪命之事，四方谁不解体。"乃安置张邦昌，并其党王时雍等。

张居正讲评 翼日，是明日。僭逆伪命，前金人遣人至京，议立异姓为帝，竟立张邦昌为楚帝，以宋二帝北归是也。高宗以二事止不行，由潜善主张。李纲说："二事，今日极大事，陛下要中兴宋业，而尊崇僭逆之邦昌，从矫伪之事，天下人心谁不涣散。"帝乃斥邦昌，并其恶党王时雍辈，而答众心。

今评 潜逆伪命这两件事，就是李纲十大纲领中的两条，他认为，首先要在思想上、政治上要明确大是大非，才能鼓舞士气，振奋民心，然而当时大臣如吕好问者，竟以"王业艰难，正纳污含垢之时"，阻止"绳以峻法"。

以傅雱为二圣通问使。李纲上言："尧舜之道，孝弟而已矣。今日之事，正当枕戈尝胆，内修外攘，使刑政修而中国强，则二帝不俟迎请而自归矣。不然，虽冠盖相望，卑词厚币，恐亦无益。今所遣使，但当奉表通问两宫，致思慕之意，可也。"

张居正讲评 宋二帝羁留房廷，帝以傅雱与金人通问，候二帝起居。李纲奏言："古帝王之孝弟，莫过于尧、舜。故孟子尝说尧舜之道，孝弟尽之矣。今我宋之事，正与臣不忘战，则以戈为枕，思报仇，则以胆为尝。内则

修德，外则攘乱，使刑明政举，而中国强盛，则二帝不待奉迎以归，而虏人自毙驾以归矣。若不如此，虽通问使相接于道路，修币表踵献于虏，终日无益。如今去通问二帝，只当曲陈思慕之念可也。"

今评 通问是名，媚敌是实。曾子云："大孝尊亲，其次弗辱，其下能养。"（《礼记·祭义》）李纲所论，既得弗辱尊亲之义，又杜损伤国威之径，可称有理有节。

以宗泽为东京留守。有王善者，河东巨寇也。泽单骑驰至其营，泣谓之曰："朝廷当危难之时，使有如公一二辈，岂复有敌患乎！今日乃汝立功之秋，不可失也。"善感泣，遂解甲降泽，又降诸贼，又连结两河忠义民兵。于是陕西京东西诸路人马，咸愿听泽节制。泽累表请帝还京，而帝用黄潜善计，决意幸东南，不报。秉义郎岳飞犯法将刑，宗泽一见奇之，曰："此将材也。"会金人攻汜水，使立功赎罪，飞遂大败金人而还，乃升飞为统制，而谓之曰："尔智勇材艺，古良将不能过，然好野战，非万全计。"因授飞阵图。飞曰："阵而后战，兵法之常。运用之妙，存乎一心。"泽是其言，飞由是知名。

张居正讲评 时宗泽为东京路留守之职，留守司主除寇贼者。那时有王善，河东有名大盗。宗泽一身一骑，奔至其营中，垂涕对他说："当今二帝被虏，京师失陷，正朝廷危难之时，因为国家无有才干人耳。使有如公一二辈维持于内，捍御于外，岂犹有金虏之患乎！今天下得人为急，英雄展布，正在此时，汝辈建功立业之秋，不可失了。毋图小成，为自顾之计可也。"王善闻之，不觉痛心，解甲免胄降服。其他同辈为寇者，闻王善降，亦望风而降。泽又连结河东、河北怀忠抱义之民，于是陕西京一路，及东西各路人马，都愿受泽之节制。泽几次表请帝还京师，而帝惑于黄潜善奸计，决意只要幸东南。泽虽上表，帝不报命。有秉义郎名岳飞者，犯法不赦，将受刑，宗泽见其貌奇之，说："此人必有将材，非凡庸辈也。"正当金人进攻汜水地方，使他出死力，建功业，赎前罪，飞遂大胜而还，金人乃遁。于是进飞为统制之职，而对之说："尔智谋勇力，材调武艺都全，即古来名将亦不能胜尔。然尔喜旷野之地交战，不是万全计策。"因而授飞战阵图册。飞阅之说："依阵法而后战，兵家之常事。惟运筹决胜之妙理，在心上施行。"泽深服其言，而飞亦因泽之识拔而名著。

今评 建炎元年（1127）六月，李纲荐举69岁的宗泽守汴，他任东京留守，很快把城守局势扭转过来。特别是单骑驰召号称拥兵70万的王善，招降杨进、王再兴等农民武装，联络两河抗金义军，表现出非凡的胆略。又是他发现和提拔起民族英雄、抗金

名将岳飞。李纲、宗泽、岳飞开辟了抗金的大好形势,可惜被赵构、黄潜善者流又一次断送了!

以张所为河北西路招抚使。所以岳飞充中军统领,问飞曰:"尔能敌几何?"飞曰:"勇不足恃,用兵在先定谋,栾枝曳柴以败荆,莫敖采樵以致绞,皆定谋也。"所矍然曰:"君殆非行伍中人。"补飞武经郎。

张居正讲评 岳飞以立功赎罪败金人,遂升中军统领,对张所说:"徒恃勇力何用?行兵须先定谋略。昔年晋国栾枝欲取荆,使乘车者左实右伪以先驱,舆曳柴而从之,荆人败。楚伐绞,军其南门,莫敖屈瑕曰:'绞小而轻,轻则寡谋,请无扞采樵者以诱之。'从之,绞人获卅人,明日绞人争出驱楚役徒于山中,楚人坐其北门,而复诸山下,大败之。此二国之胜,皆是谋先定耳。"所闻醒然说:"君不是武弁辈中人。"遂补武经郎,进统领一级。

今评 岳飞少负气节,家贫力学,尤好《左氏春秋》。他与张所简短的对话,表明对《左传》相当熟悉,这正是他此后屡建奇勋的理论基础,断非一介武夫所能为。

帝欲幸东南避敌,李纲极言不可,且曰:"自古中兴之主起于西北,则足以据中原而有东南。起于东南,则不能以复中原而有西北。夫南阳光武所兴,高山可以控扼,平野可以屯兵。西邻关陕,可以召将士;东达江淮,可以运谷粟;南通巴蜀,可以取货财;北距王都,可以遣救援。暂议驻跸,乃还汴都,策无出于此者。"帝乃许幸南阳,而汪伯彦、黄潜善阴主扬州之议。

张居正讲评 李纲主意在还都,而帝意每信汪伯彦、黄潜善幸东南。所以纲极言幸东南不可。"中兴之主起于西北,是处活路,起于东南,是处死路。活路,可守中原而有东南;死路,不能复中原而有西北。汉光武兴于南阳,高山可以捍御外寇,平野可以屯粮养兵,西邻关陕,可以召募将士,东至江淮,可以转运米粟,南通巴蜀,可以征求货财;北距王都,可以征兵援救。且暂留停驾,方可以还汴都,策无出于此者。"帝于是许幸南阳,法光武之兴,而汪、黄阴主幸扬州。

今评 北上南阳与南下扬州,并非只是去向问题。北上南阳,是如李纲所论;南下扬州,则是为出海外逃绸缪。

高宗

太学录陈东、布衣欧阳澈上书,乞留纲而罢汪、黄,诋用事大臣。潜以语激怒帝,遂斩之于市。

张居正讲评 陈东于徽宗七年上疏:"乞斩六贼。"帝嘉纳之。至是东与澈晋斥用事大臣,求罢之。所以汪、黄激帝怒,俱斩于市。

今评 "国家兴亡,匹夫有责",陈东、欧阳澈,仪型在前,可歌可泣。

三年,金粘没喝入天长军,报至,帝乘骑驰至瓜州,得小舟渡江。时汪伯彦、黄潜善方率同列听浮屠说法。堂吏大呼曰:"驾行矣!"二人相顾仓皇,乃戎服策马南驰。

张居正讲评 粘没喝,金主名。天长军,在应天府城外。金兵至天长军,帝始闻报,乃匹马奔至瓜州,幸遇小舡渡得江。此时天子播迁,逃窜无从,而汪、黄二人,犹与同官听僧徒谈经说法。汪、黄之堂吏大声呼说:"天子驾出矣。"汪、黄骇愕无措,乃衣戎衣,驰马南行。

今评 南逃之计早决,南逃之状可卑。降志辱国,无出其右。

扈从统制苗傅、刘正彦作乱,杀王渊及内侍康履等,劫帝传位于皇子旉,请隆祐太后临朝。敕至诸镇,韩世忠举酒酹地,誓不与贼共戴天,遂与张浚、吕颐浩会兵讨之。帝复位,召浚知枢密院事,帝解所服玉带赐浚及颐浩。浚获苗、刘二贼送行在诛之。帝手书忠勇二字,揭旗以赐世忠。

张居正讲评 苗、刘作乱,擒帝左右内侍杀之,欲废帝,别立皇子居帝位,解元祐太后印,请隆祐太后临朝,传敕各镇。那时韩世忠手执酒卮酹于地,誓不与贼同生,与张浚、吕颐浩合兵讨之。帝初闻乱避位,至是方复位,召浚知枢密院事,帝解已所系玉带赐浚及颐浩。浚获苗、刘送帝前诛之。帝亲写忠勇两字,揭旗以赏赐世忠云。

今评 苗刘兵变本因反对宦官内侍的专横跋扈而起,然苗刘以粗鲁方式打击腐朽的统治势力,没有政治远见,没有积极意义。

以洪皓充金通问使,金人执之,乃迫使仕刘豫。皓不屈,将杀之,旁一校曰:"此真忠臣也。"为皓跪请,得流递冷山。

【张居正讲评】 洪皓字容斋,择他为通问使,往金候二帝。金人执之,强他仕刘豫。初为济南知府,金人来侵,刘豫以城降。皓不屈节,力拒。金人将杀之,旁有金人将校说:"此真忠臣,不易得,不可杀。"至跪救请,乃赦之,得流窜冷山地方。

【今评】 洪皓堪称宋之"苏武"。又"容斋"乃其子洪迈之号,讲官误解。

帝如临安府。　　　　　　　　　　　　　　　临安府:今浙江杭州。

【张居正讲评】 临安府,属浙江,即今临安县界,属东南。帝幸之,从汪、黄议也。自是不议防淮矣。

【今评】 赵构逃到杭州,此后虽多次有过移都建康的议论,终以赵构等求和派畏惧金人而不能实现。绍兴八年(1138)定都临安,从此南宋统治集团就迷醉于西湖歌舞,"只把杭州作汴州"。

起居郎胡寅进七策:一、罢和议,而修战略;二、置行台,以区别缓急之务;三、务实效,去虚文;四、大起天下之兵,以自强;五、都京、襄;六、选宗室之贤才者,封建任使之;七、存纪纲,以立国体。书凡数千言,吕颐浩恶其切直,罢之于外。

> 起居郎:史官,皇帝御正殿时,与起居舍人同侍于门庑外;皇帝外出,皆随从;逢大朝会,对立于殿下螭首之侧,记录朝廷大事。

【张居正讲评】 胡寅上七策,中兴之第一良策,但件件都是帝与汪、黄所忌。言虽切直,而身不容矣!

【今评】 胡寅是颇有民族气节的学者,他真诚为国担忧,却为秦桧主和派所排挤。张居正云"言虽切实,身不容矣",是南宋骨鲠之臣的时代悲剧。

御史赵鼎所言四十事,施行者卅六。及金人至江上,鼎陈战、守、御三策,拜御史中丞。鼎上言:"经营中原,当自关中始。经营关中,当自蜀始。欲幸蜀,当自荆、襄始。经营

高宗

大计,无出此。"

张居正讲评 赵鼎为御史时,和议、守战、权臣、任将、用人等凡四十件,已行者卅六件。至金人到江上,又陈战、守、御策,进中丞。又言经营大业,帝受之。

今评 赵鼎所论,本于李纲"南阳"之议。

兀朮入建康,守臣杜充出降。通判杨邦(乂)[乂]不屈,以血大书衣裾曰:"宁作赵氏鬼,不为他邦臣。"遂骂贼而死。

张居正讲评 金太子兀朮寇建康,郡守臣降虏,通判死节。忠叛较然矣。

今评 杨邦乂血书,可作一篇《正气歌》读,而赵氏王室,又有何面目对此忠烈之臣!

广德:军名,今属安徽。
江中:指长江黄天荡。

岳飞败金人于广德,韩世忠大败金兀朮于江中。

张居正讲评 岳飞前败金人于氾水,此又败之于广德,飞立两次功。宗泽败之于东京,韩世忠又败之于江中,金人四败矣。

今评 建炎三年(1129)金兵大举渡江南下,所过势如破竹。赵构仓惶出逃,辗转漂流海上。金人大肆掳掠后准备在镇江退走。岳飞率兵二三千人,在广德、常州一带,屡次自动袭击金军。次年,韩世忠统率八千水军,在镇江扼制住宗弼退路。金兵不习水战受挫。有赖此二捷,中兴一度在望。

越州:今浙江绍兴。

秦桧还自金师,至越州,求见帝。帝谓辅臣曰:"桧忠过人,朕得之喜而不寐。既闻二帝母后消息,又得一佳士也。"先是朝廷虽屡遣使于金,但且守且和,而专意与敌解仇息兵,则自桧始。

卷之二十七 宋纪

张居正讲评 秦桧自金还，到越之温州来见帝。帝见桧巧为对答，与廷臣说："桧之忠，在廷少有。朕既知二帝母后起居安否消息，又得这一个才能不凡之士。"以前帝尝使使者到金，只是或说守或说和。至于立意与金人相好，不用兵戈，则始于秦桧。

今评 "专意与敌解仇息兵，则自桧始"，点出宋金和战局势之又一转折及秦桧之历史罪责。

金立刘豫为齐帝于大名府。

张居正讲评 前济南知府刘豫，把城降金。这济南府属山东，领州四，县廿六。今金人以豫为齐帝，居大名府。大名府领州一县十。豫称帝于大名府，金僭立，豫僭号。

今评 金军扶持傀儡政权伪齐，儿皇帝刘豫甘心卖身投靠，他甚至与其子刘麟引诱金人进攻宋朝，这种无耻的民族败类，实在是令人不齿。

岳飞败金人于静安。

静安：又作靖安、龙湾，镇名。在今南京市西北20余里处，位于长江南岸。

张居正讲评 时飞败金人于静安，此飞已立功有三次矣！

今评 金兀术破建康，趋临安，岳飞在广德进击，六战皆捷。金人再攻常州，飞四战皆捷，尾袭于镇江东，又捷，战于清水亭，又大捷。兀术向建康进发，岳飞设伏牛头山（今南京市南边），黑夜令士兵穿黑衣，混入金营扰之。夜色之中，金兵自相攻击，伏尸满地。惊慌之中，兀术急忙逃往静安。又在新城（即新亭，南京市南15里）大破金军，遂复建康。岳飞善于用兵，在静安一带连续多次巧妙地击败金军，于此可见一斑。

金徙二帝于五国城。洪浩自云中密遣人奏书，以桃梨栗面等献二帝。

五国城：今黑龙江依兰县。

云中：路名，宋置，其境辖河北、山西北部长城以内之地。

高宗

张居正讲评 时洪浩被金人流递冷山,已令人访知二帝,被金人徙五国城,使人奉书与果物献二帝。

今评 又补出洪皓事,得剪裁之宜。

以秦桧为尚书右仆射。时范宗尹既去,桧扬言曰:"我有二策,可以耸动天下。今无相位,不可行也。"语闻,乃有是命。

张居正讲评 先是桧从二帝至燕,金主以桧赐挞懒,为其任用,乃南伐,以为参军事。桧与妻王氏自军趋檩水砦,自言杀金人监己者夺舟而来。及见宰执,言:"如欲天下无事,须是南自南,北自北。"人多疑之。惟范宗尹及李回与桧善,力荐其忠。桧又自言有二策耸动天下。此时有策,不省何以能然,况前又有范、李之荐,因传及于帝,与荐言相合,遂拜为相。

今评 张居正补述秦桧在金事,"自言"二字为春秋笔法,有指秦桧夫妇为间谍之意。

吴玠大败金兀术于和尚原,兀术亟剔须髯而遁。初,金人至,有谋劫玠兄弟北降者。玠召诸将插血,勉以忠义,故感激成功。

张居正讲评 吴玠宋朝名将。和尚原在宝鸡县西。插血,是杀牲取血,以立盟誓也。吴玠与金兀术战于和尚原,兀术大败,又恐玠追及识其面貌,乃剃削其须而逃。初,金慕吴玠兵法勇力,计校引诱至北边,迫勒投降,兄与弟俱不放过。玠知之,召众将插血立誓,通要尽忠竭义以扶宋室,所以军士奋力,以收和尚原之战功也。玠弟璘,仕太傅宣抚,亦名将。

今评 和尚原之战为金军灭辽破宋以来首次惨败。这是吴玠创建的著名战例。千百年后仍然令人振奋!

韩世忠拔建州,范汝为自焚死。捷闻,帝曰:"虽古名将何以加。"世忠因进讨江西、湖广诸盗。

【张居正讲评】 建州，府名，属福建。前建州被范汝为所据，世忠破其城，汝为遂自焚。帝闻世忠奏捷，乃说："世忠克建州，计前败尤诸功，比之从古以来有名之将，孰能胜之？"世忠因以得胜之兵，进讨江西、湖广两省诸为寇盗者。

【今评】 作为官军将领的韩世忠不能不对反叛民众进行残酷镇压，尽管这些民众大多是因官府压迫，或生计无着才走上反叛道路的。

召胡安国为中书舍人。安国因上时政论廿一篇，谓："尚志所以立本，正心所以决事，养气所以制敌，宏度所以用人，宽隐所以明德。具此五者，帝王之能事毕矣。"论入，改给事中。

【张居正讲评】 胡安国，号康侯。时政论，是关系当时急务也。立本者，《中庸》所谓立天下之大本，然必先尚志。志而曰尚者，不是孟子高尚其志之说，此尚在帝王心上说，即如二帝陷虏，皆由志不定，故尚志为首决事，凡军国、思祖、安民、复仇诸大事，不可不决，然必先君心正而万事可理。制敌者，如问罪金人，内修外攘，雪徽、钦二圣之耻，斥和议之说，故曰制敌急矣。然必先养气。人君气壮，则军民亦气壮；人君气馁，则军亦气馁。君以浩然之气塞于上，则军民辈皆勇往直前，而何坚不破，何敌不克，所以养气急也。用人正今日，倥偬之际，难于得人，得其人则忠正有益于国，不得人则邪佞有损于国。又须在用之，随才器使，不可求备，然而用人又以容人之量为要也。明德即帝尧克明峻德，即大学在明明德，明德中有许多工夫，正心修身齐家治国平天下都在此。不为物欲污染，不为欺诈掩蔽，即心曲隐微，必宽弘开大，如天之高，如日之明，而德始昭著矣。以上五件全具于心，则君天下之大端全备矣。安国论上，改给事中。

【今评】 宋代理学家在宋金关系问题上，如胡安国，是主战的、爱国的，张居正释安国"五事"而以"尚志立本"为纲要，有见地。

秦桧免，榜其罪于朝堂，示不复用。吕颐浩讽御史黄龟年劾桧专主和议，沮止国家恢复远图，乃罢桧相。初，桧所陈二策，欲以北人还金，中原人还刘豫。帝曰："南人归南，北人归北，朕北人，将安归？"桧语乃塞。至是人始知其奸。

【张居正讲评】 秦桧免相，揭其罪恶榜之于朝堂之上，示永不录用。时尚书右仆射吕颐浩隐讽御史黄龟年，劾桧专意欲与金人和议，画地与他，沮止朝廷恢复中国、迎还二圣之永远图谋。乃罢桧相。初，桧言我有二策，可以耸动天下，无相位不可行，欲要把北面人民、地方与金人，中原人民、地方与刘

高宗

豫。帝初不省,即拜为相。今思想南付与刘豫,北付与金人,朕亦北人,置之何地?桧无以为辩,至此方人人知其奸恶。

今评 秦桧虽罢,然高宗和戎之心未死。秦桧深知高宗心事,故后来终得复用。

岳飞大败盗彭友于雩都,虔、吉平,入见。帝手书"精忠岳飞"字,制旗以赐之。

张居正讲评 彭友据江西赣州府雩都县,长廿里,前临大江,冈阜陡绝,多虎盗之警。岳飞于彼地大战彭友而败之,使吉平来见帝,奏捷。帝亲手御书"精忠岳飞"四大字制之于旗,以旌赐飞,用表其功。

今评 平内,则手书"精忠岳飞",攘外,则赐死风波亭,看来"攘外必须安内",由来有自。

<u>仙人关:今甘肃徽县南。讲评称"辽东地名",误。</u>

吴玠大败金人于仙人关。

张居正讲评 仙人关,辽东地名。金人驻兵于此,玠败之。

今评 绍兴四年二月金兵大肆入侵仙人关。吴玠以万人扼守仙人关,吴璘率兵自七方关(今甘肃康县北)奔援。三月初一,金军宵遁。吴玠遣将劫寨设伏,再败金军。此后金、齐不敢轻易窥蜀。

以岳飞兼黄、复州,汉阳军,德安府制置使。时湖贼杨么与刘豫通,欲顺流而下。李成既陷襄阳六郡,又欲自江西陆路趋浙与么会。帝命飞为之备。飞奏襄阳六郡为恢复中原根本,今当先取六郡以除腹心之疾,然后加兵湖湘,以殄群盗。帝从之。逾月,襄汉悉平,捷闻,帝喜曰:"朕素闻飞行军有纪律,未知其能破敌如此。"

<u>襄阳六郡:指襄阳、唐州、邓州、随州、郢州、信阳军。</u>

张居正讲评 黄是黄州府,汉阳是汉阳府,襄阳是襄阳府,湖是襄湖,俱属湖广省所属。德安是九江府,江西省所属。高宗以飞诸处制置使。时湖寇杨么与刘豫交通,欲一顺水而来。且湖寇李成已陷襄阳六府,又欲从江西陆路直奔浙江,与杨么会合。高宗命飞防备之。飞就奏言,襄阳六府,是恢

复中国根基,先收复六府以去腹心之病,然后起兵到湖湘以灭众寇。帝意正与飞合。一月之外,襄汉尽平。复捷报闻于帝,帝大喜,说:"朕平素听闻飞行军一本纪律而行,不道他能除灭寇盗,立如许大功绩也。"

今评 所谓"杨幺亦与伪齐通",纯属封建时代史学家听信的诬蔑之辞。钟相、杨幺是声势很大、颇有作为的一支历史上著名的农民起义军。

以赵鼎为尚书右仆射兼知枢密院事。初以鼎都督川陕荆襄诸军事,条奏便宜,朱胜非忌而抑之。时鼎上疏将赴川陕,会刘豫使子麟以金师寇淮南,报至,举朝震恐。帝曰:"卿岂可远去,当相朕。"制下,朝士相庆。

张居正讲评 赵鼎方奉旨都督川陕二省、荆襄二府军事,条陈事宜,被朱胜非谮忌而沮抑之。至是鼎方赴任。值刘豫子以金人之师寇淮南地方,举朝君臣震惧。帝乃曰:"卿岂可往川陕,留以为相朕矣。"制命遂相鼎,满朝俱庆宰相得人矣。

今评 即此可见,高宗之以主战派为相,乃事出无奈而初非本意。朝臣庆幸"宰相得人"只怕过于乐观。

韩世忠大败金人于大仪镇,追至淮南还。捷闻,帝曰:"世忠忠勇,朕知必能成功。"沈与求曰:"自建炎以来,将士未尝与金人迎敌一战,论者以此举为中兴武功第一。"

大仪镇:扬州西北。

张居正讲评 大仪镇,地名。淮,是淮安府。韩世忠迎金人兵于大仪镇交战,金兵大败。世忠兵又远追至于淮上而退,捷音闻于朝。帝说:"世忠存心忠而气力勇,临事自然好谋而成者。"在朝有沈与求说:"自建炎初年起兵与金人战,至今绍兴四年,共八年以来,惟此举我朝中兴首功,为宋朝君臣稍为吐气,今后当图后举可也。"

今评 绍兴四年(1134)九月,金齐联军南下。十月高宗定策亲征,因而令韩世忠自镇江渡江北上至扬州,阻遏金军。适逢宋使魏良臣出使金军,世忠诈称移屯平江,迅速引军至大仪镇,设伏廿余所,约以鼓声为号。金军不备,引兵至。世忠鸣鼓,伏兵四起,亲兵精锐背嵬军持长斧,上砍人胸,下斫马足。宋军四出,金军人马俱毙。世忠追击至淮水,金人溺死无数。的确堪称中兴武功第一。

高宗

　　帝自将御金师，次于平江府，以张浚知枢密院事，视师镇江。浚至，见赵鼎曰："此行举指皆合人心。"鼎笑曰："喻子才之功也。"浚视师江上，将士勇气十倍。

【张居正讲评】赵鼎劝帝亲征金、齐。帝从之。喻樗谓鼎曰："大龙临江，兵气百倍。若使宣抚江淮、荆浙、福州诸道军赴阙，为朝廷归路。"帝遂发临安，驾次平江府，欲自度江决战。帝曰："逆豫犹使子，岂可烦至尊耶？"以张浚视师镇江，对赵鼎说："此一行，举动尽当人心。"鼎笑说："喻子才裁度之功也。"喻樗，字子才。张浚于江上观兵，凡在将士，勇气加十倍。

【今评】高宗军次平江，再不北行，仅遣张浚视师，其用心，明眼人不难窥知。

　　金师渡淮北归。帝语张浚曰："赵鼎真宰相，天佐朕中兴，可谓社稷之幸。"鼎奏："金人虽逃归，尤当博采群言，为善后之计。"于是诏议攻战备御，措置绥怀之方。李纲上疏，帝褒谕之而不能用。

【张居正讲评】时挞懒屯泗州，兀术屯竹墪镇，为韩世忠所扼，以书约战，且言张枢密已在镇江。兀术说："张枢密贬岭南，何得在此？"乃出浚文书示之。兀术色变，遂有归志。会雨雪馈绝，引师还。帝谓赵鼎说："近将士争先，守臣自效，卿之力也。"鼎谢曰："皆出圣断，臣何力焉。"鼎奏金人虽去，尤当广收众论，为后日计。于是李纲上疏，帝赐赞美，而终不用。

【今评】南宋高宗皇帝为保其皇位，有时也要作出抗御金兵的姿态。但是一见真诚抗金、为国为民的李纲就格格不入，徒作虚伪称许而已！因为赵构从来没有维护国家、民族利益的良心。

　　龙图阁直学士致仕杨时，著书讲学为事。学者推为程氏正宗。罗从彦往从三日，惊汗浃背，曰："不至是，几虚过一生矣。"朱熹谓："龟山倡道东南，游其门潜思力行，任重诣极者仲素一人而已。"学者称为豫章先生。李侗从从彦学，悟曰："学问不在多言，但默坐澄心体认天理而已。"学者称为延平先生。朱熹称侗气节豪迈，而充养完粹，自然中有成法。

高宗

张居正讲评 杨时号龟山。程氏,程明道。罗从彦字仲素。从彦从学龟山。李侗字延平。侗又从学从彦。今龟山致仕,以汪、黄小人而居宰辅之尊,贤否倒置矣。

今评 从北宋理学到朱熹集其大成的体系形成以前,杨时、罗从彦、李侗这南剑三先生,为程氏继承、发展的一个阶段代表人物。

岳飞受命讨杨么,其党黄佐曰:"岳节使号令如山,不如往降。"遂降。飞单骑按其部,复遣佐至湖中,视其可乘者擒之,可劝者招之。佐疑飞玩寇。张浚曰:"岳侯忠孝人,兵有深机,胡可易言?"会旨召浚还防秋,飞袖小图示浚,曰:"都督能少留。"不八日而捷书至。浚叹曰:"岳侯神算也。"

张居正讲评 湖贼杨么向与刘豫通,欲从襄汉自江西陆行趋浙,与李成会合。岳飞平之,其党已先胆破矣。至是其党黄佐者,说"岳节使军中号令如山岳之不可捍,我辈犯之,只卵被泰山压耳,不如投降。"佐遂降。飞即单骑至黄佐营中,点检按验其部伍。仍遣佐到湖中,视其贰三者擒之,可以言语劝从者招徕之。佐又疑飞以寇为玩。张浚谓之曰:"岳侯忠信孝义之人,其军中大有机变,说不可尽。"正值圣旨召浚还临安以防秋警,飞即于袖内出一小图示浚,说:"都督且未去,寇可不待八日而捷音至矣。"浚俟之,不八日,捷书果至,浚乃叹说岳侯之算,真有神助者也。

今评 此节叙事错落有致,以见张浚慧眼识贤,岳飞机谋深刻。

六年,以韩世忠为京东淮东路宣抚处置使,屯楚州。岳飞为京西河北路宣抚副使,屯鄂州。张浚每称二人可倚以大事,故并命之。

张居正讲评 京东、淮东、京西、河北,宋分天下二十三路,京东东路为一路,京东西路为一路,京西南路为一路,京西北路为一路,淮南东路为一路,河北东路为一路,河北西路为一路。楚州、鄂州二郡名,韩、岳分为二处。宣抚张浚每每称赞二人可倚仗以恢复中原大事,所以并用二人任之。

今评 张浚在湖湘镇压杨么起义军后,就出发到沿江各地视师,并部署防务,仍以宰相兼任都督诸路军马事,与沿江各将领商讨规复中原的计划。张浚称赞岳飞的沈鸷和韩世忠的忠勇,特别称赞这两人是可以倚办大事的人。可惜张浚未能将北伐组织好。

高宗

陕右：指陕西路。
浚滑：浚为浚州，今河南浚县；滑为滑州，今河南滑县。**两河**：指河北路、河东路。

艴(fú)然：恼怒貌。
正：犹"诚"，即谓诚心。

　　以岳飞为湖北京[西]宣抚使，进拜太尉。飞数请恢复中原。走刘豫而复陕右，屯浚、滑而经略两河，社稷长久之计，实在此举。帝曰："中兴之事，一以委卿。"飞遂图大举。秦桧主和议，忌之，言于帝，请诏飞诣都督张浚议事。浚谓飞曰："欲以淮西军付王德、吕祉何如？"飞曰："德与郦琼不相下，恐必争。吕尚书不习军旅，恐不足服众。"浚曰："张俊、杨沂中何如？"飞曰："张宣抚暴而寡谋，沂中视德等耳，岂能御此军哉？"浚艴然曰："浚固知非太尉不可也！"飞曰："都督以正问飞，飞不敢不尽其愚，岂以得军为念哉！"遂与浚忤。即日上表乞终丧，步归庐山。浚怒，奏飞求去要君，遂以张宗元监其军。

张居正讲评　　时飞以湖北京西宣抚使加太尉。十余次奏请与金人战，恢复中原，迫走刘豫，收复陕右，屯兵浚、滑（二县名，属顺天大名府），经略淮南、淮北两河。社稷长久之计，实在此举。帝说："中兴事业，一仗卿身上矣。"飞此时正拟为恢复计。值秦桧力主与金人讲和，嫉飞，言于帝，诏诣都督张浚处议军事。浚与飞不合，遂相矛盾。飞即上表乞还庐山之母丧，竟自步归。浚奏飞求去要君，借终丧以逆君命，罪不容逃矣。遂举张宗元监飞军事。此实忌飞爵位与齐，以议见忤，宜矣。

今评　张浚心胸狭窄，杂念甚多，被奸臣秦桧所利用，去遏制满腔热血，一心向往收复中原失地的岳飞，破坏了有利的形势。张浚在德才方面都不足以承当起北伐大任，虽然他也有此愿望，终于失去时机！

　　以王德为淮西都统制，郦琼副之，二人交讼，召德还。参谋密奏罢琼，漏语。琼怒叛降豫，祉死之。张浚悔不用飞言，乃因力求去。荐赵鼎代为相。浚去，帝欲远窜浚，鼎力救，故止贬永州。

张居正讲评　　初张浚欲以淮西军付王德、吕祉何如？飞说："王德与郦琼各是己非人，终致争斗。况吕尚书不闲习军事，虑其不能服众人。"今王德与郦琼果然不睦，上召德还归。吕祉密地奏罢琼之副，偶几事不密，琼觉惧罪，怒叛王德，投降刘豫去，执吕祉杀之。此时张浚悔飞先见之言不用得，以至败事，乃引咎求去。帝问谁代卿？桧何如？浚对暗。又问赵鼎，对得之。桧由是憾浚。浚得赵鼎言，遂奉祠罢，安置永州（今湖南零陵）。

今评　岳飞预见，至此已成事实，张浚引咎求去而荐赵鼎，尚不失羞耻之心，公忠之念。

卷之二十七　宋纪

帝定都临安。

张居正讲评 帝因无志中原，以临安僻在海隅，又非用武之地，图苟安而已。若有志中原，不都川陕则都荆襄，不都建康，则都维扬矣！

今评 定都临安，是主和派又一重大举措。较前南走维扬又等而下之。

以秦桧为尚书左仆射。时朝士相贺，独吏部侍郎晏敦复有忧色，曰："奸人相矣。"闻者皆以其言为过。

张居正讲评 初，张浚与赵鼎论人才。浚极称桧善。鼎曰："此人得志，吾辈无所措足矣。"及鼎再拜相，桧惟鼎言是从，鼎遂言桧可大任。桧相，满朝相庆，独晏敦复知人，洞烛其奸，忧形于面，曰："奸人作相耶！"闻者俱以其为过。

今评 晏敦复可称"众人皆醉我独醒"者，即高宗亦曾赞其"卿鲠峭敢言，可谓无忝尔祖矣"。

参知政事刘大中与赵鼎不主和议，秦桧忌之，荐萧振为御史，振即劾大中，罢之。鼎曰："意不在大中也。"振亦谓人曰："赵丞相不待论，当自去矣。"遂罢鼎。

张居正讲评 秦桧主与金人讲和，赵鼎与刘大中主与金人战，复中原，意已相背。桧因大中参知政事，赵鼎为相，思劾去之，乃荐萧振为御史，振由我荐，欲劾鼎及大中，彼必惟吾意指，遂劾大中。鼎曰："振之劾，桧之计也。意在我，不在大中也。"振亦说："今赵丞相不必劾，当自见几矣。"未几，鼎知上先入之言，引疾求罢，遂出知绍兴府。

今评 人是复杂的，萧振确曾为秦桧和议起过配合作用。但他又从始至终多为善政，于上下皆有声望，对秦桧也不止一次抵制，且被其贬谪。最终在四川深得民心！赵鼎初疑秦桧，后复信之，终于养虎贻患。足见秦桧大奸似忠，善于惑人。

诏侍从台谏详议和金得失。先是礼部侍郎曾开当草国书，辨视体制非是，论之不听，请罢。桧慰之曰："主上虚执政以待。"开曰："儒者所争在义，爵禄弗顾也。"复引古谊折之。桧大怒。至是晏敦复等皆言不可和。李纲亦上疏，不省。枢密院编修官胡铨亦上书，连贬窜。陈刚中启事贺胡铨，吴师古锓其书于木，金人募其书千金。师古坐流袁州。

【张居正讲评】帝下诏，凡侍从台谏详议与金人讲和可否？前此礼部侍郎曾开当起草创制书，与其词意若何，桧不合，曾开请罢。桧阳为慰之曰："主上留执政之位，虚以待公。何求罢也？"开曰："儒者于义之所在，宜明诤之。执政之位虽尊，儒者不顾也。"开又援引故事来辨。桧便动怒，见于容色矣！至是晏敦复、尹焞等俱极口说不可与金人和。李纲亦上疏言不可和。上不悟。胡铨也上疏，遂罢职远窜。时陈刚中有书贺胡铨此贬。吴师古镌板以传之。金人闻知，觅得其书者予千金。桧知之，坐以罪，流配于袁州。

【今评】"儒者所争在义，爵禄弗顾也"，曾开所言可为士人万世法。宋代多骨鲠之士，与理学之倡持志守节有关。有秦桧夫妇之媚敌，便有曾、晏、李、胡、曾、吴之骨鲠。

岳飞在鄂州上疏，力陈和议之非，有"愿定谋于全胜，期收功于两河，唾手燕、云，终欲复仇而报国，誓心天地，尚令稽首以称藩"之语。疏入，桧益怒，遂成仇隙。

【张居正讲评】初，岳飞为京西河北路宣抚副使，屯鄂州，至是上疏于朝，力诋讲和之失。其疏词有云："愿定谋于全胜"，矢志出万全之谋也。云"期收功于两河"，相期两河收复以见功也。云"唾手燕云，终欲复仇而报国"，言向所失四京燕云之地，金人唾手而还我，庶国仇可复，而国恩可报。云"誓心天地，尚令稽首以称藩"，言对天立誓，不与贼俱生，歼其渠魁，以正冠履之分，终令为藩国称臣。此疏入，桧以飞不附己，不从和议，失信金人，己之权不专故也。

【今评】以岳飞事连上节曾开、李纲等事，可见南宋当时虽偏处东南一隅，但内有骨鲠之臣，外有中坚之将。复国之业，应有可为。所惜高宗苟安、秦桧弄权，使忠义之士报国无门。千载之下，为之扼腕叹息。

四川宣抚使吴玠用兵本孙、吴，务远略，不求小利；御下

严而有恩，故士卒乐为之死。自富平之败，金人专意图蜀。
微玠当其冲，无蜀久矣。

张居正讲评 孙、吴，是孙膑、吴起，战国时名将，其兵法有武经七书传于世。玠行军务远大之谋略，不狃隘小之便利。待下士卒，有罪必诛，有功必赏，虽严而以恩济之，故士卒愿为之出死力。前金人富平之败，立意有图四川一省之志，而四川所以不被金人陷者，以玠当一面之冲，守御密而机谋胜也。故卒后西人思之，作庙以祀焉。

今评 吴玠身为抗金名将，其能不遭秦桧毒手，亦缘偏处西蜀一隅。

李纲为相七十日，其忠诚义气，动乎远迩。每使者至
金，金人必问李纲、赵鼎安否？其为远人畏服如此。

张居正讲评 李纲位观文殿大学士庞西公，然不能立朝日久，建复中原之业，而共一身用舍，为社稷生民安危，由一腔之忠诚，一生之义气，凛凛然华夏蛮夷，无不闻风仰慕。金人虽夷虏顽慢，每见中国使人至，必问公举动安否，其远方畏服，惓惓敬服如此。

今评 志士仁人，敌国虽恨之，亦敬畏之；走狗奴才，敌国虽用之，亦卑夷之。此中外古今之通义也。

金人寇京西，帝赐岳飞札曰："设施之方，一以委卿。"飞遣牛皋、李宝等，分布经略西京诸郡，而自率军长驱以阚中原。皋、宝相继败金人于京西。而秦桧力主和议，奏谕旨班师。

> 京西：宋代路名。管辖8州、30县，治所在河南府（今洛阳市）。
> 西京：指洛阳。

张居正讲评 札，是手札。时金人攻掠京西二路。帝赐岳飞手札曰："设施方略，尽属于卿。"飞乃使牛皋、李宝二将，分布经营谋略西京几郡军事，而飞自统军长驱直入，以看顾中原可复。于是皋、宝协力接踵，与金人战于京西，大败之。而秦桧之主于讲和，奏遣司农少师李若虚诣飞军谕旨班师。

今评 高宗此番"设施之方，一以委卿"，实逼于金兵深入之形势，非真心用飞以复国。

高宗

拐子马：原是北宋西北前线上的某种骑兵编制，指配置左右两翼骑兵，可以随机应变，与各方面相策应。金人袭用其名。所谓"拐子马相连，一马仆，二马不能行"之类记载，是不符合实际的谬传。

朱仙镇：在河南开封西南境，距汴京只有45里。

岳飞大败金兀朮于郾城。初，兀朮以拐子马万五千来。飞戒步卒，以麻札刀入阵，勿仰视，第斫马足。拐子马相连，一马仆，二马不能行。飞军奋击，遂大破之。兀朮大恸曰："自海上起兵以来，皆以此胜，今已矣。"愤甚，复合师十二万侵颍（蜀）[昌]。飞使王贵及子云，又大败之。兀朮夜遁，追奔千五里，中原大震。飞使梁兴渡河，会太行忠义、两河豪杰，败金人于垣曲，又败之于沁水，遂复怀卫州，太行道绝，金人大恐。飞又大败兀朮于朱仙镇。兀朮走还汴，飞遣使修治诸陵。

【张居正讲评】

郾城县属河南开封府。兀朮犯郾城，其兵用拐子马，以三匹马为一拐，一马仆地，二马俱行不动。飞命士卒步敌，以麻绳束刀，冲入其阵，只看马足斫去，勿得上视。军士奋力斫马足，兀朮兵遂大破，哭曰："自从起兵，皆是此阵胜人。今日休矣！"恨极，又合兵十二万攻颍昌。颍昌即许州，郾城邻县。飞使副将及子岳云又杀败之。兀朮畏惧夜逃，贵与云追逐他千五多路，中原百姓大喜。飞又使副将梁兴渡河，约太行忠义、两河豪杰败兀朮于垣曲。太行山在彰德、卫辉二府界内。垣曲，地名。又败兀朮于沁水。沁水在山西泽州属县。又收复怀、卫二州。怀，怀庆府。卫，卫辉府。俱属河南省。自是太行一路，人迹断绝，金人畏惧。飞又大败兀朮于朱仙镇。朱仙镇，地名。兀朮于是还奔汴梁去。飞方能修治宋太祖、太宗诸陵寝。初金人寇河南，尽发诸陵，骸骨暴露。有义士假妆乞人，潜取其骸骨，藏以趋至临安献之，收置庙宇。至是重整诸陵葬之。

【今评】

这个时期（即绍兴十年），是岳家军发展到顶峰，也是宋朝抗金战争形势最为有利的时候，主力已进发到汴京附近了。牛皋在京西，黄河沿岸连战皆捷。梁兴渡河联络义军在垣曲、沁水，连破金兵，乘势收复怀州（河南沁阳）、卫州（河南汲县）。山寨首领率众响应。磁、相等各地人民约期准备起兵，旗号都用"岳"字。岳飞对部下说"直抵黄龙府，与诸君痛饮耳！"抗金面临大获全胜之前景。然而，赵宋王朝最高统治权却掌握在赵构、秦桧手里，接着就是自坏长城，丧失光复故土的大好形势。

金字牌：宋神宗时置，以递发御前急件。牌长尺余，朱漆金字书，以马接力传送，日行500里。北宋末，一度为黄漆朱红字。南宋时，仍用朱漆金字牌。

岳飞奉诏班师，河南州郡复陷于金。时两河豪杰皆期日兴兵与官军会，父老百姓顶盆焚香者充满道路。自燕以南，金人号令不行。金将王镇等帅其众内附。飞大喜，语其下曰："直抵黄龙府，与诸军痛饮耳。"秦桧方欲画淮以北与金人和，讽台谏请诸将班师。于是飞一日奉十二金字牌。飞愤惋泣下，拜曰："十年之力，废于一旦。"乃引兵还。民遮道泣曰："我辈戴香盆，运粮草以迎官军，金人皆知之。相公

卷之二十七 宋纪

去,我辈无噍类矣。"飞亦悲,取诏示之。留五日以待民徙,从而南者如市。初兀术败于朱仙,欲弃汴而去。有书生叩马曰:"太子毋走,自古未有权臣在内,而大将能立功于外者。岳少保不免矣。"兀术乃止。及飞还河南,新复府州,皆复为金有。

> 岳飞统兵,河南失而复得。不意帝以桧意,必欲与金人议和,诏飞班师,河南州府,得而复失,仍陷于金人。所可恨两河豪杰,俱拟兴师大举恢复,与官军期约,父老及士民听从的与百姓们焚香于盆,以头顶之者遍满道涂,自燕以南金人号令民不奉行。就是金人将官姓王名镇者,都以军士归附。飞大喜悦,对其在下军士说:"直到金人黄龙府,擒得兀术渠魁,迎还二圣,中原重整。那时与君等痛饮以洗宿恨耳。"秦桧正要剖分淮之北畀金求和,潜讽台谏尽诏诸将还师,庶向日与兀术相期之约不爽耳。于是飞一日内奉朝廷十二次金字牌诏回。飞愤恨泣下,拜来诏曰:"十年征战之劳苦,一朝付之东流。"乃不得已引兵而还。万民遮蔽于路,哭曰:"我们顶香盆,运供粮草,以迎候官军。金人若知相公兵去,其一来,我小民毛发无存矣。"飞亦哭泣,只得取诏书示民看了。姑缓五日还师,待百姓迁徙,从军中而南行如归市。初兀术兵败于朱仙镇,意要弃舍汴梁而逃去。偶有一书生拜于马前曰:"太子不必去,从古以来,朝中有权臣,必忌大将立功于外。今宋朝有秦桧,岳少保必不免加罪,况立功乎!"兀术乃留不去。自飞还师,河南新复州府,仍为金人有。

> [今评] "十年之力,毁于一旦",令人悲愤;"自古未有权臣在内,而大将能立功于外者",令人寒心。

秦桧以刑部侍郎张九成排和议,贬之。

> 张九成上策,以中兴之主,刚德为尚,去逸节欲,远佞防奸,皆中兴之本也。桧以九成兴喻樗谤讪和议,遂贬官有差。

> [今评] "覆巢之下,宁有完卵",秦桧对主战派,务必赶尽杀绝。

刘锜大败兀术于柘皋,又败之于东山。敌望见惊曰:"此顺昌旗帜也",即退走。锜复庐州,旋奉诏班师。   顺昌:今安徽阜阳。

> 刘锜以太尉为威武节度使。柘皋在太平路。庐州巢县有柘皋河。东山一曰孤山。顺昌属福建延平府。前已曾败兀术一次。庐州府属应天。兀术两败于刘锜,远望旗帜,即前败我兵者,遂退奔。锜复归庐

高宗

州府。桧主和议,尽收诸将兵柄也。

今评 秦桧之于岳飞非个人恩怨,合刘锜事观之,张居正疑桧为金人间谍,并非空穴来风,而高宗之专任秦桧根本原因在于深恐北伐成功,徽、钦归国,其宝座不稳。

张俊首请以所部隶御前,力赞和议。桧喜之。

张居正讲评 张俊为枢密使,以己部下军士留御前听调,用是和议。桧悦之。

今评 张俊失节,党于秦桧,北图之计更成泡影。

岳飞以恢复为己任,不附和议,尝读桧奏,至"德无常师,主善为师"二语,恚曰:"君臣大伦,根于天性。大臣而忍面欺其主耶!"兀术遗桧书曰:"汝朝夕以和请,而岳飞方为河北图。必杀飞,始可和。"桧遂罢飞为万寿观使,奉朝请。

奉朝请:指定期朝见皇上。春季朝见为"朝",秋季朝见为"请"。

张居正讲评 飞不附桧和议,力主恢复。兀术乃遗书与桧:"汝朝夕以和来请,而究竟岳飞正在图河北。看来飞在,和决不成。杀飞,和乃可必。"桧遂讽中丞何铸等,论飞奉旨援淮西而不进,比于张俊按兵淮上,欲弃山阳而不守。乃罢之。

今评 足见秦桧唯金人马首是瞻。

下岳飞于大理狱。桧以飞不死,终梗和议,己必及祸。及与张俊谋,必欲杀之。乃密诱飞部曲能告飞事者优赏,卒无应者。闻飞统制王俊善告奸,号雕儿,以奸贪屡为张宪所抑,使人谕之。王俊许诺。于是桧、俊谋以张宪、王俊皆飞部将,使其徒自相攻发,因以及飞父子,庶帝不疑。俊乃自为状付王俊,妄言副都统制张宪谋据襄阳,还飞兵权。执宪赴镇江行枢密府鞫之,使宪自诬,谓得飞子云手书,命宪营还兵计。宪被掠无完肤,竟不伏。俊手自具狱成,告桧。桧矫诏遣使召飞父子证宪事,飞笑曰:"皇天后土,可表此心。"遂与云就大理狱。桧命中丞何铸庭诘之。飞裂裳以背示

鞫(jú):与鞫通,审讯。

铸，有旧涅"尽忠报国"四大字，深入肤理。既而阅实俱无验。铸察其冤，白之桧。桧曰："此上意也。"乃改命万俟卨。卨素与飞有怨，遂诬飞致书张宪、王贵，令虚申探报以探朝廷，云与宪书令措置，使飞还军。且云其书已焚，附会成狱。大理卿薛仁辅等，皆言飞无辜。判宗正寺士㒟请以百口保飞无他。且曰："中原未靖，祸及忠义，是忘二圣，不欲复中原也。"皆不听。韩世忠不平，诣桧诘其实。桧曰："岳云与张宪书虽不明，其事莫须有。"世忠曰："莫须有三字，何以服天下也。"

> 莫须有：南宋俗语，意谓"恐怕有"、"也许有"。或谓"必须有"。

【张居正讲评】

桧以飞不附和议，且兀术致书桧曰："必杀飞，始可和。"桧遂置飞于大理狱。大理狱，拘罪人之地。桧以和议不成，身必及祸，乃同张俊谋，必欲杀之。乃暗地以重赏置之，有告飞者予之。但同朝惟俊、桧恨飞，此外绝无人也。闻得飞手下统制王俊善于讼，号称雕儿，素以奸贪数为张宪排抑。以王俊又在张宪下，必思报平素排抑之仇，使人谕以此意，正合其怀。桧与俊就谋以张宪、王俊俱是飞部下将，使其二人自相攻击，因以及飞父子，则帝自然无疑。俊乃自草相构之状，潜与王俊造言副都统制张宪阴谋占据襄阳，还飞兵权。拘宪送镇江府行枢密府鞫，强使宪自诬，谓得飞子岳云手札，致宪营还兵计。宪被拷掠，身无完肤，竟不伏。张俊手自具供状告桧。桧不为题请朝廷，矫为天子诏令，遣使召飞父子证实宪事。飞笑曰："皇天在上，后土在下，天地昭明，此心可对，不可妄加陷害也。"桧即命拘飞与子云就大理狱。桧使中丞何铸跪飞于庭鞫之。飞裂开衣露背，示铸见之，有旧时墨涅刺"尽忠报国"四大字，其墨深入肉内。既而坐实，俱无证验者。何铸察飞冤，往陈于桧，冀一宽其罪。桧曰："此举实帝不喜悦，欲置之死地，我辈何必强为之理说哉！"又改命重勘，使万俟卨。高平素与飞曾不有合，遂诬坐飞致书张宪、王贵令枉造手申报上，以耸朝廷，听云与宪书令措置，使飞还军。且说其书付火焚灭，巧为坐实就狱。大理卿薛仁辅诸官尽说飞父子无罪，字字句句枉法。判官宗正寺官士㒟，敢以一家百口保飞无此事。且说中原未及恢复，大祸已加忠义之辈，是不与二圣复仇，又不要恢复中原也。桧俱不听。此时韩世忠闻飞父子诬坐重辟，心抱不平，往与桧穷究其故。桧曰："岳云与张宪书，虽不明白，道其事莫须有？"世忠曰："莫须有三个字，天下闻之谁为心服？"

【今评】"莫须有"，后世用为典故，足见秦桧一伙罗织罪名、锻炼冤狱、媚敌卖国之险恶用心。高宗为固皇位而自毁长城，实为罪魁。张俊为虎作伥，无耻之尤，宜乎千年之后长跪武穆陵前。

高宗

韩世忠屡抗疏言秦桧误国之罪，桧讽言官论之，罢为醴泉观使。世忠自是杜门谢客，绝口不言兵。

【张居正讲评】 韩世忠为秦桧主和议，误天下国家，数抗疏论之。桧讽御史论罢。世忠自杜门闭口而已。

【今评】 岳死韩罢，抗金二中坚一时俱摧，南宋之事已不复可为。

秦桧杀万寿观使岳飞于大理寺狱。云与张宪弃市。洪皓在金以蜡书奏言，金人所畏惟飞，及闻其死，诸酋酌酒相贺。

【张居正讲评】 秦桧以金字牌十二召岳飞，贬为万寿观使，随诬坐置大理寺狱，矫诏并云与宪弃市。洪皓使金被拘，欲寄信，恐为金人检验，细书藏于蜡丸中，潜以寄归。书云金人向畏惧者飞，知其死，酋辈设酒相庆，见中原永为我有矣。

【今评】 从金人的反应中，更可见秦桧之流罪不容赦。

加秦桧太师，封魏国公，以和好成也。

【张居正讲评】 秦桧主和议，至是和议成，以何铸签书枢密院事，奉表称臣于金，故加秦桧是职。

【今评】 秦桧的官爵是用抗金军民、民族英雄的热血换来的，这种官爵实际上意味着耻辱。

行人：通使之官。使者的通称。

行人洪皓留金十五年，至是和议成，还入对，求郡养母，除徽猷阁直学士。复以论事忤桧，出知饶州。

【张居正讲评】 初以皓充金通问使，金人执之，流递冷山，经十五年。时以割地讲和得归。甫受职，即罢之。

【今评】 苏武归汉，封典属国，复加关内侯，图画麒麟阁。视洪皓遭遇，

苏武有幸矣。

徙赵鼎于吉阳军。桧怨其不附和议。

张居正讲评 前以赵鼎不主和议,桧命萧振劾之。罢之安置潮州,又徙吉阳。桧曰:"此老倔强犹昔。"

今评 赵鼎所谓"疾风知劲草"者也。

秦桧死。桧居相位十九年,劫制君父,倡和误国,忠良诛尽。兴大狱诬张浚等五十三人,病亟释。

张居正讲评 桧主和议,不欲恢中原。令高宗牵手制足,惟其指使。忠良将相,被其屠戮,病不成狱,实天意不能容之也。

今评 "倡和误国,忠良诛尽"为桧盖棺论定。

虞允文大败金师于东采石。刘锜执允文手曰:"朝廷养兵,而大功乃出一儒生。我辈愧死矣。"允文还入对,帝嘉叹曰:"允文天性公忠,朕之裴度。"

张居正讲评 采石,山名,属应天太平府北。昔李白尝乘月与崔宗之放歌豪饮处。虞允文为川陕宣谕使。时败金师于采石,因王权已去,李显忠未来,贼兵充斥,允文大败之。裴度,唐封晋公。

今评 南宋未亡于高宗之时,赖采石一战。

帝至建康,张浚迎拜道左。卫士见浚,无不以手加额。浚起废复用,风采隐然,军民倚以为重。

张居正讲评 前张浚以淮西王德、郦琼之败,贬永州。起判建康。因帝驾至,张浚拜迎道左旁。凡护驾宿卫之士卒,久闻浚名,及见其容貌,无不举手谢天。中兴可倚重者,况废而再起,至举动之。军国之事,万民之命倚重焉。

高宗

洪迈充金贺登极使,金令于表中改"陪臣"二字。迈执不可,遣还。

<张居正讲评> 时金人弑其主亮于瓜州,金师北还,立乌禄为帝。桧以和议成,奉表称臣于金。今新主立,命洪迈充金贺登极使臣。金人必要于表内臣字上加一"陪"字,言臣犹不敢,仅仅陪耳。迈执意不肯,即臣字亦出桧意。至于陪臣两字,羞辱极矣。

<今评> "陪臣"二字,羞辱至极!洪迈坚执不可,不愧为洪皓之子,颇有民族气节。

卷之二十八

宋 纪

孝 宗

讳昚，太祖（六）[七]世孙、秀王子（偁）[偁]之子。高宗无子，立为皇太子，在位二十七年。

> 宋孝宗(1127—1194)：即赵昚(shèn)，字元永。1162年立为皇太子，寻受内禅。即位初，起用张浚为相，追复岳飞，锐志恢复。隆兴元年(1163)，北伐之师溃于符离，遂与金人重订隆兴和议。其后虽倚虞允文等以谋恢复，然终无成效。

高宗逊位皇太子，自称太上皇，谓群臣曰："付托得人，吾无憾矣！"

【张居正讲评】皇太子初封建王，至是帝传位太子，自称太上皇帝，退居德寿宫。帝对百官说："天下大事，君位重任不可授非其人。今得其人，我可无恨矣。"

【今评】赵构当其初立，内相李纲，外任宗泽，当有可为。但始惑于汪、黄，终制于秦桧，偷安忍耻，匿怨忘亲，最终不得不让位于赵昚了之！

召张浚入朝，以为江淮宣抚使，封魏国公。浚入见，帝改容曰："朝廷所恃惟公。"浚从容言："人主之学，以一心为本。一心合天，何事不济。所谓天者，天下之公理而已。"又劝帝坚意以图恢复。帝嘉纳之。

【张居正讲评】帝召张浚入朝，以建康判擢为江淮宣抚使，封魏国公。浚入觐，帝喜形于面，说："朝廷事体艰难重大，担当肩任，甚难其人。今日惟恃公在朝耳。"于是浚从容进说："陛下在今日所急者惟学耳。但帝王之学与士庶不同，要以一心为本，心又以法天为本。法天则自强不息，大公无我，而

动与天合,事事当理。若舟楫然,巨川亦济;若调羹然,五味亦济;自然无有抵牾,无有偏倚,方为合天。何谓合天,天者如无偏无党,王道荡荡,无党无偏,王道平平,无反无侧,王道正直是公理也。"又劝帝说:"陛下新嗣服之时,立志不可不坚。立志一坚,则思忠邪之当辨;志一坚,则思祖业之当守;志一坚,则思耻辱之当雪。况中原几为金人蹂躏矣。称臣几为祖宗玷辱矣。恢而复之是在陛下,勿便己私,勿图苟安。听忠臣义士之良谟而意诚坚,何虑金人为。"帝于是嘉纳之。

今评 张浚说孝宗,乃因高宗、秦桧事有为而发,所云"勿便己私,勿图苟安",可称要语中的。

诏复岳飞官,以礼改葬,官其孙六人。

张居正讲评 孝宗新立,夙知秦桧和议之失,岳飞恢复中原之忠,为桧矫诏诬坐,致之于死,已为惜之。然死于枉法,桧亦不容其善葬。至是帝念其战功忠诚,乃以成礼改葬之,其子云枉法弃市。云子有六人,具命之官秩,以荣其父子尽忠。

今评 平反岳飞是结人心以抗金的当务之急。

以张浚为枢密使,都督江淮军马,开府建康。浚子栻为机宜文字,其所综画,幕府诸人不及也。

张居正讲评 张浚初为江淮宣抚使,此又进枢密使,都督江淮,开府建康。浚子栻前赴行在见上,即进言:"陛下上念宗社之仇耻,下悯中原之涂炭,惕起于中而思以振之,则今日之功可以立成。"帝大异其言,以为机宜文字,掌职文书。其所裁定草创,俱核事理,即凤谙幕府中事者俱让其能事云。

今评 张栻以理学著名当世,义理文字固佳,奈何非军政之才。

以辛次膺同知枢密院事。初,次膺力谏和议,为秦桧所怒,流落者二十年。帝召为中丞。帝呼其官而不名。渡江以后,直言之臣,次膺为首。

张居正讲评 辛次膺初不主和议,秦桧久已罢其官。至此帝即位,心切报仇,故特起次膺是职,时帝召为中丞。帝但呼官衔而不呼其名,尊之也。自高宗渡江以至于今,无直言者,惟次膺一人。

今评 孝宗于主战大臣,不次起复,足见确有光复之心。然而"无可奈何花落去",也只有"似曾相识燕归来"而已。

张浚使邵宏渊、李显忠帅师伐金。显忠复灵璧及宿州。捷闻,帝手书劳浚曰:"近日边报,中外鼓舞,十年来无此克捷。"邵宏渊谓显忠曰:"招抚,真关西将军。"

灵璧,今属安徽。宿州,今安徽宿县。谚云"关东出相,关西出将"。

张居正讲评 邵宏渊、李显忠是二名将。张浚命统兵伐金,复灵璧、宿州二县,奏捷。帝说建炎以来,十四处战功,皆因其来而与战,今往而征之,故说十年以来,从未有此美举也。显忠,关西人。

今评 李显忠不仅善战,而且善于招抚金军降将,发挥了关键性作用。邵宏渊以个人为中心,心胸狭隘,妒功忌能,不顾大局,造成影响深远的符离之败,成为历史罪人。

帝以符离之败,乃议讲和,遣卢仲贤使金军。金人书定四事:一、欲通书称叔侄,二、欲得唐、邓、海、泗四州,三、欲岁币银绢之数如旧,四、欲归彼叛臣及归正人。帝大悔。

张居正讲评 帝以李显忠、邵宏渊师败于符离地方,乃听汤思退议如金讲和,议遣卢仲贤使金军以议。金人写定四件事:一要书札往来称叔侄,二(唐)[金]画唐、邓、海、泗四州,三要每年币银绢之数照旧,四要送还他的叛臣及正人。金人先写定这四件以要宋。帝悔之。

今评 汤思退为秦桧余党,故主和议,孝宗听之,反遗羞辱,足为首鼠两端者戒。

诏侍从台谏集议和金得失,召张浚还。浚曰:"今之和议,失中原将士、四海仰慕之心。夫立大事以人心为本,人心既失,他日复谁为陛下用命哉!"帝乃令胡昉谕金以四州不可割。金以失信执之。帝曰:"和议不成,天也。自此事当归一矣。"

张居正讲评 帝诏群臣议与金人讲和是否?召浚还。时浚还扬州,上疏劾李显忠纳印待罪,帝慰之。至是召还议和金得失。浚曰:"今之和议,大失人心。立天下大事,以人心为本。抚即后,虐即仇,人心至愚而神者也。倘人心一失,就如土之崩,如瓦之解。一有不虞便散而之四方,谁与皇家出

孝宗

死力以相卫哉？"帝于是命胡昉往金谕之，说通书称叔侄可也，岁币银绢之数可也，归彼叛臣及正人可也。欲割唐、邓、海、泗四州，则祖宗世传之土宇，岂容分裂与人。胡昉一露其意，金遂以宋朝语言不实。当先秦桧遣使来讲定和好，道中国决无反复。今人吝四州之割，汝来何干？拘留不容返国。帝闻报曰："前者秦桧力主讲和，今讲和已定，又欺凌如此。和好不成，真天意有在。祖宗之有灵也，今后中国一以恢复为事矣。"

【今评】 张浚可称孝宗朝中坚，所论"人心"问题，颇中肯。孝宗能由动摇而主战，有赖于此。

魏杞至金，金人以国书称大宋，胁杞去大字。杞拒之，卒正敌国礼而还。

【张居正讲评】 先是秦桧奉表称臣于金，今宗正少卿魏杞易表为国书，改臣字而称侄，以宋字上加大字。金人逼杞止称宋，不许称大宋。杞不从，终以大宋为敌国之礼而归。

【今评】

帝以射弩断弦伤目。陈俊卿言于帝曰："陛下未能忘骑射者，盖志图恢复耳。诚使任智谋之士以为腹心，仗武猛之将以为爪牙，明赏罚以鼓士气，恢信义以怀归附，则英声义烈，不出樽俎之间，而敌人固已逡巡震慑于千万里之远，尚何待区区驰射于百步之外哉？"

> 樽俎：同尊俎。宴席。
> 逡（qūn）巡：迟疑徘徊。

【张居正讲评】 帝日思二帝被虏，中原失土，以复仇雪耻为急，从事弓马，不意为弓弩弦绝伤目。陈俊卿奏曰："武备中有弓弩以御寇也，亦凶器也。陛下宵旰于万几，勤思乎民社，诚寝食不遑者，然而未能忘情于骑射者，盖念祖宗以积德累仁，奄有疆土，而金人以背逆不仁，残我土宇，盖志图恢复耳。若果能委任智术谋议之士以为运筹帷幄而腹心待之，全仗武毅勇猛之将，以爪牙寄之。赏有功，罚有罪，诚明白不爽，则士气奋。敦其信，明其义，崇厚不薄，则众云集。如是则英发之声，高义之烈，即在樽俎间雍容礼法之场，而金人固已退缩畏惧于千里之外矣，何必于身亲武夫之事，仅仅驰马射箭于咫尺百步之近已哉！"

【今评】 陈俊卿所议随机而发、因势利导，亦善讽者也。

起复刘珙同知枢密院事。珙辞不拜,其上札子略云:"陛下卑宫室,菲饮食,未明求衣,日旰而食,惟恢复是图,然而旷日持久,绩用未著者,有恢复之形,而未尽恢复之实故也。荆襄兵单财乏,要当责两路帅臣,练兵以壮军声,令荆南守臣措置以广边用,此荆襄今日之急务也。然荆襄四支也,朝廷腹心元气也。元气强,则四支壮。故以修己为本,求贤为先,恤民为重,而后用将养兵,此本末先后之序。政事之大,亦无过四者。愿陛下强固根本,增修德政,此恢复之上策也。人事若尽,以兴六月之师,犁庭扫穴,在反掌间耳。"时六诏起之,而刘珙亦六疏辞之。帝纳其言为寝前诏。

六月之师:出自《诗·小雅·六月》序"六月,宣王北伐也。"此指卫国定乱的正义之师。
犁庭扫穴:犁平其庭院,扫荡其居处。比喻彻底摧毁敌方。

【张居正讲评】初,刘珙同知枢密院事,罢为端明殿学士,至是复起同知枢密院事,为荆襄宣抚使,珙不受职不拜。所上札子大略有云者:"俭德勤政,总为恢复中原计也。偏荆襄二府,中原枢要所在,譬之人之手足一般。至于朝廷,人之腹心元气一般。元气强足,则四支荣壮。所以人君修己之本根,求贤为先,务恤民为重事,然后用良将、养精兵。缓急轻重之序,无出于此,而国家政事之极大,亦无有过于此四者。愿陛下坚固其根本,增修其德政,方是恢复中原之第一策也。然此皆是人事,若人事不尽,则志卑身辱,不可言矣。倘人事能尽,犹之兴六月之师,犁庭扫穴,如反手之易耳。"刘珙方罢职,以和议不成,帝六降诏起之,珙亦六疏辞之。帝虽纳札子所上之言,而前六诏遂寝。

【今评】刘珙上疏力陈己见,而六次拒不受命,当是已见到北进之事,已不可为。孔子"知其不可为而为之",其实当时是需要这种精神的。

六年诏求直言。知建康军朱熹上疏言:"天下之大务,莫大于恤民。恤民之本,又在人君正心术以立纪纲。"大要以民贫赋重,宜计军实、去浮冗为言,反复切至。

【张居正讲评】孝宗是时,近习盗权,而民贫赋重,不堪其忧。文公一疏,惓惓于恤民,计军实,去浮冗,治屯田,其要也。而恤民之本,又在于正心术以立纪纲。非苦口良药,而中孝宗之膏肓乎!帝读之大怒,熹以疾辞。诏以提举江西常平茶盐。

【今评】朱熹是中国封建社会后期的大思想家。他一生主张抗金,反对投降议和。任地方官不过十年,但注重体恤百姓和教化风俗。他对孝宗提的意见基本上是正确的,然而诚如张居正所言,正中孝宗膏肓,故不为用。

孝宗

左司员外郎兼侍讲张栻罢。栻在朝仅一年，召对至六七。所言皆修身务学，畏天恤民，抑侥幸，屏谗谀，故宰执近习皆惮之。罢知袁州，改右殿修撰。病且死，犹手疏劝帝亲君子，远小人，信任防一己之偏，好恶公天下之理。天下传诵之。栻尝言："学莫先于义利之辨，义者，本心之当为，非有为而为之也。有为而为，则皆人欲，非天理矣！"学者称为南轩先生。

【张居正讲评】张栻，张浚子，号南轩，罢左司员外郎兼侍讲，缘宰相虞允文阴主张说故也。时张说签书枢密院事。栻立朝止一年，召对六七次，帝遇之重矣。凡对所言，皆修身等正事，近习小人皆畏忌之，故落职袁州。及改右殿修撰，至病临终手疏皆忠君爱国之诚，死而不忘，诚不负所学矣！

【今评】张栻乃南宋道学大师，所云"学莫先于义利之辨"，颇发人深省。

著作郎吕祖谦，学以关洛为宗，少辩急，一日诵孔子"躬自厚而薄责于人"，忽觉平时忿懥涣然冰释。朱熹言："伯恭方能变化气质，既卧病，而任重道远之志不衰。居家之政，皆可为后世法。"学者称为东莱先生。

【张居正讲评】关洛，即周敦颐、邵雍诸先儒，为理学之正宗。吕祖谦，字伯恭，其祖即好问。祖谦心平气和，不立崖异，言论不事辨给，一读躬自厚句，骤然把[是]己非人念头溶化。朱文公尝说："吕伯恭之气质，皆从涵养得定，一应浮薄都消释如冰溶。即卧病时而任重则以仁为己任，道远则力仁，死而后已。至于居家，自有法度，不异居官，可永为天下后世法。"

【今评】吕祖谦以"明理躬行"为主，至此而悟"躬自厚而薄责于人"，亦知事不可为，而独善其身。

欺：欺骗蒙蔽之意。

以黄治为御史中丞。治质重有大臣体，尝言居家不欺亲，仕不欺君，仰不欺天，俯不欺人，幽不欺鬼神。

【张居正讲评】黄治敦重严整，有大臣立朝之丰度。尝自说：居家尽孝于亲，无涯之报，罔极之恩，何容有欺？出仕尽忠于君，竭股肱之力，效靖献之忱，何容有欺？至于自修，则仰不愧于天，俯不怍于人，幽不欺鬼神，如尸居而龙见，渊默有雷声，为五不欺。

【今评】以上各节均记理学家与相关人士言行。宋代理学虽造就一代

士人骨格,奈何空疏之才,于国难有补益。

光　宗

讳惇,孝宗第三子。年四十受禅,孝宗即退居重华宫。在位四年。

> 宋光宗(1147—1200):即赵惇。淳熙十六年(1189),受内禅。与金通好,武备渐弛。孝宗死,太皇太后吴氏用赵汝愚等所请,奉皇子嘉王即帝位,光宗被尊为太上皇。

帝欲诛宦者,近习皆惧,遂谋离间两宫,帝疑之。顷之,内宴,后请嘉王扩为太子,寿皇不许。后退,持嘉王泣诉于帝,谓寿皇有废立意。帝惑之,遂不朝寿皇。后又以黄贵妃有宠,谋杀之,以暴疾闻。翼日,合祭天地,风雨大作,黄坛烛灭,不能成礼而罢。帝既闻贵妃卒,又值此变,震惧增疾,遂不视朝。

张居正讲评　光宗即位,尊孝宗皇帝为寿皇圣帝。嘉王扩,光宗第三子。光宗年四十即位,宜立扩为太子。时后性悍妒,亟欲立子,又因宦者离间,后泣诉于帝,谓寿皇有废立意。帝惑之,遂不朝寿皇。后以贵[妃]有宠,后杀之,以暴疾闻。及祭天地,因天变,不成礼而罢,遂增疾,至不能(死)[视]朝。

今评　光宗赵淳庸懦无能,不及孝宗远甚。光宗后李凤娘自幼娇生惯养,唯我独尊,悍妒跋扈,挑拨是非,离间三宫,致使光宗一朝毫无作为。

帝疾不朝重华宫。吏部尚书赵汝愚谏,秀王伯圭调护,两宫之情始通。帝乃朝,竟日而还,都人大悦。

张居正讲评　帝有疾,重华温凊之礼与诞辰节序,屡以寿王传旨免。既而帝稍愈,百官请帝朝者,至叩头引裾,即凤驾而不果,都人始以为忧。至是赵尚书,王嗣伯圭,往复言而悟,帝拟朝,寿皇允朝,两宫通意,帝遂朝。父子聚欢终日,都人忧改而为喜。

今评　赵惇与其父寿皇之间的关系实际上一直不正常。主要原因是生长深宫不明事理的赵惇昏愦,同时又有李凤娘勾结宦官阴谋离间,致使其父子关系成为本朝诸臣反复论列的中心大事。

光宗　宁宗

　　　　陈亮才气超迈，善谈兵，议论风生，志在经济。淳熙中诣阙上书，极言时事。孝宗将擢用，亮辞。帝至是问礼乐刑政之要。亮对策，以君道师道对。帝大喜，以为善处父子之间，御笔擢为第一，授佥书建康府判官。

张居正讲评　　陈亮才气英发，善讲兵法，笔舌如悬河，而留心经济。淳熙中上书言事，帝善之。大臣恶其切直，交沮之。是时对策，甚切帝心事，帝喜，以为善调停骨肉之间。

今评　陈亮是南宋反对道学的功利派大思想家，主张恢复。可惜当时孝宗皇帝只考虑内禅！光宗困于两宫关系，虽惜其才，未得重用。他上言抗金、反驳理学，终生矢志不渝。

宁　宗

　　　　韩侂胄欲推定策功。赵汝愚曰："吾宗臣，汝外戚也。何可以言功。"但迁侂胄为汝州防御使。侂胄大失望，然犹以传道诏旨，浸见亲幸，时时乘间窃弄威福。叶适闻侂胄觖望，言于汝愚曰："侂胄所望，不过节钺，宜与之。"不从。适叹曰："祸自此始矣！"

张居正讲评　　韩侂胄，韩皇后季父。立嘉王，侂胄亦与定策。赵汝愚，宋太祖宗室，故说宗臣。侂胄于韩皇后面为外戚。宗臣外戚俱杀不得功。但侂胄以防御使不能有节钺之任，大失所望。然犹以御座前传宣诏令，渐见亲爱，时时伺有可下手处，便将朝廷威权窃弄。时左选郎官叶适闻韩侂胄怨望朝廷薄待之语，对汝愚说："侂胄本意，不过欲得节钺为荣，此分所宜与者。"汝愚不听，是终虚其望矣。适曰："侂胄能窃弄威权，何难伸怨于人，祸根始此矣！"

今评　韩侂胄急于争权夺利，野心勃勃，叶适认为应授予节钺。其实野心家是难以满足的。他必定要排斥异己，独揽大权。问题在于宁宗皇帝作为最高统治者不能发挥应有的政治作用，这才是真正的祸患根源！

　　　　焕章阁待制兼侍讲朱熹进讲，务积诚意以动帝心。讲毕极言四事：一、谏修东宫；二、定省太皇；三、谏左右窃柄；四、为寿皇求吉地。熹仕于外者仅九考。立朝四十六日，进讲者七，内引奏事者再。熹急于致君，知无不言，言无不尽，

亦颇见严惮，帝遂罢熹职，侂胄益无所忌。

【张居正讲评】 朱熹每进经筵前一日，必沐浴端居，积诚以为献纳地。讲毕有可以开益帝德者，罄竭无隐。帝亦虚心加纳焉。其所最急切者四件：一、修东宫以储太子；二、辰昏必定省太皇安否；三、左右窃弄威权，以中伤忠良；四、为孝宗皇帝宜葬，急须勘吉地以为山陵。熹自出仕以来，已历九考，而立朝止四十六日，进讲经筵者七次，内召对者二次。熹以尧舜之君望君，有所学则有所知，知无不言，言无不尽，以下不负所学。光宗颇有畏惮之意。倘帝以四事一一行之，而使久于其位，进讲岂止于七，奏事岂止于再，于凡陈善闭邪，进贤远奸，用以启心沃心，而君臣之间严惮如对师保，朝夕纳诲以辅德，则中原可复，耻辱可雪，而名分可正，岂至偏安于一隅已耶？奈何熹进言而终为侂胄所嫉，一罢职而只为侂胄恣行无忌，赘旒其君之地耳。

【今评】 庸主权臣畏忌，亦见理学家确有人格力量。

国子祭酒李祥抗疏言："赵汝愚勋劳著于社稷，精忠贯于天地，乃卒受黯黮而去，天下后世其谓何？"李沐劾为党斥之。

黯黮（àn dàn）：不清楚。

【张居正讲评】 韩侂胄欲逐赵汝愚，谋于京镗。镗曰："诬以谋危社稷，则一网打尽矣。"侂胄乃引李沐为右正言，使劾汝愚将不利社稷，乞罢为观文殿大学士，出知福州。时祭酒李祥见方正不容，谗谄蔽明，邪曲害公，乃上疏言："功劳昭然于社稷，精诚忠悃达于天地，翊皇上以登九五，如此鸿功伟积，乃受诬陷而去位，近而天下，远而后世，其何以解？"右正言李沐劾为恶党，斥逐之。

【今评】 京镗所言"诬以谋危社稷，则一网打尽矣"，足见韩氏党人之居心。

太学生杨宏中与周端朝、张道、林仲麟、蒋傅、余范等六人伏阙上书，言："赵汝愚之忠勤，祥等之非党，乞窜李沐以谢天下。"疏上，韩侂胄大怒，内批编管六人五百里外，天下号为"六君子"。

【张居正讲评】 太学生六人伏阙上书，言"赵汝愚定策翊主勤劳王室，李祥救汝愚，为致君，非党恶。李沐计劾汝愚以同姓居相位，将不利社稷而乞罢政，使陛下孤立，万民丧气。陛下降窜逐之诏，快天下之心。"侂胄闻之大怒，矫诏流放六人于五百里远方，天下称六君子。

宁宗

今评 朋党总以"朋党"为罪名攻击政敌,六君子所论赵、李"为致君,非党恶",正有为而发。

蔡元定生而颖异,父发博览群书,以程氏《语录》、邵氏《经世》、张子《正蒙》,授元定,曰:"此孔孟正脉也。"元定深涵其义。既长,闻熹名,往师之。熹叩其学,大惊曰:"此吾老友,不当在弟子列。"至是被窜,与从游者饯之,坐客叹泣,元定不异平时。熹喟然曰:"朋友相爱之情,季通不挫之志,可谓两得矣。"至舂陵,远近来学日众。爱元定者,谓宜谢生徒。元定曰:"若有祸患,亦非闭门塞窦所能避也。"元定贻书训子曰:"独行不愧影,独寝不愧衾。勿以吾得罪故,遂惰其志。"在道逾年卒。学者尊曰"西山先生"。

舂(chōng)陵:今湖南宁远县西北。

张居正讲评 时韩侂胄命沈继祖论朱熹十罪:"又收召四方无所义之徒,以益其党。其徒蔡元定佐熹为妖。"诏:"熹落职罢祠,窜元定于道州。"元定幼年英敏不群。其父名发,博览万卷,以程颐《语录》、邵雍《皇极经世书》、张载《正蒙》授元定,说:"此孔孟相传正脉也。"元定潜心以涵泳其义理。及长,闻朱熹名誉,负笈去,师事之。熹探问其风学,大骇曰:"汝年虽少,乃似老学,不是弟子辈中人也。"此时被窜,熹与同门游者饯行,坐间客或叹其以学为圣贤,乃蒙罪累事不可解,至于泣下。独元定坦然如平时。熹叹曰:"友朋相爱之谊,季通百折不回之志,俱得之矣。"元定乃言:"数该有祸患,不是闭户绝迹可脱的。俗言闭门家里坐,祸从天上来。"言非人所自取也。元定留家训于子说:"庄子有云,独行不愧影,言所为可对天日。云独寝不愧衾,言所行不欺暗室。汝勿谓吾以为善得罪而遂惰于修身力学也。"明年卒于道州路次。先生字季通,又以居洞庭之西山,学者称"西山先生"。

今评 此节见理学家非但"笃信力学",更兼前仆后继。可敬亦复可悲。

房州:今湖北房县。

放前起居舍人刘光祖于房州。光祖撰《涪州学记》,言"学之大者,明圣道以修身,而世以道为伪;小者治文章以达志,而时以文为病。好恶出于一时,是非定于万世。"谏议大夫张釜劾光祖佐逆罔上,遂落职。

张居正讲评 涪州,是郡名。刘光祖是时重修涪州学,作记以记之。但当时以名儒为党人,以圣学为伪学。御史胡纮乞禁用伪学之党。沈继祖论朱熹十罪。至乡会试取家状,必书不是伪学。刘德秀奏毁《语录》、《四

书》、《六经》。所以光祖记云:"大者明圣道以修身,而世以道为伪。大凡立学校以养人才,为士者明历代圣贤之道以治身,而近世以道为虚伪无实之物而毁之。立学以兴文运,作文者,明经传义理之蕴以成文,而近世以文为张浮驾诞之物而禁之。好则奸邪合志,恶则忠正违心。不知是是非非,公论千万世不泯灭者也。"时谏议大夫张釜希韩侂胄之旨,劾光祖辅佐背逆以欺上,贬职。

今评 "好恶出于一时,是非定于万世",是有信念者语。

时攻伪学日急,而朱熹日与诸生讲学。改《大学》诚意章,此为绝笔。门人黄榦尝曰:"道之正统待人而后传,能使斯道章著者一二人。由孔子而后曾子、子思得其微,至孟子而始著。"众以为知言。李燔初见熹,熹告以曾子弘毅之语。燔因以"弘"名其斋。熹语人曰:"李燔进学可畏,处事不苟。他日任师道者,必燔也。"燔尝曰:"凡人不必待仕宦有职事,方为功业。但随力到处有以及物,即功业也。"陈淳少习举子业,得《近思录》读之,遂弃其业而学焉。及熹至漳,淳受学,熹曰:"吾南来喜得陈淳。"由是所闻见皆切要语。淳义理贯通,恬退自守,名播天下。李方子初见熹,熹曰:"子于宽大中要规矩,和缓中要果决。"方子遂以"果"名斋。尝曰:"吾幸于大本有见处,此心尝觉泰然。"

张居正讲评 时韩侂胄攻伪学,附之者御史陈贾、京镗、李沐、胡纮、沈继祖、谏议大夫张釜辈。外面攻伪学严紧,而熹日与门人讲学不辍,至《大学》诚意章,手为辑定。其门人黄榦,字直卿,尝说:"道统之正传,必待其人,使斯道章明昭著者,千古来不过一二。自孔子而后,曾子与子思得道之传,而尚微而未著。至孟子而道始章明昭著于战国之际矣。孟子而后,又历千百年,周敦颐、程颢、张载继其垂绝,至朱熹而又章明昭著于有宋矣。"看黄榦此言,深识道脉之渊源者也。又门人李燔初见熹,熹告以曾子"士不可以不弘毅"一语。燔因以"弘"题其斋额。熹语人曰:"吾门李燔,其勇猛精进,一往之概,令人可畏。及其临事,无论物来顺应,即盘根错节,亦游刃处之,无难事矣。今日无论,即他日任师范者,必燔也。"燔尝说:"凡人何必出仕有职事方展经济,立勋绩。但随我本分,随所造诣,有以济人利物,即功业也。"又门人陈淳,字安卿。少时习举子业,所学未博,尚是无本之学。及见《近思录》读之,幡然有悟,遂改其前习而学焉。及熹至漳。漳,漳州府,属福建省。陈淳受学。熹曰:"吾自南方来此,喜得陈淳一人。凡所闻,无不切要语。"淳潜心养道,凡义理看得透彻,恬退自得,不以爵禄为荣,不以意气为尚,其声誉播满天下。李方子,字正叔,熹高弟。初见熹,熹对说:"子天资近道,而端谨纯笃,气度宽宏,尤须合规矩;禀性和易,尤须作事果断。"方子遂于"果"题其书斋,说:"吾幸于大本根上看透,此心便自觉得与义命皆安,与乾坤同泰。"

【今评】"但随力到处,有以及物,即是功业";"宽大中要规矩,和缓中要果决",二语宜细参。

史弥远杀韩侂胄于玉津园。

【张居正讲评】 侂胄以金人欲罪首谋,乃复锐意出师,中外忧惧。吏部侍郎史弥远陈危迫之势,诛侂胄以安邦国。帝始允可。翌日侂胄入朝,弥远以兵拥侂胄至玉津园,殛杀之。

【今评】 韩侂胄以外戚专权执政十三年,史弥远勾结杨皇后密谋杀侂胄,史弥远则又一专横权臣上台,南宋政治并无起色,而且逐步濒临灭亡!

以真德秀为江东转运副使。德秀论边事,上奏曰:"臣观鞑靼之在今日,无异昔者女直方兴之时,一旦与我为邻,亦必祖述女直已行之故智。陛下宜以宣、政为监,不可不预图以应之也。"

【张居正讲评】 真德秀号西山,论当日边事上奏云:"鞑靼,夷人也,在今日就如向者女直盛时,归燕城,通和好,一旦与相邻近,亦必要照依女直所行旧事。陛下当以宣和、政和为戒,不可不防备以应敌也。"

【今评】 真德秀既上承朱子为一代大儒,又重经世致用,有卓见、有政绩。理学经韩侂胄排斥打成"伪学",至此恢复正统地位。

签书枢密院事任希夷尝从朱熹学,笃信力行。为礼部尚书。以周敦颐、程颢、程颐、张载未有赠谥,乃上言:"四人为百代绝学之倡,乞定议赐谥。"朝廷从之。

【张居正讲评】 任希夷说:"朱熹谥'文',张栻谥曰'宣',吕祖谦谥曰'成',皆已赐谥,以褒贤哲。"言上,朝廷遂赐谥。

【今评】 宁宗朝理学的地位已逐渐恢复,所以任希夷提出,为开创北宋理学的几位大师赠谥,得以一举而通过。然而任希夷在政治上的萎缩,则缺乏理学"笃信力行"的风度!

权知枣阳军孟宗政大败金人。金自是不敢窥襄汉。中原遗民来归者,宗政发仓赡之,籍其壮者号忠顺军。由是威名大振,金人呼为孟爷爷。宗政信赏必罚,好贤乐善,为一时名将循吏云。

张居正讲评 枣阳之胜,孟宗政竭力于内,扈再兴合兵于外,金人自大败于枣阳军,并襄阳、汉阳二府,俱不敢窥望。枣阳县,属襄阳府。此时遭乱之民归者,宗政以仓廪发赈之,选其年壮者号为忠顺军。宗政自此威名大著,金人以爷爷呼之,畏之、重之也。即赏必信,罚必果,好贤人,乐善事,为当时名将良有司云。

今评 南宋军政腐败已极,宰相高官大多腐朽无能,不思进取,但南宋政权仍能偏安一隅者,就是因为还有一批爱国爱民的志士仁人在支撑局面,孟宗政就是其中之一。由于他接近下层,了解人民的痛苦,知民心可用,才能于枣阳之役,大败金军,使南宋政权得以苟延残喘。

真德秀朝奏五事:一曰宗社之耻不可(心)[忘];二曰比邻之道不可轻;三曰幸安之谋不可恃;四曰导谀之言不可听;五曰至公之论不可忽。

张居正讲评 一言,国家于金虏万世必报之仇,今天亡此胡,近在朝夕,何惮而犹事之?且重于绝虏者,畏召祸而启衅也。然能不召怨于亡虏,而不能不启衅于新敌。权其利害,孰重孰轻?二言,鞑靼及山东之盗,苟得志而邻于吾,莫大之忧也。愿朝廷毋轻二贼,日夜讲求攻守之策,以杜窥窬之心。三言,议者以金之存亡为我欣戚,闻危蹙之报,则冀其非,实得安青之耗则幸其必然。愿陛下励自强之志,恢用武之经,毋以虏在为喜,虏去为安,则大势举矣。四言,边事方殷,正君臣戒惧之日,而小人工为谀说,或以五福足恃为言。天象告警,迩日尤甚,其可恃谶纬不经之说而忽昭昭之儆戒哉?五言,公论国之元气,元气痞膈,不可以为人,公论湮郁不可以为国。倘能以言者为爱君为报国,无猜忌之意,而有听用之诚,则公论自此伸矣。若以言者为沮事,为徼名,无听用之诚,而有猜忌之意,则公自此屈矣!五事之论俱老成谋国之念,宁宗当惕然于中,昭示中外,与群臣朝夕策励,强固国本,俟敌有衅,然后起而图之,何难哉?

今评 真德秀五事之论诚如张居正所云,为"老成谋国之念"。所言"公论,国之元气"尤发人警省。

宁宗　理宗

以魏了翁为起居郎。开禧初,了翁以武学博士对策,谏开边事。御史徐柟劾其狂妄,遂辞去。筑室白鹤山下,开门受徒,士争负笈从之,由是蜀人尽知礼义之学。

张居正讲评　魏了翁,字华父,号鹤山。时宁宗改年号嘉定,前者号开禧。初,了翁官武学博士,召试学士院,对策谏开边事。时和战未定,有提兵临边战者,徐柟劾其说为迂阔狂妄。了翁辞职,筑室于嘉定府邛县西白鹤山下,以讲学受徒。士子慕其文艺道德,负橐而从。四川人始知圣贤义理之学而文盛。

今评　南宋中期,朱熹理学达到鼎盛。庆元学禁廿多年,理学被视为"伪学",朱熹被视为"逆党",牵连近60人。嘉定元年(1208)以后,理学恢复名誉,学术界宗师则以真德秀、魏了翁为代表,为振兴理学作出了重要贡献。魏了翁对家乡四川影响更大。

理　宗

> 宋理宗(1205—1264):即赵昀,初名与莒。嘉定十七年(1224)宁宗死,丞相史弥远矫诏立为帝。绍定六年(1233),弥远死,始亲政。联络蒙古兵灭金。后贾似道擅权,朝政日坏,国势益危。在位期间确立理学统治地位。

讳昀,太祖十世孙,荣王希玙之子。宁宗无嗣,史弥远矫诏迎而立之。时元主灭金、灭夏,威行海内,中才之主能自固耶? 然崇尚理道,在位四十年。

赠前礼部侍郎张九成太师、崇国公。帝以九成正色立朝,有中兴明道之功也。

张居正讲评　张九成,字子韶,陈说忠愤激烈,无所顾避。仕礼部侍郎,与秦桧议论不合,谪南安军,复知温州。理宗特起加太师,封公,以研思经学功,足以明道也。

今评　张九成反对与金军议和,为秦桧所忌恨,谪居南安军(今江西大庾)达14年之久。秦桧死后,起知温州。他研讨经学,且多有训解。是两宋心学一派重要过渡人物,为陆九渊心学体系形成,作了理论铺垫。

罢礼部侍郎直学士院真德秀,贬权工部侍郎魏了翁于靖州。梁成大贻书所亲曰:"真德秀乃真小人,魏了翁乃伪

卷之二十八　宋纪

君子,此举大快公论。"识者笑之。了翁至靖,多士从学,乃著《九经要义》百卷,订定精密,先儒所未有也。德秀归浦城,修《读书记》,语门人曰:"此人君为治之门,如有用我者,执此以往可也。"

【张居正讲评】靖州,属湖广省。梁成大以知县谄事弥远,因弥远言德秀当逐,成大曰:"若入台必能辩此。"遂擢监察御史。首劾德秀罢之。了翁因不为弥远所容,力求外补,乃出知常德府。谏议大夫朱端又劾之,夺三秩,靖州居住。梁成大见二公俱罢,借二姓以调笑云:"此二人罢,大快在朝公论。"而识者实笑大无耻之极矣!了翁到靖州,湘、湖、江、浙之士,不远千里负书从学,乃作《九经要义》(九经:《孝经》、《论语》、《孟子》、《毛诗》、《尚书》、《周易》、《礼记》、《周礼》、《春秋》)成百卷,晰义精详细密,俱先儒所未及发者。德秀归,修《读书记》,皆正心、修身、齐家、治国、平天下大道理。对门人说:"如后有用我,执此以为具矣。"

【今评】梁成大贻书所亲二语,足见史党之无耻又兼轻薄。

赠全州教授陆九龄、舒州通判沈焕官谥。九龄累世义居,闺门之内,肃若朝廷。与兄九渊为师友,和而不同,学者号为"二陆"。

【张居正讲评】九龄,金溪人,幼颖悟端重,进士调教授,未上。会寇剽掠。公曰:"文事武备,一也。"遂领其事,调度有法,郡县倚以为重。仕兴国,士类兴起。改全州,卒。公累世义居,如张公艺治家,以一人最长者为家长,一家之事听命,岁选子弟分任家事,田畴、租税、出内、庖爨、宾客之事,各有主者。阖门百口,男女各居其职,闺门俨若朝廷,而忠敬乐易,乡人化之,皆逊顺焉。且与兄九渊自相师友,天伦之乐,德业之进,志同而道合。谥文达。沈焕,九龄门人。

【今评】陆氏兄弟为学之法各有一套,此之谓"和而不同"。陆九龄主张"治人必先治己",认为人的自身涵养应"尽废讲学而专务践履"。这对陆九渊"发明本心"的思想产生了重要影响。

陆九渊年三四岁,问其父贺曰:"天地何所穷际?"父笑而不答。他日读书至四方上下曰宇,古往今来曰宙,忽悟曰:"宇宙内事,乃己分内事。"又曰:"东海有圣人出焉,此心同也,此理同也。至西南北海有圣人出,此心此理亦莫不然。"学者称为象山先生。初九渊与朱熹会于鹅湖,论辨所

白鹿洞:在江西星子县北庐山五老峰下。南宋朱熹知南康军,重建修复为讲学之所。与石鼓(一说为嵩阳)、应天、岳麓并称宋代四大书院。

学多不合。及熹与至白鹿洞，九渊为讲"君子小人喻义利"一章，熹以为切中学者隐微深痼之病。

【张居正讲评】陆九渊父名贺。穷际，言穷尽处。"宇宙内事，乃己分事，见得功满乾坤，不出本分。德配天地，只为分定，何有限量乎？"又说："天生圣人，原不择地。东西南北，同此心理。先圣后圣，其揆一也。"学者称为象山先生。初九渊与朱文公会于鹅湖地方，各出一议论不相合。及文公至白鹿洞，那时九渊工夫更进，及讲喻义章书，听者至有泣下者。如《孟子》"孳孳为善，是舜之徒，孳孳为利，是跖之徒"，其切中俗学隐微沉痼之病，为之痛心。

【今评】淳熙二年（1175）鹅湖论争在教人，即治学方法。朱熹认为须先博闻多识，才能将知识归于简约。没有深厚的知识积累，难以融汇贯通。陆九渊与九龄认为须先开启本心，立心才能明理，而后再博古览今。若无立心明志，读书再多也虚妄空乏。朱熹指心学方法简陋，以偶有所想就自认顿悟得道，误了真学问。陆九渊驳理学方法繁琐，钻进书堆为枝节纠缠，丢了根本。淳熙八年（1181）朱熹在南康请陆九渊讲以义利判君子小人，朱熹也赞同其"做事先正志"的说法。

沈焕尝言："昼观诸妻子，夜卜诸梦寐，两无所愧，始可以言学。"

【张居正讲评】沈焕，九龄门人，人品甚高，不肯自恕。观诸妻，如身不行道，不行于妻子，卜诸梦寐，如寝不愧衾。此燕居独处，平旦清明境界如此而两无愧怍。斯学有修治矣。

【今评】他是陆九龄弟子，强调心的根本大意。他说："余观人之一心，精诚所达，虽天高地厚，豚鱼细微，金石无情，有感必通。"就是说："若体认本心，则一通百通。"所以前提是要有形不愧影，寝不愧衾的心地，就是说在任何情况下都要做到无愧于心。

舒璘刻苦磨励，改过迁善。闻朱熹、吕祖谦讲学婺源，徒步谒之。以书告其家曰："敝床疏席，总是佳趣，栉风沐雨，反为美境。"

【张居正讲评】舒璘，沈焕友也，从游于张栻、陆九龄，工夫勤励不息，见善能徙，改过不吝。熹与祖谦讲学婺源县，步往拜之，寄家信于妻子，得道之乐，不知有困苦荒凉之味。

今评 "一箪食,一瓢饮,在陋巷,回(颜渊)也不改其乐。"舒璘所书得于此,十六字,是一联妙对。

袁燮尝曰:"人心与天地一本,精思以得之,兢业以守之,则与天地相似。"

张居正讲评 袁燮,九渊门人。说:"人心一小天地,求而得之,得而守之,便与天地相合矣。"

今评 袁燮与杨简、舒璘、沈焕并称"甬上四先生"或"四明四先生",指他们生长、活动的地区位于甬江流域、四明山麓。他们严守"心"学含义,同时有所发挥。袁燮的发挥侧重于心学向社会政治方向发展。他讲"天人一理",皆出于心;"君民一体,皆同此心,没有尊卑。"他传播陆派心学较杨简笃实。

图功臣像于昭勋崇德阁。

张居正讲评 赵普、曹彬、薛居正、石熙载、潘美、李沆、王旦、李继隆、王曾、吕夷简、曹玮、韩琦、曾公亮、富弼、司马光、韩忠彦、吕颐浩、赵鼎、韩世忠、张浚、陈康伯、史浩、葛邲、赵汝愚。

今评 图功臣像于秘阁,仿汉唐故事。然时迁世移,对照汉唐盛况,宋功臣若地下有知,当不胜凄凉之感。

赠朱熹太师,追封信国公。熹子工部侍郎在入对言人主学问之要。帝曰:"先卿《中庸》'序'言之甚详,朕读之不释手,恨不与之同时也。"

张居正讲评 理宗以文公集注《四书》,发挥圣贤蕴奥,有补治道,特封赠之。熹子朱在入对,以人君务学为急陈之。帝云:"卿父熹作《中庸》序,以详言之。朕每读不忍舍去,恨不同时亲见之也。"

今评 理宗之庙号所以曰"理",即以其用理学复古帝王之治。他升濂洛九儒,表章朱熹《四书》,崇奖理学,确立理学的统治地位。这也算是他的历史功绩。

理宗

帝始亲政,励精求治。郑清之亦以天下为己任。下诏改元,略曰:"春秋正王道之端,式严谨始;圣德开太平之路,尤贵更新。"

张居正讲评 自宁宗崩,史弥远矫诏拥立。至是弥远死,帝始亲政,而以谨始更新为词,则九年间诏诰命令,皆出弥远,理宗拥虚位而已。郑清之以天下为己任,不负所学。

今评 史弥远控制相位36年,权倾内外。理宗德其拥立,惟言是从。史弥远死后,理宗始得亲政,下诏改明年为端平元年,表明要励精求治。宰相郑清之也以更化为己任,收召贤才。史弥远余党皆贬斥。

帝因民望,召真德秀为翰林学士,魏了翁直学士院。德秀进《大学衍义》,因奏三札:一言,祈天永命,在敬德和民;二言,进取有二难,用将难,馈饷难。有此二难,正诸葛亮闭关息民之时;三言,守战之论,同于为国。帝曰:"封事可见忠诚。"了翁入对曰:"陛下以圣贤之资而为权臣所据者十年。试思当事变之时,可以系天下之重者谁与?诗曰:'价人维藩,大师维垣,大邦维屏,大宗维翰,怀德维宁,宗子维城。'此六者守邦之要道也。"

见于《诗经·大雅·板》。意谓善人就是国之藩篱,大众就是国家围墙,大邦是国之屏障,同姓是国之栋梁,施德可使国家安宁,宗子就是国之城疆。

张居正讲评 书召所以表理宗用贤之美。《大学衍义》四十三卷,极陈帝王为治为学之本,在乎以身心为始。万几之暇,特诏德秀进讲是编,祈天永命,在敬德和民。《尚书》召诰云:"王其疾敬德。王惟德之用,祈天永命。"大意去逸佚,远声色,答天心,重民命,其一也;急于用人,又急之兵饷,其二也;战守之论不同,同于为国。以前事为成。帝读其札子称善,俱积诚所发可知。此时了翁亦入对,以宰相辅导为急。史弥远之奸,帝德其立己,恩宠终身,权倾内外,天下托非其人矣。诗云:价,大也,大德之人也。师,众也。大邦,强国也。大宗,强族也。宗子,同姓也。引此六者,见守邦之要道也。

今评 理宗此刻拔擢真德秀、魏了翁等十余人,任以重要职务,时称"小元祐",又号称"端平更化"。其中以真德秀声望最高,然于国计民生并无任何建树。其他诸臣也无不如此。因为宋代的风气,大臣能坐而论道,而不能立而实行。

召崔与之参知政事,不至,帝遣使趣之,且访以政事之

卷之二十八 宋纪

当行罢,与人才之当用舍者。与之上疏曰:"天生人才自足供一代之用,惟人主辨其君子小人而已。忠实有才者,上也;才不高而忠实有守者,次也。用人之道,无逾于此。"帝嘉纳之。召命益力。与之抗疏至十三疏,不许。

【张居正讲评】 广东安抚,会摧锋军士作乱,与之肩舆登城,叛兵望之,俯伏听命而散。帝闻之,注想弥切,乃召参大政。但与之出自番禺,所历有政惠,屹然有大臣风。疏言皆虑弥远最亲用事,尚多在朝,故独惓惓及之。然与之犹虑祸及,所以力辞,帝终不许。

【今评】 崔与之在奏疏中提出要理宗独断于心,用善不移,然而"必是非利害,胸中卓然有定见",才能独断。可是有几个皇帝能做到?"定见"、"善断"须从实践中来,守成之君多不具备!

元人初破许州,获金军资库使姚枢,杨惟中见之,以兄事枢。时北庭无汉人士大夫。元太祖见枢至,甚喜,特嘉重焉。继拔德安,得赵复,以儒学见重于世,其徒称为江汉先生,既被获至燕,学徒百人,由是北方始知经学。

【张居正讲评】 许州,属河南开封府。元人破许州,获金军资库使姚枢至燕。杨惟中见之,以兄礼事枢。比时北庭尽为元有,而为士大夫者并无汉人。元太祖一见枢至,大喜,知为南方文士,更嘉礼焉。又克德安府,赵复被获,以文行著于儒学,为世所重者,其徒称之江汉先生。被获,令北行不肯,力行死所,姚枢止之,始悟,枢与至燕,学徒甚众。自此北方经学行矣,而枢亦始得程颐、朱熹性理诸书之奥焉。

【今评】 可见民族战争的同时,也是民族文化交融的过程。

嘉熙元年,以李心传为秘馆修撰。心传父李舜臣博学力行,尤邃于《易》,尝曰:"《易》起于画,画从中起,乾坤中画为诚明。"朱熹每为学者称之。

【张居正讲评】 隆州李舜臣有子三人。曰:心传、道传、性传,父子四人,皆道学之儒。心传闭户著书,有史才,通政事。至是召为修撰,专修高、孝、光、宁四朝实录。道传为明河洛之学,操行修洁,阐《易》理之微玄。朱熹每为学者称其邃《易》。

【今评】 李心传为南宋著名史家,他所撰《建炎以来系年要录》,其史料

理宗

价值极高,而且对曲端枉死、岳飞遭忌、朱熹行状等无不据事直书。其家父子俱为大儒。

元忽必烈召许衡为京兆提学,不至。衡过目辄不忘,七八岁受学于乡师。问曰:"读书欲何为?"师曰:"应举取第耳。"曰:"如此而已乎?"师大奇之。谓衡父母曰:"儿颖悟非常,他日必有过人者,吾非其师也。"及长,刻意坟典。闻姚枢以道学自任,乃诣苏门见之。枢授以伊川《易传》,晦庵《四书集注》。或问及小学书。衡说:"读之,深有默契于中。"尝曰:"今闻进学之序,令众皆自小学入。"又语其子曰:"小学《四书》,吾敬信如神明。"

忽必烈(1215—1294):元朝创建者。拖雷次子,宪宗蒙哥弟。宪宗死,他在鄂州与宋议和后北返。次年三月,在开平举行忽里台,即大汗位,称皇帝,建元中统。八年十一月建国号大元。九年,建都大都(今北京)。十三年灭宋。在位35年,庙号世祖。

【张居正讲评】 忽必烈,元主太弟。许衡,河内人,号鲁斋。幼嗜学,颖悟不凡。及长,经传子史、礼乐名物、星历兵刑、食货水利之类,无所不通。七八岁便道,读书不徒取科第,父师已奇之。及长,有道学志,闻姚枢名,不辞千里之劳,往见之。从枢受程氏《易传》,文公《集注》等书,有深会于心。尝自幸得进学之次序,且又鼓舞后学从入之门。又对其子弟云:"小学、《四书》,其中义理关切甚大,吾敬信之,直如对神明。"

【今评】 蒙古统治者进入中原,要变桑田为草原,以落后的游牧方式强加于汉族人民。忽必烈则热衷于学习汉文化,向汉族文臣问儒学治道。更改蒙古旧制,学习汉法。使"户口增,田野辟",完成全国大统一。许衡辅助忽必烈,改行汉法,树立朱学正统,起了重要作用。

时策士文天祥以"法天不息"为对,考官王应麟曰:"是卷古谊若龟鉴,忠肝如铁石,臣敢为得人庆。"帝赐及第。

【张居正讲评】 文天祥策以"君道当法天行健"为对。帝亲拔为第一。王安石以来,状元多非其人,至末运得一文山。王应麟批卷,卜其一生忠义,冠绝万古不爽云。

【今评】 理宗能将文天祥拔为进士第一、荣膺状元之名,不论出于何因,总算是慧眼识英雄。他的座主王应麟也确有真知灼见,恰当的评价了非凡的门生文天祥。可惜昏庸的宋理宗赵昀不能发挥这些杰出人才的作用。

卷之二十八 宋纪

元主侵蜀,内侍董宋臣请迁都以避敌锋。判官文天祥上书,乞斩宋臣,不报。

【张居正讲评】　　元侵四川,逼近帝都。宦寺董奏帝迁都以避其锐气。时天祥初受判官,上书斩议迁都者。

【今评】南宋朝廷衰弱的原因之一,就是佞幸专权,偷生苟安,不思进取。面对强敌,逃跑为上。宦官董宋臣要理宗迁都以避元军,又是一例。

　　右丞相董槐政务大体,任人先旧,嗜进者不悦。又极言丁大全奸邪。大全先围其第,迫之出城,而罢相之制始下。太学生六人极言大全之奸。大全取旨,削六人籍,编管远州,士论号"六君子"。

【张居正讲评】　　萧山尉丁大全谄事内嬖,窃弄威福。槐恶之,大全惧,日夜求槐短于帝。槐入对,言大全邪佞不可近。大全怨劾槐,因夜半擅召兵露刃围槐第,驱出城,而罢相之制方下,物论大骇。太学生陈宜中、黄镛、林则祖、曾唯、刘黻、陈宗六人上书言:"进退大臣,当以礼。"遂极言大全恶。大全怒,矫旨籍六人编远州,士论翕然称之,号为"六君子"焉。

【今评】自陈东以下,宋代太学生参与议政,本书所记已三次,是为宋代政治生活中值得重视的现象。实开明代东林之先声。

　　加贾似道少师,封卫国公,将士进官有差。似道既至,诏百官郊劳,如文彦博故事,奖眷甚至。时帝年高,内侍董宋臣、卢允升为之聚敛,以媚悦上意。引荐奔竞之士,交通贿赂,置诸通显,又引外戚子弟为监司郡守;作芙蓉阁、香兰亭宫中,进倡优傀儡以奉帝为游燕。窃弄权柄。群臣有谏者,帝宣谕使去,谓之节贴。似道既相,百官守法,人颇称能。然既颛政,权倾内外,蛊惑帝心,进用群小,变更法制矣。

【张居正讲评】　　哲宗诏起文彦博平章军国重事,命百官郊饯,设祖帐以迎。理宗待似道亦依此故事,眷礼极隆。时帝老年,凭内侍辈敛财物以悦其心。兼进匪人,通货贿以陟通显。又引阎贵妃子侄贾似道子弟,为监司郡牧以敛钱粮。作亭阁,献倡优之辈以奉帝。窃帝威柄,不容谏诤。初相,令百官

理宗　度宗　恭帝

守法。人以为似道有相才。及权柄在手，内而朝廷，外而郡邑，惟其威权所使，帝心被惑，群小进御，比初相立法，更变尽矣。

今评 理宗宠信贾贵妃弟贾似道，误国害民，贾似道竟敢私下向蒙古称臣纳币，却诈称大胜，可见理宗当时昏庸到什么程度。他蒙蔽皇帝的办法之一就是为其聚敛财富，引诱他尽量享乐，不问国事。

度　宗

讳禥，理宗侄，初封忠王，理宗立为皇太子，在位七年。

> 度宗（1240—1274）：赵禥，理宗侄。理宗无子，入为嗣。景定五年理宗死，即位。耽于酒色。权臣贾似道专制国命，朝政日坏，边事日急。

诏贾似道十日一朝。时襄樊围急，似道日肆淫乐，方与群妾斗蟋蟀，狎客戏曰："此军国重事耶？"又酷嗜宝玩，建多宝阁，一日一登玩。有言边事者，辄加贬斥。一日帝问曰："襄阳之围已三年矣，奈何？"似道对曰："北兵已退。陛下何从得此言？"帝曰："适有大嫔言之。"似道诘其人，诬以他事赐死。由是边事虽日急，无敢言于帝者。

> 嫔：宫中女官。

张居正讲评 似道时加太师，封魏国公，平章军国重事。赐第西湖之葛岭。起楼台亭榭，作半闲堂，延羽流塑己像其中。取官人叶氏，及倡尼有美色者为妾，日肆淫乐，广收宝物。人有物，求不得，辄得罪。累月不朝，即边事甚急，闻者贬杀。帝闻之，必穷究言者，诬他杀之，无敢言者。

今评 南宋自高宗朝汪伯彦、黄潜善起，宰相多不得其人，与汉、唐、北宋之初迥然有异。

恭　帝

名㬎，度宗次子。年四岁，北兵入临安，执帝北狩，降封瀛国公。在位二年，殂于沙漠。

> 恭帝（1271—1323）：赵㬎，度宗子。1274年即位，年四岁，谢太后临朝听政。德祐元年（1275）春，贾似道兵溃芜湖，数遣使向元军请和，均不见许。二年（1276）正月，降元。三月，元军入临安。五月，被执北去，降封瀛国公。后出家为僧。

江西提刑知赣州文天祥起兵入卫。初，勤王诏至赣州，天祥捧之涕泣，乃发郡中豪杰，并诸溪洞山蛮万人遂入卫。其友止之曰："今敌兵三道，鼓行破郊畿，薄内地，君以乌合万余赴之，何异驱群羊而搏猛虎。"天祥曰："国家养育士庶三百余年，一旦有急征天下兵，无一人赴者，吾深恨之。故不自量，欲以身殉。庶天下忠臣义士，将闻风而起。义胜者谋立，人众者力济。如此则社稷犹可保也。"天祥性豪华，平生自奉甚厚，声妓满前。至是痛自损益，尽以家赀为军费，每与宾客僚佐语及时事，辄流涕曰："乐人之乐者，忧人之忧；食人之食者，死人之事。"闻者莫不为之感动。

张居正讲评 文文山奉勤王诏，起兵入卫，征郡中溪洞山蛮赴援。其友止之。天祥曰："国家三百年来养士，有急征兵，竟无人肯赴，吾方恨之，故吾不自揣，愿以身殉国，庶令有忠义之气者，闻风而起。有谋可立，有力可济，全赖义与众耳。能如是，社稷犹宋朝社稷也。"天祥豪华之性，自享不薄，声伎在列以为乐。至是痛自省却，尽以家财为军中费。每与人谈及时事，便泣下曰："俗语云：天下治平，君民偕乐，吾亦乐之；天下危乱，君民偕忧，吾亦忧之。口食天禄而沾君惠，身死王事而报国恩，政在此日。"闻者莫不为之感动焉。

今评 文天祥忠肝义胆，以身家性命以报效国家，明知此举会遭受失败，也要誓死报国。他说："乐人之乐者，忧人之忧，食人之食者，死人之事。"虽有愚忠成分，但却是肺腑之言。至今读之，仍然令人感慨。

端明殿学士江淮招讨使汪立信闻似道师溃，叹曰："吾今日犹得死于宋土。"乃置酒召宾寮与诀，手自为书，起居三宫；与从子书嘱以家事。夜分起步庭中，慷慨悲歌，挥拳抚膺者三，扼吭而卒。后伯颜入建康，或以立信二策及死告于伯颜。伯颜叹息久之，曰："宋有是人，有是言哉！使果用之，我安得至此。"命求其家，厚恤之，曰："忠臣之家也。"

张居正讲评 三宫者，天子、太子、后妃也。汪立信死国难署，时必不可为，所以起居三宫，以全君之义。与子书，属以家事，以全祖宗之义。别僚友，以全朋友之谊。此伯颜亦为之感叹，厚赒恤其家曰："忠臣之家也。"

今评 汪立信既有远见卓识，又怀忠肝义胆，他的民族气节，使敌军统帅为之折服。

张世杰败绩,奔圌山。台谏侍从上疏,每诛似道,太皇太后不许,遣归越终丧,似道留扬不还。王爚复论似道,既不死忠,又不成孝。乃降似道三级,婺州居住。婺州闻似道至,率众为露布逐之。诏徙于建宁。翁合上言:"似道以妒贤无比之林甫,辄自托于伊、周,以不学无术之霍光,敢效尤于莽、操,专权罔上,卖国召兵,迫于众怒,仅谪于建宁。窃惟建宁实朱熹讲道之阙里,虽三尺童子,亦知向方,闻似道名咸欲呕唾,况见其面乎?乞投荒昧以伸国法。"遂诏籍其家,安置循州。会稽尉郑虎臣以父尝为似道所配,请为监押。似道时寓建宁之开元寺。虎臣至,夺其宝玉,辙轿盖,暴行秋日中,令舁轿夫唱杭州歌谑之,窘辱备至。至泉州洛阳桥,遇叶李自漳州放还,见于客邸,李赋词赠之,似道俯首谢焉。及至漳州木绵庵,虎臣讽令自杀,似道不从。虎臣曰:"吾为天下杀似道,虽死何憾。"遂拘似道之子于别室,即厕上拉似道胸杀之。殡于庵侧。

张居正讲评

似道以败绩为捷闻,以边事报则罪死。至是张世杰败绩,三学及台谏侍从皆上疏乞诛似道。太皇太后不从,遣归家终丧事。似道留淹扬州,恋恋不行。平章军国重事王爚,又论似道国家事坏,既不出死力以尽忠,又不奔亲丧以尽孝,遂降似道三级官,徽州居住。徽人闻似道至,率众作露布逐之不容。至诏徙于建宁。翁合(文)上言:"似道以妒害贤人至于无比,并之李林甫,尚敢自言我即伊尹、周公也。昔霍光不学无术,而似道亦无学问,乃敢效法王莽、曹操所为,擅天子之威权,卖国于元以起兵衅,为众怒所迫,止谪建宁。但念建宁实是朱文公讲道之阙里,虽赤子无知,也知向方。闻说似道二字,也要唾骂,况见其面乎!必得投之天涯海角,荒野无人处以正其罪。"遂下诏籍没其家事,流放循州。适会稽尉郑虎臣,正是父仇不共戴天,少雪其恨于路。又叶李也相遇,天道不爽,李赋词赠之云:"余归路,君来路,天理昭昭胡不悟。公田关会竟何如?子细思量真自误。雷州户,崖州户,人生会有相逢处。客邂逅,欠蒸羊,聊赠一篇长短句。"似道听而谢之。至漳州府城南木绵庵,虎臣杀似道于厕上。"

今评

贾似道为千夫所指,于此可见,而谢太后一再护之,足见有庸主,方有佞臣。

以文天祥为浙西江东制置使、知平江府。天祥至临安,上疏言:"本朝削藩镇,建都邑,一时虽足以矫尾大之弊,然国以侵弱,故敌至一州则一州破,至一县则一县破。中原陆沉,痛悔何及。今宜分境内为四镇,建都统于中。以广西益

湖广，而建阃于长沙；以广东益江西，而建阃于隆兴；以福建益江东，而建阃于鄱阳；以淮西益淮东，而建阃于扬州。责长沙取鄂，隆兴取蕲黄，鄱阳取江东，扬州取两淮。地大力众，约日齐奋。彼备多力分，疲于奔命。而吾之豪杰者，又伺间出于其中。如此则不难却也。"

【张居正讲评】信国公之谋略，其条理谨严，可谓御敌之上策。宋削藩镇，惩五季之乱也。在今日则可行，议者反以为迂阔而不报，宋事其不可为矣。

【今评】文天祥从根本上揭示赵宋守内虚外立国方针的致命要害，削藩在防止五代战乱有利，但地方兵力太弱，一旦敌军深入就失去抵御能力。他计划分成四镇，加强地方战斗力，变被动防守为主动反攻，如此则可扭转战局。

伯颜进次皋亭山。文天祥、张世杰请移三宫入海，而己帅众背城战。陈宜中不许，白太后遣监察御史杨应奎上传国玺以降。伯颜受之，遣使召宜中出议降事，宜中遁归于温州之清澳，世杰以不战而降，去入海。

【张居正讲评】皋亭山在杭州府西北，伯颜次兵于此。文文山、张世杰请三宫入海，自己背城一战，胜负未可知。陈宜中终是贾似道故智，白太后上伯颜传国玺以求降。伯颜召宜中降礼如何？宜中遁逃而还，世杰遂入海。

【今评】陈宜中既主和媚敌，又不甘落千古骂名，故遁归温州，亦掩耳盗铃之末技耳。

以文天祥为右丞相兼枢密使，如元帅议和，见执于元。元唆都说天祥曰："国亡与亡四字，愿公勿言。"天祥拒之，争辩不屈。伯颜怒，遂留焉。

【张居正讲评】杨应奎自皋亭还，言伯颜欲执政面议。天祥往，对伯颜曰："北朝若以宋为与国，请退兵，然后议岁币与金帛犒师，上也。若欲毁其宗社，则淮浙闽广尚多未下，利钝未可知。"伯颜怒，拘留之，夜以军围所寓舍。唆都从容说天祥曰："丞相在宋为状元宰相；今为大元宰相。国亡与亡，此男子心。今天下一统，为大元宰相岂是易事。"遂留之。

恭帝　端宗

今评　"国亡与亡"四字,足可勒石刊金。

赵昰(1269—1278):宋端宗,度宗庶子。德祐二年(1276)。五月,丞相陈宜中等奉之即位福州,是为端宗,三年四月病死。赵昺(1272—1279):景炎三年(1278)四月,端宗死,陆秀夫、张世杰立以为帝。次年二月,水上兵败,陆秀夫负之投海死。南宋亡。

文天祥自镇江亡入真州,至温州,以求益王昰、广王昺。陈宜中、张世杰等,奉益王昰,即皇帝位。

张居正讲评　伯颜执文天祥北去,亡入真州,制置司捕文丞相甚急,天祥乃变姓名,由通州浮海如温州。陈宜中等奉益王为天下兵马都元帅,广王副之,开府福州,起兵兴复。秀夫先入闽中,抚安生民。二王檄召诸路忠义,同奖王室,有将官刘浚等多来归,兵势稍振。

今评　文天祥至此已是"知其不可为而为之"。

端　宗

名昰,度宗长子,恭宗兄,在位三年,时年十一岁。

陈宜中、张世杰等,奉益王即帝位于福州。文天祥师师次于汀州,兴化军通判张日中等,闻天祥开督勤王,遂各起兵来应。

张居正讲评　天祥开府剑州,经略江西,复梅州,命陈瓒复兴化军,天祥自梅州出江西,复会昌、兴化,通判张日中、赵时赏兵皆会张世杰,复潮州、吉、赣诸县。

今评　这是赵宋政权在垂危之中又一次再立中枢。但却以陈宜中为相,这就注定难成大事。

元李恒袭文天祥于兴国县。天祥出走,与长子道生奔循。天祥妻欧阳氏,男佛生、环生,及二女见执。

张居正讲评　时赵时赏、张日中皆死。天祥妻子家属送于燕,二子死于道。

今评　以"亡家"报破国,可歌可泣。

卷之二十八　宋纪

帝昺

名昺,度宗末子,端宗弟,即位于硇州,又迁新会厓山,在位三年而宋亡矣。

祥兴元年,以陆秀夫为左丞相,俨然正笏,立如治朝,与张世杰共秉政,日书《大学章句》以劝讲。

【张居正讲评】 二公每外筹军旅,内调工役,虽播海滨,急遽流离,犹如是。

【今评】 足见"正心诚意",救不了国破家亡,理学之可悲在此,宋廷之可悲亦见于此。

元张弘范执文天祥于五坡岭,乃命天祥为书招张世杰。天祥不肯,强之,书所"过零丁洋"书与之,末云:"人生自古谁无死,留取丹心照汗青。"弘范笑而置之。

【张居正讲评】 天祥被执,吞脑子不死,固请死。弘范不听,求族属被俘者悉还之,处之舟中以自从。

【今评】《过零丁洋》诗一首,集中地概括了文天祥一生爱国主义的思想和行动,特别是最后两句,成为此后许许多多民族英雄以身许国的慷慨誓辞。在当时张弘范也不能不称赞这是"好人好诗"。

张弘范以舟师南北并进,宋师大溃。陆秀夫负帝同溺,太后赴海死。世杰至平章山下,遇大风作,仰天叹曰:"我为赵氏亦已至矣,若天不欲存赵氏,则风覆我舟。"世杰溺死。

【今评】 非"天不欲存赵氏",乃"赵氏"自绝于天意民心!

元 纪

世 祖

讳忽必烈,太祖第四子拖雷之次子,宪宗同母弟。灭宋,始承正统,在位三十五年,承正统一十六年。

天祥留燕三年,坐卧一小楼,足不履地,王积翁荐之。对曰:"倘缘宽假,得以黄冠归故乡。他日以方外备顾问可也。"未几入对,愿乞死。乃诏斩于燕京之柴市。天祥临刑,从容曰:"吾事毕矣。"南向拜而死。其衣带中有赞曰:"孔曰成仁,孟曰取义,惟其义尽,所以仁至。读圣贤书,所学何事。而今而后,庶几无愧。"有张毅甫者,负天祥骸骨,归葬吉州。会林某亦自惠州舁天祥母柩同至,人以为忠孝所感。

张居正讲评

信国公在元,欲用之,固辞。元欲杀之,亦不屈,乃赦。至三年,元主求南人有才者甚急,王积翁荐之,力辞。积翁欲请宋官谢冒等十人,释为道士,议将释之。未几,中山狂人自称宋主,有数千人欲取文丞相。帝乃召问何愿?天祥曰:"受宋恩为宰相,安事二姓,赐之一死足矣。"帝犹未忍,左右力赞,帝从其请,乃诏杀之。俄有诏使止之,天祥死矣!临死,南向拜宋。孔曰成仁,言杀身以成仁句也。孟曰取义,言舍生而取义者句也。无愧,犹言九原之下,可答君亲也。张毅甫故为义举,林某此举若有神使之,此皆信国忠君孝亲使然。

今评 "倘缘宽假,得以黄冠归故乡,他日以方外备顾问,可也。"这句说得不合逻辑,不切实际。当时文天祥一再表明:"国亡,吾分一死矣!""唯求早死!"怎么又提到"倘缘宽假"?论者以为,是投降元朝的前宋宰相留梦炎出于妒忌文天祥的全节,又因王积

卷之二十八 元 纪

拖雷(?—1233):成吉思汗正妻第四子,1232年初,与金军在钧州(今河南禹县)遭遇,尽歼金军精锐,北返途中病逝,庙号睿宗。

宪宗:蒙哥,大蒙古国第四代大汗。1259年2月,他率军猛攻钓鱼山(今四川合川东),不克,7月病死。在位9年,庙号宪宗。

黄冠,草服,农夫之冠。

方外:世俗之外。

翁曾有请释放去充道士之意,于是附会以诬陷民族英雄文天祥。

参政魏天祐执宋故臣谢枋得北去。天祐让之曰:"封疆之臣,当死封疆。安仁之败,何不死?"枋得曰:"程婴、公孙杵臼,一存孤,一死节;一死于十五年之前,一死于十五年之后。万世之下,皆不失为忠臣。"天祐曰:"强辞。"枋得曰:"今日乃参政之时,枋得复何言。"遂不食而死。

> **张居正讲评** 安仁之败。初,枋得知信州,元吕师夔徇江东,枋得迎战,败绩。弃家变姓名,奔建宁之唐石山。元人执枋得妻李氏及二子一女,拘于扬州狱。母夫人老疾得免。李氏不屈死,二子得还。程婴、公孙杵臼事。婴、杵臼相与谋曰:"立孤与死孰难?"婴曰:"死易,立孤难耳。"臼曰:"子为其难者,吾为其易者。"乃婴死杵臼存孤儿。后十五年,孤儿武长,婴具实告,方谋族屠岸贾报之。俱为忠臣。枋得誓不仕元。

> **今评** 谢枋得是与文天祥不同的另一种民族英雄,也是历史上的典型形象。后世当民族危亡之际,为又一种保持气节的形式,而且常常以谢枋得为榜样。张居正于《元史·世祖纪》中只录南宋孤臣孽子事,虽有乖讲筵常例,其用心则在向小皇帝强调气节。

成　宗

名铁木耳,世祖之孙,太子真金第三子,在位一十三年。

> 铁木耳(1265—1307):元朝第二代皇帝。至元卅一年(1294)即位,在位前期基本保持守成局面。后由于滥增赏赐,致国力空虚,政治黑暗。大德十一年(1307)病逝,庙号成宗。

丞相答剌罕哈[剌哈孙]言:"治道必先守令。"乃精选,定官吏赃罪十二章。

> **张居正讲评** 治道先守令,知治道而又知用人之道者。

> **今评** 即此已见元朝入主之初,已颇受汉族文化影响。以下各节均就此着眼。

武 宗

名海山,顺宗答剌麻八剌之长子也。在位五年。

帝读《贞观政要》,谕侍臣曰:"此书有益于国家。"命刊行。又有进《大学衍义》者。帝曰:"治天下此一书足矣。"因命刊行以赐臣下。

张居正讲评 《贞观政要》唐太宗御制以颁天下者。《大学衍义》宋真德秀辑成。以《大学》为序,共四十三卷,极陈帝王为治为学之本。命刊行以赐臣下行之。

今评 元武宗学习和推广的《贞观政要》、《大学衍义》,是为汉族皇帝和臣僚历来遵奉的经典著作,这就表明他的汉化程度日益加深。

元武宗(1281—1311):大德十一年(1307)春,成宗死,拥兵南还,即帝位于上都,次年,改元至大(1308)。四年病死,在位五年。

仁 宗

名爱育黎拔力八达,顺宗次子,武宗母弟也。在位十年,孜孜为治,一遵世祖成宪,为大元盛德守文之主。

帝谕近臣曰:"回回以宝玉鬻于官,此何足为宝,惟善人乃可为宝。善人用,则百姓安,兹国家所宜宝也。"

张居正讲评 回回,夷国名。彼国以珠宝为重,头面俱妆嵌珠宝。馈送交际,俱重宝玉。善人为宝,即楚书"楚国无以为宝,惟善以为宝"同意。置宝玉而善人用,则以安百姓为国本,而天下可平矣。

今评 元仁宗幼时其母聘名士李孟为辅导,以儒道相浸润,雅爱文学,崇尚儒术,实行科举,所以成为元朝比较有作为的皇帝。不以珠玉为宝,而以善人为宝,这也是汉族传统的政治观点,所谓"宝珠玉者必殃其身"也。回回经商,对东西经济文化交流是发挥了促进作用的。

仁宗(1285—1320):至大四年(1311)即帝位。整顿朝政,减裁冗员,停止浩大的土木工程。并在延祐元年(1314)施行科举。

回回:主要是13世纪初,由成吉思汗西征被迫东迁的中央亚细亚各族人、波斯人和阿拉伯人,还有自爱东来的商人,信仰伊斯兰教,元官方文书通称"回回",列为色目人中一种。

以李孟为翰林学士承旨。先是孟平章政事时,言:"人君之柄在刑赏,赏一善而天下劝,罚一恶而天下惩。所施失当,何以为治!"乃奏冤死复官荫,滥爵者悉追夺。

【张居正讲评】 赏,以赏有功;罚,以罚有罪,是人君之操柄也。人君诚赏一善,而天下俱劝于为善;诚罚一恶,而天下俱惩不敢为恶。若施为失当,天下何由而治哉!是何之枉死者,奏复官荫子,冒滥爵禄者,追夺示惩。

【今评】 李孟是元仁宗幼年老师和政治上的亲信,他任宰相后,所采取的措施都体现有利于治平天下的基本原则,继承了中国古代的传统政治经验。信赏必罚,被称为是人君治国的"二柄",运用得好,国家就治,运用得不好,国家就乱。

英 宗

名硕德八刺,仁宗嫡子也。在位用人无私,果于诛杀。在位四年。

> 英宗(1303—1323):元朝第九代皇帝,采取了一些改革措施,推行汉法,清除守旧势力铁木迭儿余党,至治三年(1323)八月,被铁木迭儿余党所杀,史称"南坡之变"。

以吴澄为翰林学士。初,元明善以文学自负,尝问澄《易》、《诗》、《书》、《春秋》奥义,叹曰:"与吴先生言,如探渊海。"遂执弟子礼终其身。

【张居正讲评】 元明善,清河人。五经皆通,尤邃《春秋》,以文章自豪,出入秦汉间。吴澄自初知用力圣贤之学,著述万卷。明善就证诸书奥义,叹说:"吴先生所言,如探沧海之渊源,寻本溯脉,非徒文章小技而已也,即为百世师可也。"终身师视之。

【今评】 吴澄三次被征入京,任国子司业、经筵讲官,不久于任,弃官讲学。其治学以朱熹《四书集注》入门,自称其学为朱子之学。但他对陆九渊"本心"学说尤其赞赏,遂竭力调和朱陆两派学说。著述甚多,尤精研诸经。在元代理学中有很高地位,与许衡并称"南吴北许"。

文 宗

名图帖睦尔,武宗次子,明宗弟。泰定帝崩,大臣迎立,登大宝,在位五年。

经历范(椁)[梈],天资颖异,虽癯然清寒若不胜衣,而卓然自树于流俗,所至兴学教,雪理冤滞。

> 文宗(1304—1332):1328 年即位,大力提倡汉文化,倡导程朱道学,又崇奉吐蕃佛教。

张居正讲评 梈于是时,而体质癯瘦,衣若不堪服,而超然于俗,又兴学校以教民,理冤狱以救民云。

今评 录范梈事,以见宋虽灭亡,而宋儒之人格精神不亡。

顺 帝

名妥欢贴睦尔,明宗长子,出广西。宁宗崩,登大宝,在位三十六年。

金华处士金履祥,所著《论语孟子考证》尝曰:"吾儒之学,理一而分殊。"门人许谦致其辨于分之殊,而要其归于理之一。谓"为学之功,无间断耳"。

> 顺帝(1320—1370):元末代皇帝,明宗子,1333—1368 年在位。在位期间,政治极端腐败,至正十一年(1351),爆发了以红巾军为主的农民大起义。至正二十八年(1368),明军攻克大都(今北京),他北走应昌(今内蒙达来诺尔附近),又二年而死。

张居正讲评 金履祥得朱子之传,谦又出于其乡,统绪相传之,自理一分殊,以约该博,以博反约是也。

今评 金履祥之论"理一分殊",得中庸之理。许谦云"为学之功,无间断耳",得学问之要。

处士吴莱尝云:"作文如用兵,兵有正有奇,正者法度,奇者不为法度所缚。"闻者服之。

卷之二十八 元 纪

【张居正讲评】 吴莱穷经史，以著述为务，善论文，所论皆作文要诀，可为万世法。

【今评】《讲评》增"穷经史"语，以见吴莱文以载道；加"作文要诀"语，亦承宋人尤多文章作法著作而来。

翰林学士揭傒斯，进《太平政要策》。

【张居正讲评】 揭傒斯，字曼硕，进《太平政要策》，帝以示台臣曰："此朕授经郎揭曼硕所进。"其见敬礼如此。

【今评】 是《政观贞要》、《金镜》一类著作之延续。

以朱公迁授翰林直学士院。劝帝亲贤远佞，却豪强，省冗费，修德恤民，庶天意可回，民志可定。帝嘉纳之。公迁辞职，章七上，出为金华学士。

【张居正讲评】 公迁，字克升，以天变地震，而帝乃荒于游乐女色，公迁知世之不可为，故进言而旋辞职。

【今评】 朱公迁是名列《宋元学案》的著名学者、思想家，他给皇上有针对性的提出治国主张，皇上虽然表示嘉纳，但却未必执行，所以他坚持辞官不做。七次上疏才得照准。他宁愿回金华去做学问。

翰林学士虞集尝论省海运，帝不行。集学博洽而究极本源。与弟槃构二室，左书陶潜诗，曰"陶庵"；右书邵雍诗，曰"邵庵"。学者称集为邵庵先生。

【张居正讲评】 虞集，字伯生，允文五世孙。槃字中常。集言东南运粮，实竭力。疏不行。遂构陶庵、邵庵自适。

【今评】 亦"达则兼济，穷则独善"之义也。

宁国府推官杨载，文章以气为主，自成一家言。于诗尤有法，与范、杨、虞、揭俱为一代文章巨擘。

张居正讲评 杨载，字仲弘，论文章，尚气胜，无蹈袭常套，自成一家言。于诗更清新俊逸，为文章大家。

今评 结以元初四大家，是有意标示华夏文化传统薪尽火传。《元纪》所录各节，中心在此。

大明一统万万世矣！

附　录

进讲章疏

张居正

　　臣等一岁之间，日侍皇上讲读。伏见圣修日懋，圣志弥坚，盛暑隆寒，缉熙罔间。臣等备员辅导，不胜庆幸。但惟义理必时习而后能悦，学问必温故而后知新。况今皇上睿明日开，若将平日讲过经书，再加寻绎，则其融会悟入，又必有出乎旧闻之外者。

　　臣等谨将今岁所进讲章，重复校阅，或有训解未莹者，增改数语；支蔓不切者，即行删除。编成《大学》一本，《虞书》一本，《通鉴》四本，装潢进呈。伏望皇上万几有暇，时加温习，庶旧闻不至遗忘，新知日益开豁，其于圣躬，实为有补。以后仍容臣等接续编辑，进呈御览。仍乞敕下司礼监，镂板印行，用垂永久。虽章句浅近之言，不足以仰窥圣学精微之奥；然行远升高，或亦一助云尔。

　　上答曰：卿等启沃忠爱之诚，惓惓恳至，朕深喜悦，讲章留览，以后接续编进，刊报留传。该衙门知道。

圣修日懋：皇上的修养越来越好。
缉熙罔间：语出《诗·周颂·敬之》"日就月将，学有缉熙于光明。"学习不断积累而取得成绩。
寻绎：推求、探索。
未莹：借喻讲解不够清晰透彻。
章句：分析古书的章节、句读等。

本篇选自《万历起居注》（影印本）第1册、页138、万历元年（1573）十二月十九日乙丑。

通鉴直解叙

钟惺

　　天下义理与事情婉导之易醒，曲譬之尤易醒；曲譬之易醒，直解之尤易醒。张文忠公四书五经直解凡敷陈于经筵，其于圣学，故大有裨补，而誉髦英俊，亦靡不家社而户稷之。及阅笔记，文忠公尚有《通鉴》、《性理》二书直解，各二十八卷进呈。

　　余方以闻其名而不见其书，怅然者久矣！及初得《通鉴直解》乃二十五卷，余已恨见之晚，而又恨五代与宋高宗至

经筵：古代帝王为研读经史而特设的宫廷御前讲席。宋代始称经筵，元、明、清三代沿袭此制，惟讲期有所变动。
髦：此谓年轻的才俊之士。
家社户稷：社谓土神，稷谓谷神，旧时亦以社稷为国家之代称。这里指为家家户户所尊崇。
宣畅：宣畅，流畅。

元顺为阙文也。未几又得全本二十八卷，余又恨见之晚，而又恨后学见全书之晚也。

大抵于明良可法，暗奸可戒，政治兵刑，兴亡夷夏，忠孝节义，事理人物，精微之理，以浅近阐之，古奥之调，以平常发之，探讨其情节，摹肖其神脉，溯有渊源，提有照应，句为之宣鬯，而朗朗有致，段为之衍说，而了了无碍。于以耸黼坐是也，于以启颛蒙是也。不啻明师倡教于上也，不啻良友发明于前也。若拨云雾而揭日月也，若苍穹而睹辰星也。有不疑者以醒，惑者以解乎。读此全本，其奚烦师友之谆复，而后学之再三渎也。非所谓人怀完璧，家抱全珍，为万世共由之道也耶！

天启辛酉小春既望楚钟惺题于金陵之公署。

重刻通鉴直解序

高兆麟

江陵相公《四书直解》，神庙初年进讲后即梓行海内，后生小子谁不持诵，人第知为蒙养不可少之书，不知为举业家吃紧之书也。显明直截，义理昭然，于"直解"二字之义，极其切当，上关圣学，下益举子，意甚深远。余读先生进呈之疏，《四书》之外，有《虞书》一本，《通鉴》四本，求一见而不可得。戊辰之冬于都门杂书坊中见《通鉴直解》二十五卷，系旧板，即当日进呈之原刻也。语句寻常，著释精简，尽洗宋儒习套，读之甚畅，不忍释手，有过我而见之者，无不称快。惜无多本可以分好，嘱余重梓。余唯先生此书删削较正，逐段发明，取其有关政治，如明君贤臣，可为后世楷模；节义纲常，可为后人取法者，无不悉载而详论之，真可为万世永鉴者矣！乃先生《四书》则流传如此久远，而《通鉴》则有目未曾经见者，何欤？岂古今治乱后生小子所不必闻，而制举家唯当沿习宋儒陈腐之说，以成沉痼不可起之疾，则先生此书未必非解毒之良剂。余是以复梓而与《四书直解》并行，以为我朝一代之书也。

崇祯辛未中秋日，高兆麟题于水署之醉衣堂。

后 记

我国历史悠久，文化典籍浩繁，我们作为炎黄子孙，对于其中精华理应继承。故此我们整理出《通鉴直解》一书，献给读者。整理分工情况如下：

第一卷至第五卷，由南开大学陈生玺和中州古籍出版社康华注评；

第六卷至十二卷，由天津师范大学王淑艳注释，评议部分为陈生玺撰写；

第十三卷至十六卷，由天津师范大学刘湘玲注评；

第十七卷至二十二卷，由天津师范大学何程远注评；

第二十三卷至二十八卷及附录，由天津师范大学贾乃谦注评。

全书由陈生玺主持编撰并审核定稿，贾乃谦参与策划并协助组稿。本书初版时得到上海古籍出版社张晓敏、郑明宝、江建忠的协助，本次重版又得到第二编辑室诸位同仁的协助，特此表示谢意！

编　者
2005 年 11 月